A FAMÍLIA E A CURA

Dados Internacionais de Catalogação na Publicação (CIP)
(Câmara Brasileira do Livro, SP, Brasil)

Simonton, Stephanie Matthews.
A família e a cura / Stephanie Matthews Simonton, Robert L. Shook ; [tradução Heloisa Costa]. - São Paulo: Summus, 1990.

Bibliografia
ISBN 978-85-323-0067-6

1. Câncer - Aspectos psicológicos 2. Câncer - Doentes - Relações familiares 3. Câncer - Prevenção 4. Câncer - Tratamento I. Shook, Robert L II. Título.

CDD-616-994
-362.82
-614.5999
-616.994019
90-2097 NLM-QZ 266

Índice para catálogo sistemático:
1. Câncer : Aspectos psicológicos 616.994019
2. Câncer : Prevenção : Saúde pública 614.5999
3. Câncer : Tratamento : Medicina 616.994
4. Cancerosos : Orientação familiar 362.82
5. Famílias com doentes cancerosos : Orientação 362.82

A FAMÍLIA E A CURA

O Método Simonton para famílias que enfrentam uma doença

Stephanie Matthews Simonton
Co-autora de "Com a vida de novo"

Do original em língua inglesa
THE HEALING FAMILY

Tradução: **Heloisa Costa**

Capa: **Roberto Strauss**

Impressão: **Formacerta**

Summus Editorial
Departamento editorial
Rua Itapicuru, 613 – 7º andar
05006-000 – São Paulo – SP
Fone: (11) 3872-3322
Fax: (11) 3872-7476
http://www.summus.com.br
e-mail: summus@summus.com.br

Atendimento ao consumidor
Summus Editorial
Fone: (11) 3865-9890

Vendas por atacado
Fone: (11) 3873-8638
Fax: (11) 3872-7476
e-mail: vendas@summus.com.br

Impresso no Brasil

Para Jerry, Rebecca e Jennifer,
minha nova família, cujo amor aprecio.

Índice

Agradecimentos

Sou grata aos meus pacientes e suas famílias, que abriram seus corações e experiências para mim. Sua coragem face à incerteza e à possível morte me inspirou este livro. Quero agradecer particularmente a todos os que me permitiram contar suas experiências.

O entusiasmo constante, a organização e os dons de escritor de Bob Shook ajudaram a transformar em realidade o conceito deste livro. Sou extremamente grata a Bobbie Shook por nos reunir.

Minha gratidão também à minha editora da Bantam Books, Grace Bechtold.

Tenho uma imensa dívida com meu amigo e colega, dr. Mark Voeller, com quem aprendi muito sobre dinâmica familiar. O dr. Robert Beavers e o Southwest Family Institute, em Dallas, Texas, deram-me a oportunidade sem par de estudar a teoria do sistema familiar.

Agradeço aos muitos anos de associação e colaboração com o dr. Carl Simonton, com quem partilhei muitos sonhos.

Um agradecimento especial aos drs. Steven Reeder e Larry Dosseu, dois dos melhores médicos que tive o prazer de conhecer.

Introdução

Quando alguém que amamos recebe um diagnóstico de câncer é como se sofrêssemos o impacto de uma bomba H em nossas cabeças. Queremos ajudar a pessoa que amamos e temos ao mesmo tempo que lidar com os efeitos do drama em nós mesmos e nos outros membros da família. A doença pode ser uma catástrofe — a pior que já aconteceu à família. E apesar de querermos fazer todo o possível para ajudar as outras pessoas da família, sentimos o peso da confusão e do desespero. Mesmo quando o prognóstico é bom, muitas pessoas acreditam que o câncer é sinônimo de morte. A reação típica quando se descobre que a mãe ou a filha tem câncer é "Ah, não, ela vai morrer". E esquecemos a outra possibilidade: "Ela pode não morrer".

Acho que a esperança é o ingrediente básico da cura. Há dez anos, desde que fundei o Centro de Pesquisa e Aconselhamento do Câncer, em Dallas, trabalho diretamente com milhares de pacientes cancerosos e suas famílias. Tenho tido provas de que o fator esperança tem um papel importante na cura. No Centro, acreditamos que a pessoa com câncer pode usar técnicas específicas para aumentar a possibilidade de recuperação (mais detalhes no livro *Com a vida de novo*, de minha autoria e do dr. O. Carl Simonton).

Neste livro, examino a forma como o leitor, como parente do paciente, pode lhe dar apoio, ajudando-o a se curar e a manter a esperança, mesmo sem saber qual será o resultado final. Muitas vezes, os parentes, com as melhores intenções, dão o tipo errado de apoio, que pode machucar mais do que ajudar. Este livro trata do que pode ser feito para criar um ambiente positivo e saudável — ou seja, a família engajada no processo de cura.

Geralmente associamos a cura apenas ao tratamento médico. O paciente pode chegar a dizer: "É trabalho do médico me curar". Não quero absolutamente minimizar o papel do médico e de outros profissionais da área de saúde. Acho que todas as pessoas com câncer devem procurar o melhor tratamento médico disponível, e um dos capítulos deste livro trata da escolha e do trabalho junto ao médico. No entanto, acredito também que a cura não é apenas fisiológica e que o paciente pode ter um papel ativo em sua cura. A família pode oferecer um ambiente de apoio vital nesse esforço.

A compreensão atual do câncer confirma a teoria de que a cura pode ser profundamente influenciada por fatores psicológicos e emocionais. Estamos começando a entender que os fatores que contribuem para o surgimento do câncer incluem a predisposição genética, a exposição a produtos cancerígenos e a reação ao estresse. Também nos damos conta de que a combinação desses e outros fatores pode existir e que nem sempre é possível obter uma explicação pura e simples para o que causou o câncer em alguém. Por essa razão, o tratamento deve levar em conta muitos aspectos diferentes e tratar tanto dos aspectos fisiológicos quanto dos psicológicos.

Em meu trabalho, dediquei-me a ensinar as pessoas com câncer a lidar de maneira mais eficiente com o estresse, incentivando-as a usar a visualização para aumentar sua crença de que o corpo pode ser curado. No entanto, cada paciente vive em um ambiente emocional que pode ter ou não uma influência positiva sobre a cura. Neste livro, examino a maneira como os familiares do paciente podem criar um ambiente aberto, honesto e receptivo, que incentive os esforços de cura do paciente.

Mesmo estando convencida, como tantas outras pessoas, que o estresse contribui freqüentemente para o aparecimento do câncer, não é possível indicar com precisão o papel do estresse na doença. Não há dúvida, porém, de que ele tem um papel na diminuição da resistência a vários tipos de doença. Não se trata apenas de uma opinião generalizada, mas esta questão é objeto de várias pesquisas, que indicam que, se não comemos bem, trabalhamos demais, nos divorciamos, e tentamos cuidar de um filho que passa por problemas com drogas, temos uma grande chance de contrair uma doença — pelo menos uma forte gripe!

A partir dessa premissa, acredito que uma pessoa com câncer se pergunte: "Será que o estresse, ou a minha reação a ele, teve algo a ver com a diminuição da minha resistência às doenças?". Isto exige que ele examine sua vida vários anos antes do diagnóstico em busca de algum acontecimento traumático (a morte de um parente ou uma mudança importante de carreira) e observe seu estilo de vida. Se sofreu alguma mudança profunda — e a mudança é um grande fator de estresse —, pode ser que seus mecanismos emocionais de defesa não tenham sido adequados. Mesmo que seja doloroso, esse auto-exame é positivo, pois, quando descobrimos que nossas reações ao estresse não foram saudáveis, estamos na posição de poder mudar para melhor. Ninguém pode evitar as mudanças e o estresse, mas podemos aprender a lidar com o estresse de forma a nos mantermos saudáveis.

Saber lidar com o estresse é muito importante na medida em que melhora a qualidade de vida do paciente. Sabemos que a vontade de viver está relacionada com um bom nível de vida — pense se sua vida tem sido satisfatória e o que lhe reserva o futuro. Em nosso trabalho, vimos a saúde de milhares de pacientes melhorar à medida que suas vidas se tornaram mais significativas e os mecanismos de cura não eram atrapalhados pela depressão e pelo desespero.

Enquanto o paciente com câncer aprende a lutar contra a doença e a lidar melhor com o estresse, a família tem um papel importante: apoiar ou não as mudanças que ocorrem com ele. Enquanto parte do sistema de apoio mais próximo ao paciente, a família é um fator primordial da sua recuperação, seja evitando fatores desnecessários de estresse ou ajudando-o a lidar com ele, para que possa, tranqüilamente, fazer as mudanças necessárias. Este livro trata das mudanças que ocorrem na família a partir do momento em que o câncer é diagnosticado e ensina como os membros da família podem proporcionar ao paciente um ambiente de cura.

Isto pode parecer uma tarefa imensa, mas é bom lembrar que uma família engajada no processo de cura não é obrigatoriamente uma família perfeita. Ninguém, muito menos a família, é perfeito. Felizmente, o combate ao câncer não exige perfeição. Exige apenas um compromisso e uma equipe de trabalho, para que a família possa criar o melhor resultado possível para o paciente. E isto será possível se nos tornarmos uma fonte de confronto, informação, incentivo e valorização para ele. Em outras palavras, dar amor, apoio e solidariedade.

Embora isto exija esforços e flexibilidade, trabalhei com várias famílias que descobriram que, ajudando o paciente a se concentrar nas mudanças, recebiam benefícios inesperados. Muitos problemas familiares que tinham sido enterrados e ficaram pendentes podem aparecer neste momento e ser tratados junto com a doença. Trabalhando em conjunto — talvez pela primeira vez —, a família tem a oportunidade de se examinar e se reorganizar, melhorando a vida de cada um de seus membros. O dr. Carl Menninger, fundador da Clínica Menninger, em Topeka, no Texas, observou que alguns pacientes que sofreram colapsos nervosos conseguem sair da crise "melhores do que antes". Também a família que enfrenta de maneira direta e saudável o trauma do diagnóstico do câncer pode aprender e crescer — mas isto não significa que lidar com o câncer seja indolor ou fácil.

Outro elemento importante ao lidarmos com o diagnóstico de câncer é permitirmo-nos, e à pessoa doente, sentir e expressar sentimentos e reações. Sentimentos reprimidos geralmente aumentam a depressão emocional, o que pode retardar a cura. Desenvolver uma comunicação aberta com a família ajuda não apenas o paciente, mas toda a família a aceitar os sentimentos complexos que porventura surjam como reação à doença. Não somente o indivíduo cresce com a experiência, mas a família pode funcionar bem melhor em equipe, criando um ambiente propício à cura.

Como estou pedindo à família que adote uma atitude otimista, sem poder oferecer garantias de que o resultado será positivo, sinto que tenho de ajudar as pessoas a se prepararem para a eventualidade de não terem os resultados esperados. Algumas pessoas acham a idéia do desapontamento tão dolorosa que preferem nem ter esperanças quanto à recuperação do paciente. Mas, quando amamos, devemos arriscar. O amor nos torna receptivos a sermos afetados, desapontados, feridos ou magoados pelos outros. A única forma de evitar esse risco é nos tornarmos ermitões emocionais, vivendo isolados — e ninguém sobrevive a essa situação. Mas é possível lidar com a dor e o desapontamento. A premissa deste livro é que a melhor maneira de lidar com o diagnóstico de câncer é lutar pela saúde de todas as maneiras possíveis, reafirmando nossa crença na vida e na esperança. Mas pode ser que o paciente não melhore. Por isso, incluí um capítulo que aborda essa possibilidade e a maneira como a família pode enfrentar a recidiva da doença e a morte.

Acho importante observar que a palavra "câncer" é usada para mais de cem tipos diferentes de doença. Para aumentar ainda mais essa complexidade, o câncer tem tantos sintomas diferentes, que o prognóstico pode variar de pessoa para pessoa, mesmo no caso do mesmo tipo de câncer. Apesar de todas essas variações, todos os pacientes que estão seriamente doentes têm algumas necessidades em comum. Este livro concentra-se nessas necessidades e na maneira como a família pode ajudar nos momentos de crise.

De certa forma, este livro é um guia que tenta ajudar o paciente de câncer a recuperar a saúde, mas meus objetivos não se limitam à recuperação do paciente ou a aumentar o seu tempo de vida. Ao contrário, este livro concentra-se no que o paciente e a família podem fazer para melhorar a qualidade de vida de cada um de seus membros. Acredito que a família que se comprometer com esse tipo de amor estará verdadeiramente engajada no processo de cura.

1

A Abordagem Simonton: uma Abordagem Positiva

O método de tratamento de pacientes cancerosos conhecido atualmente como abordagem Simonton teve início em 1968. Naquela época eu estava trabalhando em Portland, Oregon, no campo da motivação, ajudando executivos a estabelecerem e cumprirem objetivos. Meu amigo Carl Simonton terminava seu período de residência em terapia da radiação na Faculdade de Medicina da Universidade de Oregon.

Eu estava sempre pronta a ouvir Carl sobre suas pesquisas com pacientes da doença de Hodgkin. Embora atualmente o prognóstico dessa doença seja excelente, naquele tempo a taxa de sobrevida era bem menor. Carl estava trabalhando com um experimento bastante promissor, em que os pacientes recebiam tratamento de radiação duas vezes por dia. Mas sua frustração era enorme diante do fato de que, embora concordassem inicialmente com o tratamento, muitos desses pacientes deixavam de comparecer às sessões. Carl, como tantos outros médicos, sabia que essa atitude não se restringia apenas aos pacientes com a doença de Hodgkin. Pacientes com câncer de pulmão recusavam-se a deixar de fumar e pacientes com problemas hepáticos continuavam a ingerir álcool.

Embora todas as evidências indicassem a existência de problemas psicológicos, muitos médicos naquela época desconfiavam da eficácia da psiquiatria, e não era nada comum aplicar teorias psiquiátricas ao tratamento de doenças físicas. Carl, entretanto, estava muito interessado em meu trabalho sobre a motivação e em como ensinar alguém a atingir seu potencial. Com freqüência, ele discutia comigo casos de pacientes que não queriam colaborar e me perguntava: "Como você motivaria este paciente?".

A resposta a essa pergunta não era evidente, sem dúvida, porém a pergunta era em si provocante. Eu tinha certeza de uma coisa: quando modificamos nossa maneira de pensar, todo o nosso sistema interior se modifica. Em meu trabalho sobre a motivação, eu partia dessa premissa e tentava ensinar às pessoas que eram apenas suas limitações internas que as impediam de ser aquilo que desejavam.

Carl e eu ficamos cada vez mais fascinados com as possibilidades. Começamos a observar as motivações de alguns dos pacientes e suas atitudes em relação ao seu câncer. Observamos que, apesar de um bom prognóstico e da possibilidade de viver por muitos anos seguindo tratamento adequado, muitos pacientes demonstravam apatia, depressão e desesperança. Outros tomavam uma direção diametralmente oposta: apesar de saberem que seu câncer era terminal, tinham uma atitude muito mais positiva e esperançosa. Alguns desses pacientes "terminais" desafiavam toda e qualquer estatística. Mandados de volta à casa com um tratamento mínimo a ser seguido, já que a expectativa era de que morressem dentro de poucos meses, alguns deles voltavam ano após ano com boa saúde, vivendo vidas plenas e ativas. Imediatamente me interessei por essas pessoas, pois no campo da motivação sempre estudamos aqueles que têm sucesso, para descobrir como eles fazem. Era fascinante observar pacientes cancerosos que obtinham remissões espontâneas. (A cura completa de uma doença fatal sem uma explicação médica aparente é chamada de remissão espontânea.) Começamos por perguntar a essas pessoas: "Você está bem melhor do que esperávamos. A que você atribui isso?".

Suas respostas eram esclarecedoras: "Não posso morrer ainda, pelo menos não até que meus filhos estejam crescidos. Eles ainda precisam de mim". "Tenho um negócio para tomar conta, e ele não irá para a frente se eu não estiver por perto." Qualquer que fosse a resposta, esses pacientes tinham algo em comum — uma forte vontade de viver. Todos eles tinham algo por que viver.

A VONTADE DE VIVER

Quando começamos a examinar realmente as histórias de pessoas com câncer descobrimos indícios de que a vontade de viver era importante. Nessa época, uma mulher que vivia perto da minha cidade natal em Idaho foi mandada ao hospital-escola para se tratar. Sua doença havia sido diagnosticada como câncer dos rins, que havia produzido uma metástase. O cirurgião não conseguira remover o tumor e não houvera reação positiva a nenhum tratamento conhecido. (Posteriormente, nós nos demos conta de que era um caso clássico de estresse pré-câncer. Desde a morte do marido, dois anos antes, ela ficara muito deprimida, e ainda tinha de cuidar de uma grande fazenda.)

Curiosamente, o cirurgião fora bastante vago sobre o prognóstico, e ela voltara para casa com a impressão de que ele tinha retirado todo o tecido canceroso. Apesar de saber a verdade, a família havia decidido não lhe contar nada.

Ao voltar para casa, ela apaixonou-se pelo capataz que havia contratado para administrar a fazenda, um homem mais jovem do que ela, e se casaram. Enquanto o casamento durou, ela não teve nenhum sintoma de câncer. Porém, quando o marido a deixou, cinco anos depois, surgiu uma nova metástase e ela morreu.

O EFEITO PLACEBO

Além de examinar casos como esse, Carl e eu pesquisamos outros elementos de cura. Um deles é o conhecido efeito placebo. Placebo é um medicamento inativo, por exemplo, um comprimido de açúcar, que o médico pode prescrever para um queixoso crônico. Naturalmente, o médico não revela ao paciente que o "remédio" é inútil, e com freqüência o paciente volta ao consultório para relatar que os sintomas diminuíram ou até desapareceram — mesmo quando a doença não tem cura. Nesses casos, parece que a crença do paciente e suas expectativas positivas restabelecem a saúde.

O efeito placebo, conhecido dos médicos há séculos, está bem documentado. Em um dos estudos, pacientes que sofriam de artrite foram separados em dois grupos. O primeiro recebeu pílulas de açúcar em lugar do analgésico a que estavam habituados. O segundo continuou a ingerir o analgésico. Em ambos os grupos, a mesma porcentagem de pacientes relatou que as dores haviam diminuído. Os pesquisadores acrescentaram então um outro fator: os que estavam recebendo o placebo e cujas dores não haviam diminuído receberam uma injeção de água esterilizada. O mais surpreendente é que 64% dos pacientes disseram ter tido um grande alívio a partir da injeção. Com certeza, essas pessoas tinham mais confiança em injeções do que em pílulas. Foi a crença que fez diminuir a dor. Nesta mesma linha, tratamentos antigos com freqüência mostraram-se eficientes, embora agora saibamos que não deveriam ter sido. A prática medieval de sangramento do paciente doente é um bom exemplo. Como todo mundo acreditava que funcionaria, algumas vezes funcionava de verdade.

Algumas estatísticas sugerem que cerca de 30% de todas as reações positivas à medicação devem-se na realidade ao efeito placebo — à convicção de que o remédio vai ajudar. Isto não significa que o ser humano seja bobo, mas indica a importância da crença. E é por isso que fico muito preocupada quando um paciente vem me ver desanimado com seu prognóstico. Às vezes, na tentativa de ser realista e não dar falsas esperanças, o médico destrói toda a esperança do paciente. Ainda assim, pacientes "sem esperança", como uma mulher que conheci que tinha câncer dos rins, podem sobreviver levados por sua vontade de viver.

REMISSÃO ESPONTÂNEA

Outro fenômeno médico que me fascinou, quando Carl e eu começamos a estudar o processo de cura, foi a remissão espontânea. Vimos esse fenômeno acontecer muitas vezes com pacientes que deveriam ter morrido.

Carl me dizia: "O velho Jones voltou hoje. Ele deveria ter morrido há anos, mas, por incrível que pareça, está melhor!".

"Por quê? Por que ele está melhor?"

"Quem sabe? Algumas pessoas simplesmente melhoram."

Como eu tinha a vantagem de não pertencer à classe médica, esse fenômeno me interessou muito. Carl assegurou-me que a remissão espontânea havia sido estudada de todas as maneiras possíveis — do ponto de vista físico — sem que se chegasse a entendê-la. Comecei a pensar se não haveria algum tipo de explicação psicológica para tal fenômeno.

Minha formação era no campo dos negócios. Nesse campo, pessoas extremamente bem-sucedidas são estudadas para que se possa descobrir que qualidades emocionais e mentais as levam a ter sucesso. Assim, começamos a conversar com sobreviventes excepcionais, para ver se eles tinham recursos psicológicos que pudessem beneficiar outros pacientes de câncer, caso os adotassem.

É necessário deixar claro que ainda hoje, como há catorze anos, sabemos muito pouco a respeito do que seja a verdadeira saúde. Muitos estudos foram realizados sobre os processos da doença, porém quase nada se sabe sobre pessoas que nunca tiveram uma doença grave e morrem calmamente durante o sono, aos oitenta ou noventa anos de idade. Não sabemos o que comem, a que tipo de família pertencem, quanto exercício físico realizam ou qualquer outra coisa a seu respeito que possa estar relacionada à boa saúde. Creio que é possível aprender sobre a saúde não apenas estudando as pessoas doentes, mas também aquelas que estão bem.

Ao questionarmos o velho Jones e outros pacientes que tinham reações incomuns, chegamos à conclusão de que essas pessoas estavam enormemente comprometidas com um objetivo qualquer, o que fazia com que lutassem para viver. Quando seus médicos lhes diziam que poderiam morrer daquela doença, em geral respondiam mais ou menos assim: "Pois sim, vamos ver!".

BIOFEEDBACK E A TEORIA DA SUPERVISÃO

Na mesma época em que examinávamos a motivação daqueles pacientes, tomamos conhecimento de dois novos campos de pesquisa: o *biofeedback* e a teoria da supervisão. Em ambos os campos surgiam indícios de que a mente podia influenciar bastante o corpo.

O *biofeedback* ilustra de forma concreta o poder da mente. No treinamento de *biofeedback*, a pessoa fica ligada a um instrumento que retroalimenta informações sobre seus processos fisiológicos. O que será monitorado dependerá das necessidades da pessoa. Um paciente com taquicardia, ou seja, com batimentos irregulares do coração, pode ser ligado a um osciloscópio, que fará uma leitura visual constante dos seus batimentos cardíacos. O paciente observa o monitor enquanto tenta relaxar. Ele poderá relaxar ao visualizar um movimento lento e rítmico, como por exemplo o de uma menina brincando em um balanço. Se consegue diminuir seus batimentos cardíacos através do seu pensamento, ele é imediatamente recompensado com o registro desse fato na tela do aparelho. O instrumento de *biofeedback* em si nada faz, a não ser mostrar à pessoa o que ela está conseguindo fazer.

Fatos notáveis têm sido demonstrados com o *biofeedback*, tanto em seres humanos como em animais. Ratos de laboratório foram ensinados a aumentar o fluxo sangüíneo de um ouvido, dilatando os vasos e diminuindo o fluxo do outro ouvido simultaneamente. Pessoas foram ensinadas a controlar a temperatura da pele na palma da mão, de forma que dois locais diferentes, distantes 2,5 cm, apresentem diferenças de cerca de 2,5 graus centígrados. Até agora, tudo indica que qualquer sistema físico passível de ser monitorado pode ser influenciado pela mente humana.

O *biofeedback* é muito usado para ensinar a relaxar. Pesquisas feitas no cérebro indicam que a maior parte do tempo em que estamos acordados e em estado de alerta operamos mentalmente em uma alta freqüência de ondas cerebrais, denominadas beta, que partem do lado esquerdo do cérebro. Através do relaxamento profundo e/ou da meditação, podemos alterar a atividade das ondas cerebrais, diminuindo sua freqüência e passando a utilizar o hemisfério direito do cérebro, que é emocional, espacial, criativo, não-linear e não-lógico. O hemisfério direito também controla o sistema nervoso autônomo. Isto explica como uma pessoa pode aproveitar o lado direito do cérebro e usar a imagem da menina brincando no balanço para realmente influenciar seus batimentos cardíacos. Começamos a nos perguntar se as pessoas poderiam aprender a influenciar seu sistema imunológico.

Segundo a teoria da supervisão, o sistema imunológico produz de fato "células assassinas" que procuram e destroem células cancerosas sem cessar, durante todo o período de vida do ser humano, e somente quando esse sistema enguiça a doença passa a dominar. Na maior parte dos casos, quando o câncer é diagnosticado, usam-se cirurgia, radiação e/ou quimeoterapia para destruir a maior parte possível do tumor. Porém, a partir do momento em que o câncer é reduzido, perguntamo-nos se o sistema imunológico não poderia ser reativado para destruir as células que porventura tivessem restado. Já que é possivel influenciar o fluxo sangüíneo e os batimentos cardíacos, também não seria possível aprender a influenciar o sistema imunológico? Ora, o sistema imunológico também está sob a influência do hemisfério direito do cérebro.

Infelizmente, ainda não somos capazes de monitorar diretamente o sistema imunológico e de mostrar ao paciente que sua visualização realmente o está ativando. Muito recentemente, porém, novas pesquisas demonstraram que a mente pode favorecer a reação imunológica. Quando começamos nossas pesquisas, no entanto, dependíamos dos raios e de outras medidas para dar *feedback* aos pacientes. A vontade de viver dos nossos pacientes que haviam conquistado a doença estava ligada a objetivos profundamente vivenciados. Levantamos a hipótese de que talvez fosse possível ensinar um paciente a desenvolver tais objetivos e a formar uma imagem do seu sistema imunológico sendo ativado e vencendo o câncer. Imaginamos que trabalhar com essa imagem pudesse trazer resultados positivos. Nossos estudos sobre o *biofeedback* nos levaram a decidir que isto deveria ser feito três vezes ao dia, pois a regularidade e a repetição eram importantes para a eficácia das técnicas.

VISUALIZAÇÃO — O PRIMEIRO PACIENTE

À luz desses fatos, Carl tentou a experiência com um primeiro paciente, Jim McKenna, um homem de 63 anos que estava literalmente sufocando e morrendo de inanição devido a um câncer na garganta em estágio final. Para uma primeira experiência, o caso era bastante difícil. Seu peso havia caído de 61 para 45 kg. Devido à sua idade, à localização e ao tamanho do tumor, os médicos ficaram em dúvida se ele deveria receber qualquer tipo de tratamento. A radiação na garganta pode causar efeitos colaterais bastante graves. Embora os prognósticos fossem péssimos, Jim passou a receber um tratamento apenas paliativo, uma pequena dose para reduzir o tumor e lhe dar um pouco mais de conforto.

Carl conversou com Jim sobre nossa idéia de influenciar o sistema imunológico através da visualização. Ele ouviu tudo com atenção. Como era um homem muito determinado, detestava sentir que seu corpo estava fora do seu controle e que não podia fazer nada a respeito de sua doença. Antes, fumava quatro maços de cigarros diariamente, até que um dia parou, enojado por ter feito um furo nas calças — um exemplo da sua força de vontade. Jim gostou da idéia de poder ajudar-se.

Explicamos o funcionamento da visualização e lhe pedimos que imaginasse o câncer sendo atacado e vencido por células brancas, três vezes ao dia, durante as seis semanas em que recebeu radiação. Ele concordou e tornou-se tão determinado que durante aquele período perdeu apenas uma sessão. A falta aconteceu por causa de um amigo, e Jim ficou furioso e jurou que aquilo jamais voltaria a acontecer. Ele tinha a intuição de que a visualização estava funcionando, e nos disse: "Até então, eu sentia que estava conseguindo ter controle sobre isso. Porém, quando perdi aquela sessão, senti que o controle escapuliu. Não deixarei que isto aconteça de novo".

A radiação conseguiu reduzir o tumor de Jim, além de não causar praticamente nenhum efeito colateral. Durante o tratamento, ele chegou a ganhar peso. Recuperou energia suficiente para fazer o tratamento de manhã cedo, para poder ir pescar depois.

O que nos pareceu interessante — lembrem-se de que Jim foi o primeiro paciente a usar essa técnica — foi sua capacidade de saber o que estava acontecendo com o seu câncer. Ele não conseguia ver a doença, porém desenhava o que via o tumor fazer durante a visualização, e podíamos comparar o desenho com a fotografia real do tumor. Uma vez, por exemplo, ele nos disse: "Há uma ferida bem aqui", e fez um desenho do local. Descobrimos que havia realmente uma ulceração no tumor. Desde então, tenho visto outros pacientes sintonizarem-se tão bem com seus corpos quanto ele, aparentemente através de algum tipo de comunicação mental-biológica.

Ficamos muito empolgados com o progresso de Jim, e Carl tomava café ou almoçava com ele sempre que ele vinha para o tratamento. Embora já o conhecêssemos razoavelmente bem, ele sempre nos surpreendia. Um dia, nos comunicou que sua artrite o estava incomodando e interferindo com a pesca. "Decidi colocar aquelas células brancas contra a artrite", ele declarou.

Ficamos alarmados. Carl disse que a atrite de Jim era provavelmente incurável e não podia ser influenciada pela mente. Receávamos que, se não conseguisse afetar a artrite, ele pudesse perder a fé na visualização que estava usando para o câncer. Mas nosso ceticismo tornou-se um desafio para Jim. Ele sempre via as células brancas como uma tempestade de neve pulsante que bombardeava o tumor. Então, fez com que suas bordas se transformassem em uma lixa e mandou-as lixar as pontas artríticas dos seus joelhos. Os sintomas da artrite diminuíram!

Àquela altura, Carl estava tendo dificuldades para explicar às outras pessoas do departamento o que estava acontecendo. Jim voltara a se alimentar e não apresentava nenhum dos sintomas típicos do tratamento por radiação, tais como náusea, diarréia e outros mais. Em seguida, menos de quatro semanas depois, ele apareceu com uma idéia espantosa. Estava tão confiante em sua capacidade de controlar suas células brancas que anunciou: "Bem, tenho apenas mais um problema físico. Como as células brancas estão fazendo um trabalho fantástico com o meu câncer e minha artrite, vou mandá-las tratar desse problema".

"O que será dessa vez?" pensamos.

"Tenho sofrido de impotência sexual nos últimos vinte anos", ele nos disse. "Vou resolver essa questão."

"Essa não!", Carl e eu dissemos um para o outro.

O fato é que sua impotência era psicogênica. Não tinha base fisiológica e havia começado após uma situação dramática do passado. Carl explicou-lhe que as células brancas não teriam efeito nenhum sobre um problema psicológico. Mas ele não se intimidou. E nos mostrou que uma pessoa não precisa entender sua fisiologia de maneira correta — apenas tem de acreditar que a visualização pode ajudar. Por que Jim achou que as células brancas poderiam ajudá-lo a resolver esse problema estava além da minha compreensão, mas foi o que ele fez, e mandou-as trabalhar na área problemática. Mais uma vez, sua percepção inata do corpo revelou-se. Ele nos disse: "É muito estranho. Aquelas células brancas não conseguem achar nada de errado comigo". Aparentemente aquilo o tranqüilizou, pois dentro de uma semana ele foi capaz de ter e de manter uma ereção. Logo ele começou a brincar conosco, dizendo que nunca o chamássemos de manhã, pois ele e sua esposa estariam fazendo amor. Mantivemos contato com ele, e, até a sua morte, aparentemente ele teve uma vida sexual bastante ativa.

Jim viveu mais nove anos após ter recebido a notícia de que tinha muito pouco tempo de vida. Mantivemo-nos em contato todos aqueles anos, e, algumas vezes, ele tomava um avião até o centro para contar sua história aos nossos grupos de pacientes. Quando, aos 72 anos de idade, sofreu uma recidiva, ele nos telefonou para conversar conosco sobre como havia chegado a um bom termo com a morte próxima. Também nos disse que aqueles nove anos haviam sido dos melhores da sua vida.

O DESENVOLVIMENTO DA ABORDAGEM SIMONTON

Após o trabalho com Jim e com alguns outros pacientes em Portland, Carl e eu nos casamos. Depois do seu período de residência médica, ele cumpriu com suas obrigações militares na base aérea de Travis, na Califórnia, onde tornou-se chefe do departamento de terapia por radiação do hospital. Lá, teve uma fantástica oportunidade de continuar a pôr em prática nossas idéias. Já que se tratava de um departamento totalmente novo, pudemos formá-lo conforme nossa abordagem. O procedimento-padrão estabelecia que um técnico em radiação levasse o paciente para a sala de radiação, o guiasse através da visualização e em seguida administrasse o tratamento.

Nos prontuários dos pacientes internos havia uma observação específica para que as enfermeiras se assegurassem de que os pacientes estavam visualizando três vezes ao dia.

Quando o serviço militar acabou, nós nos mudamos para Fort Worth, Texas, onde Carl começou a trabalhar como médico de oncologia radioativa da rede privada e eu iniciei um serviço de aconselhamento para seus pacientes. Um ano mais tarde, em 1974, formamos o Cancer Couseling and Research Center (Centro de Aconselhamento e Pesquisa do Câncer). Apesar de termos nos divorciado em 1980, sentíamo-nos muito ligados ao centro, e continuamos a trabalhar juntos para que ele crescesse, da mesma forma que pais divorciados continuam a criar juntos seus filhos.

O centro está localizado atualmente na cidade de Dallas. É uma organização sem fins lucrativos que enfatiza o tratamento psicológico de pacientes cancerosos e realiza pesquisas relacionadas com o efeito psicológico do câncer sobre os pacientes.

Além de nosso trabalho básico com pacientes cancerosos, também treinamos milhares de profissionais no uso dos nossos métodos. A abordagem Simonton tem sido muito bem recebida, e atualmente terapeutas usam esses métodos em quase todas as partes dos Estados Unidos e em muitos outros países.

Um outro ramo do nosso trabalho lida com a pesquisa. Muitos anos atrás, obtivemos uma ajuda substancial para trabalhar, com a Faculdade de Medicina da Universidade do Texas, em Galveston, em um projeto de identificação dos marcadores sangüíneos do sistema imunológico, de forma que possamos aplicar as técnicas tradicionais de *biofeedback* aos pacientes cancerosos que estejam usando a visualização. Quando esses marcadores forem identificados e puderem ser monitorados, teremos dado um grande passo adiante em nosso trabalho, porque isso nos permitirá quantificar o grau de atividade da "célula assassina" que está sendo gerada pelo sistema imunológico do paciente na luta contra a doença.

UMA ABORDAGEM PSICOLÓGICA DO CÂNCER

Quando Carl e eu começamos nosso trabalho, pouco estava sendo feito quanto aos aspectos psicológicos do câncer. Atualmente, essa questão está recebendo muitas atenções. Em 1978, por exemplo, o Congresso Mundial do Câncer, do qual participaram mais de oito mil oncologistas de mais de 36 países, organizou um simpósio sobre os aspectos psicológicos do câncer. O fato de esse simpósio ter sido o evento mais concorrido de todo o congresso demonstrou o interesse da comunidade internacional nas abordagens psicológicas do câncer. A conferência propiciou também uma troca de informações com profissionais do exterior. Aprendemos, por exemplo, que um estudo feito no Japão sobre remissão espontânea validava nossas descobertas sobre a psicologia das pessoas que se curam.

À medida que pesquisas desse tipo correm o mundo, mais e mais dados confirmam a ligação direta entre as emoções e a reação imunológica. A influência da mente sobre a reação imunológica está sendo mais aceita do que eu poderia imaginar. Tem sido muito gratificante ver essa recepção positiva, sobretudo porque em certo momento pensei que levaríamos vinte e cinco anos para chegar a este ponto, e não catorze, como aconteceu.

Até dez ou doze anos atrás, nossa sociedade relutava em aceitar o elemento psicológico da enfermidade. A úlcera, por exemplo, é considerada por praticamente todos os médicos como uma doença psicossomática, causada por uma combinação de fatores físicos e emocionais. No entanto, em muitos casos, pacientes com úlceras recebem antiácidos e, em alguns casos, até tranqüilizantes, e a recomendação de que parem de se preocupar. Felizmente, um número cada vez maior de médicos leva a sério o aspecto psicogênico da enfermidade e envia seus pacientes a um psicólogo, para que aprendam a lidar de maneira mais eficiente com suas emoções.

É compreensível que alguns médicos relutem em agir dessa forma, já que isto significa confrontar muitas pessoas com um dos seus piores preconceitos. Em comunidades muito conservadoras, procurar um profissional da saúde mental equivale a um suicídio social. Em alguns lugares, acredita-se que, se a pessoa não está feliz, é porque não está obedecendo a Deus e precisa ver um sacerdote, e não um terapeuta. Muitas outras pessoas agarram-se à teoria do sucesso sobre a qual foi construído nosso país e acham que, mesmo quando estão doentes ou com problemas, devem ser capazes de se levantar e dar a volta por cima. (Como veremos mais adiante neste livro, esse tipo de atitude é justamente a que não pode ter um paciente canceroso.) A psicologia existe há pouco mais de cem anos, de forma que essa atitude antipsiquiátrica é compreensível. Como resultado desse preconceito, a pessoa que sofre de uma doença relacionada ao estresse e procura um psicólogo às vezes é obrigada a lutar contra atitudes muito negativas por parte de familiares e amigos.

Durante todos esses anos de trabalho no centro, não apenas desenvolvemos técnicas de visualização, como também estudamos padrões de personalidade e histórias da vida dos pacientes cancerosos. E, em pesquisas realizadas tanto por nós como por outros profissionais, descobrimos que o paciente é uma pessoa sob grande carga de estresse. Um dos pontos mais enfatizados no nosso trabalho é levar os pacientes a aprender a lidar de maneira mais eficiente com o estresse.

Estudos de psicologia mostram que a pessoa cancerosa típica tem uma típica história pessoal que a levou à falta de esperança e a uma auto-estima baixa — sentimentos que estão em oposição com a vontade de viver. Como, para os familiares, é importante compreender a batalha física e psicológica do paciente, quero dar uma rápida demonstração desse perfil de personalidade que demonstra bem a luta do paciente.

Em um dos estudos clássicos sobre pessoas cancerosas, o dr. Lawrence LeShan descobriu que 76% delas têm em comum uma "história de vida emocional" na qual se sentiam isolados, negligenciados e desesperados durante a adolescência e o início da vida adulta. Por outro lado, de forma característica, essas pessoas reprimiam o seu desespero e não expressavam dor, raiva ou hostilidade em relação às outras pessoas, o que, sem dúvida, é muito estressante. Porém, a falta de esperança interior não era demonstrada. Os outros em geral os viam como pessoas maravilhosas, sempre rindo e brincando. De acordo com LeShan, "A qualidade positiva, a 'bondade' dessas pessoas, era na realidade um sinal tanto do seu fracasso em acreditarem suficientemente em si mesmas como da sua falta de esperança".

Essa falta de esperança se manifestava numa atitude em relação à doença que LeShan caracterizou como "a espera inconsciente da morte". Como disse um dos pacientes estudados: "Da última vez eu tive esperanças, e veja o que aconteceu. Assim que minhas defesas baixaram, fui mais uma vez abandonado, é claro. Nunca mais terei esperança. É demais para mim. É melhor continuar protegido em uma concha". Como LeShan pôde verificar, essa falta de esperança ocorria com pacientes que haviam tido infâncias estressantes, caracterizadas por relacionamentos ruins com os pais e também por maus-tratos físicos. Muitos deles vinham de lares desfeitos. O resultado desse sofrimento inicial era uma baixa estima que levava à desesperança. Setenta e seis por cento dos pacientes de LeShan mostravam essas características, em vivo contraste com os 10% apenas dos pacientes não-cancerosos do seu grupo de controle.

O trabalho de LeShan foi confirmado por outros estudos importantes. Na década de 40, Caroline B. Thomas, psicóloga da Universidade Johns Hopkins, entrevistou e avaliou estudantes de medicina. Durante trinta anos, fez entrevistas extensas com mais de 1.300 pessoas. Os dados que colheu sobre a história da doença mostra mais uma vez um perfil bastante característico das pessoas que desenvolveram câncer. Como no estudo feito por LeShan, Thomas revela que muitas pessoas com câncer experimentaram uma falta de intimidade com seus pais durante o período de crescimento, raramente demonstravam emoções fortes e eram em geral "muito passivas". Esse fato sugere que muitos dos que desenvolveram câncer tiveram uma história de vida que levou à depressão crônica, que podia durar às vezes vinte anos ou mais, durante os quais a maior parte dos seus sentimentos eram reprimidos. Eram claramente pessoas que, por causa da sua baixa auto-estima, colocavam outras pessoas em primeiro lugar e ignoravam a si mesmos e suas próprias necessidades de várias maneiras.

O estresse causado pela depressão crônica e pela baixa auto-estima é um fator significativo para muitas pessoas com câncer. Na verdade, demonstrou-se que a depressão tem relação com a morte por câncer. Num estudo feito no Hospital St. Luke, de Chicago, milhares de operários de fábrica fizeram o Inventário Multifásico de Personalidade de Minnesota, um teste psicológico padrão. Trinta anos depois, pesquisadores examinaram os testes e anotaram a causa da morte dos que haviam falecido. Quando essas causas foram comparadas aos perfis de personalidade, surgiu uma correlação importante entre a morte por câncer e um nível elevado de depressão.

Como é compreensível, muitas famílias de pacientes que vêm trabalhar conosco no centro ficam inicialmente muito surpresas com esses fatos. Segundo eles, o ente querido sempre foi uma pessoa alegre. Não é raro ouvirmos: "Joe pode ter câncer, porém está sempre sorrindo. Pelo menos, está feliz com a vida". Até mesmo o paciente raramente tem consciência da sua depressão.

Se o leitor tiver um parente canceroso que esteja adotando a abordagem Simonton, com um terapeuta treinado pelo método ou através do meu livro, talvez fique chocado ao descobrir que essa pessoa está sendo incentivada a expressar sua raiva e até a ser "egoísta". Mas existem boas razões para tal. A baixa auto-estima confirmada por tantos estudos começa a desaparecer logo que o paciente passa a cuidar mais de si mesmo e a se expressar emocionalmente. Assim que ele passa a se concentrar nesses pontos, os progressos em sua vida e em seu processo de cura começam a aparecer. Muitas pessoas com câncer foram tão criticadas e mal tratadas quando crianças que tentam encontrar aceitação em toda parte, embora não se julguem dignas dela. Não é necessário ser psicólogo para ver o quanto uma pessoa que vive dessa forma se sente desesperançada. Uma das tarefas do paciente é tornar-se "egoísta", dando mais atenção à sua própria vida e menos atenção à dos outros.

O motivo pelo qual é tão importante que a pessoa com câncer desenvolva uma vida emocional mais completa e menos estressante é que a depressão crônica e o estresse reduzem a reação imunológica. Como comentei antes, não conhecemos nenhuma droga ou terapia que seja tão eficiente contra o câncer quanto os antígenos específicos que o corpo humano pode criar. Também sabemos que a mente pode afetar essa atividade imunológica. Em um estudo realizado em 1982, na Universidade Estadual da Pensilvânia, o dr. Hall e seus assistentes fizeram medições sanguíneas preliminares em algumas pessoas para determinar a atividade geral do seu sistema imunológico. Em seguida, numa única sessão de hipnose com cada um dos pacientes, pediram a eles que imaginassem que suas células brancas cresciam em volume e tornavam-se mais ativas. Uma hora mais tarde, repetiram a medição sanguínea e observaram uma diferença significativa. Além disso, na semana seguinte, quando realizaram uma terceira medição, ainda encontraram uma quantidade e uma atividade de células brancas bastante elevadas. Atualmente, muitos estudos estão sendo realizados nesta área.

A conscientização de que o sistema imunológico está intimamente ligado à mente de um indivíduo e às suas emoções é muito excitante, mas não deveria nos surpreender. Quando uma pessoa que deveria ter morrido de uma doença fatal sobrevive, fala-se em geral da sua vontade de viver. E agora a ciência está realmente documentando esse conceito. Trata-se de um verdadeiro progresso, porque até há pouco tempo nossa cultura enxergava o corpo como uma máquina separada da mente e dos sentimentos. Este é um conceito peculiar que essencialmente vê a pessoa como dois organismos distintos, existindo lado a lado, porém interagindo raramente. Hoje em dia, aprendemos que cada emoção causa uma reação fisiológica concomitante, seja ela positiva ou negativa, e o corpo e a mente estão intimamente interligados.

CONCLUSÃO

Toda essa informação é importante para a família da pessoa que tem câncer. O material descrito neste livro tem por objetivo ajudar a criar um ambiente que leve à cura, e no qual o paciente possa trabalhar para modificar sua reação ao estresse e aprender a gozar a vida. Este é um dos elementos que afeta o sistema imunológico e ajuda no processo de cura. O apoio da família para esta mudança é tão importante, que pedimos aos pacientes que vêm ao centro que tragam suas famílias numa das primeiras sessões. Os pacientes de outras localidades que são casados devem trazer seus companheiros. Se não forem casados, pedimos-lhes que tragam uma pessoa próxima, que estará intimamente envolvida em sua luta contra o câncer.

A abordagem Simonton é muito positiva e promove um ataque conjunto contra o câncer, usando a visualização mental, o aprendizado de uma vida mais rica e mais assertiva e a cooperação com o tratamento médico. A pessoa cancerosa enfrenta uma das tarefas mais importantes da sua vida e precisa de todo o apoio que possa conseguir. Há muita coisa que a família pode fazer para ajudar e, segundo minha experiência, quase todos os familiares querem verdadeiramente ajudar — se conseguirem descobrir o que fazer. Mas até agora não havia muitas informações disponíveis sobre o papel da família na criação de um ambiente propício à cura. Conseqüentemente, a família e os amigos do paciente podem não ter recebido todas as informações necessárias para realmente entender e dar apoio. É para isso que escrevi este livro.

2

Como Chegar a um Acordo com o Câncer

Durante muitos anos, a imprensa nos bombardeou com a frase "o câncer mata". Acreditava-se que esta mensagem bem-intencionada motivaria as pessoas a parar de fumar, e este era o objetivo. Infelizmente, ela também reforçou nossa crença cultural de que câncer e morte são sinônimos e fez crescer ainda mais o choque e a ansiedade que sentem a pessoa com câncer e seus familiares ao receberem o diagnóstico. A idéia de que o câncer inevitavelmente mata afeta profundamente a maneira como reagimos à doença e pode aumentar a nossa sensação de desamparo e desesperança. É realmente uma pena, porque atualmente muitos pacientes de câncer recuperam a saúde.

A família que enfrenta o câncer tem uma crença profunda de que a doença é necessariamente fatal. Para aumentar ainda mais o choque, o paciente e sua família podem estar confrontando a idéia da mortalidade pela primeira vez. Dependendo do tipo específico de câncer e do estágio no qual ele é descoberto, o paciente pode receber um bom prognóstico. Mas ainda assim estará lidando com uma doença que ameaça sua saúde. A despeito do otimismo do médico, o paciente se dá conta de que é mortal e de que seu corpo tem limites. Esse sentimento da própria mortalidade não é inato. Em geral, nos conscientizamos dele a partir da experiência de algo que ameaça a vida, seja a nossa própria ou a de alguém que amamos. Enquanto o paciente deve lidar com a compreensão de que mais cedo ou mais tarde morrerá, seus familiares podem ter a mesma conscientização. Além do mais, a família confronta-se com a possível perda de um de seus membros e com a ruptura da família. Para cada um dos familiares, coloca-se a questão: "Pode a família sobreviver a essa perda, caso ela venha a acontecer? Conseguirei sobreviver e ir em frente?".

A REAÇÃO INICIAL: CHOQUE E NEGAÇÃO

A idéia errônea de que o câncer sempre mata, a necessidade de se chegar a um bom termo com a própria vulnerabilidade e o medo de perder alguém de quem se gosta em geral levam a pessoa com câncer e sua família ao primeiro estágio da luta com a mais importante das crises — o choque e a negação. Em um estudo clássico, *Sobre a morte e morrer*, Elizabeth Kübler-Ross segmenta o processo de aceitação da morte em cinco estágios, que são aproximadamente os estágios pelos quais cada um de nós passa ao reagir a qualquer crise importante na vida. Peço que observem, contudo, que nenhum de nós se enquadra perfeitamente em qualquer das categorias. Somos todos indivíduos, e enfrentamos os problemas e nos ajustamos a eles cada um à sua maneira. No entanto, a maioria das pessoas experimenta uma progressão semelhante à descrita por Kübler-Ross: negação e isolamento, raiva, negociação, depressão e aceitação.

Em sua intensa pesquisa de mais de duzentos pacientes terminais, Kübler-Ross descobriu que a reação inicial mais comum ao diagnóstico de doença terminal era: "Eu não! Não pode ser verdade". É a negação, que com freqüência é acompanhada por um certo nível de choque durante um ou mais dias. Para muitos pacientes, a negação assume uma forma intelectual. Eles tentam se convencer, por exemplo, de que suas radiografias foram trocadas com as de outro paciente. Outros ainda decidem que o médico estava totalmente errado e começam a "procurar" um prognóstico melhor, mais encorajador e fácil de aceitar. (Tal "procura" frenética é muito diferente da busca metódica de uma segunda e terceira opiniões para reunir mais informações, processo que recomendo.)

Para os pacientes, a negação é muito comum, já que com freqüência o câncer é descoberto num indivíduo que se sente com saúde e não tem dor ou outros sintomas. Earl Deacon, um dos meus pacientes, soube do seu câncer através de um exame físico de rotina em 1975. Texano de 63 anos de idade e agricultor muito bem-sucedido, Earl foi capaz de agüentar 17 minutos na passarela ergométrica, uma façanha para um homem da sua idade. Sentia-se muito bem e não tinha queixas sobre sua saúde. Mas o exame de sangue revelou um nível estranhamente elevado de proteína e uma biópsia da medula óssea feita pelo hematologista indicou uma forma de câncer acelerada da medula. Os médicos concluíram que Earl tinha provavelmente menos de dois anos de vida.

Naturalmente, a primeira reação de Earl foi a negação. "Estava-me sentindo ótimo — não *podia* ser verdade." Mas o que estava por trás da negação era o medo. Um de seus amigos próximos havia morrido da mesma doença (cujo nome técnico é mieloma múltiplo) poucos anos antes. Earl e sua esposa Marge haviam assistido à rapida deterioração do amigo. Marge também repetia sem cessar: "Earl, não! Como pode ser? Ele corre 7 ou 8 km várias vezes por semana. Sua saúde está perfeita!". Marge descreveu o que sentia como "uma mistura de descrença e horror. Eu queria rejeitar a idéia completamente".

Marge é a prova de que aceitar um diagnóstico de câncer é sempre difícil, não importa quanto se saiba sobre a doença. Durante os dois anos que se seguiram, ela e Earl lutaram juntos contra o câncer. Fizeram tudo o que puderam imaginar; aprenderam a se comunicar e a criar um estilo de vida mais agradável e menos estressante. Ainda assim, quando em 1977 foi surpreendida com um diagnóstico de câncer do útero, Marge ficou em estado de choque. "E pensar que com todo o meu conhecimento sobre o câncer eu era tão vulnerável quanto qualquer outra pessoa!"

A extensão do choque que atinge o paciente e a família varia imensamente. Bob Gilley, um bem-sucedido corretor de seguros da Carolina do Norte, também soube do seu câncer durante um exame de rotina. O médico encontrou um tumor em sua virilha e pediu que três outros especialistas o examinassem. Informaram a Bob que deveria fazer uma biópsia, mas ele pediu que esperassem até que ele voltasse de uma convenção nacional, na qual seria o orador. Quando ele retornou, dez dias depois, o tumor havia passado do tamanho de uma noz para o de uma tangerina. O que seria uma biópsia tornou-se uma operação séria, durante a qual o tumor foi removido. O medo de Bob era tão grande que o estado de choque deu-lhe mais tempo para lidar com a notícia. "Eu não consegui funcionar durante vários dias", confessou.

A mulher de Bob, BJ, também ficou em estado de choque e negação. "Não quis pensar no assunto quando eles descobriram o tumor", disse. "Somente depois da cirurgia é que senti medo, e então fiquei apavorada."

Não é nada fácil enfrentar as más notícias, e mais difícil ainda lidar com a incerteza. Para as pessoas com câncer o período de choque e negação aumenta com freqüência por causa da incerteza a respeito da doença. Um tumor duvidoso deve ser testado várias vezes e em seguida passar por uma biópsia. Talvez seja necessária uma laparotomia para determinar o estágio da doença, como também radiografias e tomografias. O paciente e seus familiares podem ter de esperar ainda mais tempo até que todos os dados sejam estudados pela equipe responsável. Nesse meio tempo, todos os interessados ficam em suspenso, sem saber o que esperar. Durante este tempo, tanto o paciente como seus familiares ficam naturalmente tão obcecados pelo medo do desconhecido que não conseguem viver normalmente. Este é, geralmente, um período de certa negação dos sentimentos.

Os pais de crianças que recebem um diagnóstico de câncer têm a tarefa toda especial de manter sua coragem para passar segurança para a criança. É por isso que eles muitas vezes preferem esconder as informações da criança até que consigam lidar com seus próprios sentimentos de negação, raiva e medo. Foi o que aconteceu com Pamela e Bob Mang, um casal de Palo Alto, Califórnia, cuja filha, Jessica, desenvolveu um tumor em 1980. Quando a perna de Jessica foi radiografada por um ortopedista e mais exames foram pedidos, descobriu-se que a menina de dez anos de idade tinha sarcoma osteogênico, ou seja, câncer dos ossos. Bob, um homem forte e tranqüilo, conversava calmamente com o médico até que este lhe disse que o tratamento usual era a amputação, talvez seguida de quimioterapia.

Bob, que estivera de pé o tempo todo, disse: "Acho que vou me sentar". É uma típica reação de choque. Apesar do choque, ele ainda conseguiu conversar com o médico sobre como deveria agir com Jessica e concordou que ela receberia um par de muletas, mas não saberia nada a respeito do diagnóstico até depois da biópsia. Quanto a Pamela, quando Bob lhe contou o que dissera o médico: "Minha mente parou de funcionar durante cerca de 24 horas". No dia seguinte, saudáveis sentimentos de dor começaram a atravessar o estado de choque, e Pamela se viu chorando ao descascar batatas para o jantar.

Antes de conversar com a filha, os Mangs reuniram o melhor conselho médico que conseguiram obter, inclusive os resultados da biópsia. Eles também conseguiram chegar a um acordo com o diagnóstico devastador e, com a ajuda do médico, tomaram a decisão de permitir a amputação. Durante todo esse tempo, chegaram a uma decisão importante, após um telefonema confuso de um médico que tinha um forte sotaque estrangeiro e que lhes havia dado 25% de chances de sobrevida. Decidiram que a morte de Jessica era inaceitável e lutariam contra o prognóstico com todas as suas forças. Para eles, como para muitos pacientes e suas famílias, tal decisão foi muito útil para ajudá-los a atravessar esse difícil período. À medida que recolhiam informações sobre a doença de Jessica junto a médicos de todo o país, os Mang se prepararam para enfrentar a doença. E vieram a saber que, com a amputação, o prognóstico da menina se tornava muito bom. Trabalhando em equipe, os Mang ajudaram um ao outro durante o período inicial do choque.

COMO EXPRESSAR A DOR

Como Pamela e Bob conseguiram aceitar a doença de Jessica antes de lhe contarem, foram capazes de ajudá-la a expressar sua dor. Eles lhe contaram o diagnóstico e explicaram as opções: uma remoção parcial do osso e um implante, que deveria ser periodicamente substituído, ou uma amputação, que lhe daria mais mobilidade. Jessica, atualmente com doze anos, lembra-se: "Eu deduzi que meus pais sabiam bem mais do que eu e disse-lhes que faria o que eles achassem que era melhor para mim. E depois, chorei".

As saudáveis lágrimas de Jessica também a levaram a aceitar rapidamente o seu estado. Pamela lembra-se de que Jessica olhou para a perna e disse: "Você foi uma boa perna e nos divertimos muito juntas. Mas vamos ter de fazer isto". Ao dizer adeus à sua perna, Jessica estava aceitando a realidade da sua doença.

Muitos adultos, principalmente homens, são incapazes de simplesmente chorar como Jessica, o que os ajudaria a aceitar a doença. Infelizmente, nossa cultura nos ensina que as lágrimas são sinal de fraqueza, e, embora às mulheres seja permitido chorar, muitas mulheres fortes também acham que chorar é difícil e desagradável. O choro, porém, é uma reação totalmente humana e natural à dor. Podemos até pensar que não chorar é um sinal de força, mas na verdade a pessoa que não consegue expressar tristeza e medo no início está mais apta a desmoronar mais tarde. Aceitar o câncer significa que a negação deve ceder seu lugar à expressão mais livre e saudável da dor e do medo.

RAIVA E RESSENTIMENTO

A raiva faz com freqüência parte da nossa reação ao câncer. Este também é um sentimento que as pessoas tentam evitar, achando que de certa forma não é um sentimento agradável ou apropriado. No entanto, é normal que uma pessoa se sinta traída e com raiva do corpo quando recebe o diagnóstico. A pessoa com câncer, sobretudo a que não apresentava nenhum sintoma, talvez sentisse que tinha um controle quase sobre-humano sobre sua vida, a capacidade de fazer qualquer coisa, inclusive manter sua saúde em perfeito estado. Agora, seu corpo lhe mostra que é finito, vulnerável, e que talvez ela não tenha controlado ou tomado conta de tudo.

A raiva da família pode estar focalizada em outro tipo de questão. Se a pessoa for o arrimo da família, os familiares talvez pensem: "Dependemos de você todos esses anos! Como ousa nos abandonar? Como poderemos sobreviver sem você para tomar conta de nós?". Essa raiva é resultado de medos e inseguranças bastante reais. Quando alguém nos ama e cuida de nós, o relacionamento pode ser tão forte que pensamos que não poderíamos sobreviver sem essa pessoa.

O medo e a insegurança podem se expressar de várias maneiras. A raiva, como já disse, é bastante comum. Algumas vezes, a raiva expressa-se em tentativas de controlar o paciente. Um parente pode chegar a dizer: "Você tem de ficar bom! E tem de fazer o que eu mandar. Olhe o que quero que faça...". Esse comportamento é ao mesmo tempo protetor e controlador, e certamente expressa amor e também a necessidade de evitar a tristeza e o medo.

A raiva e o ressentimento podem também levar a família a se afastar do paciente — abandonando-o. Neste caso, os familiares ficam com tanto medo de perder a pessoa que inconscientemente decidem: "É melhor eu me afastar já". Como sua necessidade é muito grande, eles se sentem inseguros de se relacionar com alguém que não estará presente por muito tempo. Mais do que inseguros, os familiares podem sentir-se aterrorizados. Eles pensam: "Imaginar que ele não estará sempre comigo é tão terrível que não quero mais ficar ao seu lado. Não posso aceitar a idéia de que ele possa ir embora". Essas pessoas, na realidade, estão lidando com a perda antes do tempo e preferem se afastar. Ao fazer isto, elas se isolam e, como resultado, o paciente também fica isolado. O marido que se afasta emocionalmente da esposa pode dedicar-se mais ao trabalho e passar menos tempo em casa. As pessoas podem se envolver em atividades de todos os tipos, enquanto isto lhes permitir fugir dos seus sentimentos e evitar a possibilidade de perder seu ente querido.

O paciente também pode sentir este tipo de fuga da realidade do câncer. É possível que ele se sinta carente emocionalmente e negue essa necessidade, rejeitando a família. Conheci pacientes que pedem a suas esposas e filhos que não os visitem no hospital. Outros permitem as visitas, porém viram-se de costas para dormir. Esses pacientes estão lutando com a conscientização de que são realmente muito dependentes das pessoas que amam. Essa dependência pode despertar muito medo e fazê-los reagir à insegurança mostrando que não precisam de ninguém. É como se eles dissessem claramente à família: "Não preciso de vocês — vou mostrar que não preciso de vocês". Esse tipo de isolamento não é saudável, pois aumenta a alienação, a depressão e ansiedade do paciente — e tudo isto pode ter um efeito psicológico sobre o processo de doença, reduzindo a possibilidade de recuperação.

Os pacientes e suas famílias que passam da negação à conscientização do medo e da raiva podem, entretanto, reagir de forma muito mais positiva. Uma das reações pode ser: "Nunca havia me dado conta, até esse instante, do quanto meu marido (esposa, pai, mãe etc.) era importante para mim". Essa atitude geralmente leva a uma grande expressão de amor e afeição dentro do âmbito familiar. Os familiares conseguem expressar a necessidade e o medo que sentem e confortar-se uns aos outros: "Eu o amo tanto e não sei se poderia sobreviver sem você".

DEPRESSÃO E DESESPERO

Embora o estudo de Kübler-Ross sugira que numa crise existencial passamos por vários estágios, entre eles a depressão, descobri que muitos pacientes cancerosos e suas famílias ficam deprimidos desde o início. Um homem que recebeu o diagnóstico depois de se aposentar talvez diga: "Fui enganado! Dei duro a vida inteira para chegar até aqui e agora que tenho a oportunidade de me divertir descubro que estou com câncer!". A raiva e o desespero podem levá-lo a se sentir deprimido e simplesmente desistir. Muitas pessoas dizem que deixaram de comprar roupas, por exemplo, porque não teriam oportunidade de usá-las, ou se recusam a planejar viagens. Na realidade, param de viver muito antes que os sintomas as impeçam. Passam a investir cada vez menos na qualidade de suas vidas. Uma paciente me disse: "É como se eu não conseguisse enxergar nada no final do túnel". Ela não se dava conta de que estava deprimida, e sua atitude era a seguinte: "Que diferença faz? Vou morrer de qualquer jeito".

Depressão e desespero são sentimentos que atingem com freqüência as pessoas que sofrem de câncer. No início, tanto o paciente como sua família podem decidir: "Para que tentar? Não há nada que possamos fazer". Curiosamente, este estágio é confortador, porque lhes tira a necessidade de fazer escolhas. O papel de vítima expressado nessa atitude é totalmente passivo e, portanto, pensa-se que isso eliminará a ansiedade. Quando não há nada a escolher, não se pode fazer escolhas erradas.

Felizmente, em nossa cultura, temos grande desprezo pelo papel de vítima. Preferimos participar dos acontecimentos, como fizeram Pamela e Bob Mang quando decidiram lutar contra o prognóstico negativo de Jessica. Os pacientes cancerosos e suas famílias conseguem sair da depressão usando informações que lhes chegam de outras fontes, e que podem levar em consideração. Eles se vêem forçados a agir pela necessidade de tomar decisões: Que tipo de médico devem consultar? Quantas outras opiniões devem obter? Com qual dos médicos sentem-se mais à vontade? O paciente e sua família devem também decidir imediatamente a quem e o que contar sobre a doença. É impossível evitar certas decisões: contar ou não aos filhos, aos pais idosos, aos sócios. No processo de tomada dessas decisões, a família geralmente começa a sentir um propósito de ação, adquirindo um objetivo e até mesmo esperança.

POR QUE EU? POR QUE NÓS?

A família que começa a se afastar da depressão e do medo, envolvendo-se de forma ativa no processo de cura, está tomando o caminho da aceitação, que é o estágio final do processo de enfrentamento do câncer. Agora já é possível procurar compreender de maneira ativa o que aconteceu. Eles tentam, em geral, achar um significado para a doença e torná-la compreensível. Tal esforço pode começar com a pergunta "Por que eu?" ou, no caso da família, "Por que nós? Por que isto aconteceu conosco?". Essa procura dá a essas pessoas um sentimento de que suas vidas têm um sentido e uma certa lógica. Eles preferem acreditar que tudo tem uma razão de ser, e, uma vez que a descobrem, podem ter um certo controle sobre a doença. Essa atitude é diametralmente oposta à de outros pacientes, que dizem: "O mundo é injusto, não há razão para isto ter acontecido comigo. Coitado de mim". A idéia de que a injustiça é caótica e está fora do alcance da compreensão é intolerável para a maioria das pessoas. Se decidimos que uma doença é um acidente sem significado ou uma armadilha da genética, passamos a nos sentir realmente vítimas de algo que está fora do nosso controle.

Apesar de acreditar que nenhum desses extremos seja saudável, incentivo meus pacientes a repensar a pergunta "Por que eu?", porque descobri que aqueles que o fazem geralmente chegam a um meio-termo. Muito pouco, ou nada, do que nos acontece está totalmente fora do nosso alcance, e raramente, ou nunca, controlamos algo. Pacientes que examinam os muitos fatores que influenciaram o aparecimento da doença em geral descobrem que existem coisas que eles podem mudar em suas vidas e maneiras de fazer com que sua experiência tenha algum sentido. Em grande parte do nosso trabalho, concentramo-nos em ajudar o paciente a descobrir o lado bom da sua experiência, para crescer e se modificar de forma positiva. Essa compreensão faz com que qualquer experiência má se torne mais tolerável e valiosa.

Ao perguntar "Por que eu?" os pacientes também estão fazendo uma pergunta teológica, que pode ser colocada da seguinte maneira: "Por que existe o mal no mundo?", ou "Será que essa é realmente a vontade de Deus?", ou ainda "O que fiz para merecer isto?". Com freqüência, quem examina essas questões conclui com estupor que nada fez para merecer o câncer. Uma resposta típica é: "Sempre vivi da maneira que os outros me diziam para fazer. Fui uma boa menina, uma boa esposa, uma boa mãe. Cuidei dos outros a minha vida toda. Sempre fiz o que me diziam ser o certo. Talvez eu não tenha descoberto quem sou ou o que quero da vida, mas segui as regras e agora isto está acontecendo comigo". E, de maneira bem natural, tais pessoas passam a questionar as regras que seguiram. Muita raiva pode resultar da reflexão a respeito dessa questão.

Para outros, o diagnóstico de uma doença fatal lhes traz dúvidas sobre o conceito do divino. Querem saber por que coisas ruins acontecem a pessoas boas, já que existe um Deus perfeito e todo-poderoso. Algumas pessoas talvez tenham vivido na crença infantil de um Deus que é um pai perfeito e protetor, que ama e cuida delas. Se tal for o caso, essa crença fica no mínimo abalada, e a pessoa com câncer é forçada a reconsiderar sua compreensão de Deus e do universo.

Outro aspecto dessa teologia é que o paciente e sua família podem sentir que Deus todo-poderoso "manda coisas ruins para eles". Da mesma maneira que a idéia de que Deus nos protege totalmente, essa idéia pode jogar toda a responsabilidade por nosso bem-estar sobre o divino — e fazer com que nos vejamos como vítimas indefesas. Minha preocupação aqui não é saber se essa teologia está certa ou errada, mas se ela é saudável. Por último, uma pessoa que acredita que sua sorte está inteiramente fora de suas mãos pode não assumir a responsabilidade por si mesma nem lutar por sua vida. Observamos com freqüência que pacientes de câncer que lutam com esse problema no início chegam a um meio-termo amadurecido — sem sacrificar sua devoção religiosa. É possível acreditar que Deus criou os seres humanos como um sistema complexo de processos biológicos e psicológicos que, quando interagem, trazem conseqüências. Por exemplo, um ser humano que vive em um meio ambiente poluído, tem poucos momentos de relaxamento e é infeliz será menos saudável do que aquele que respira ar fresco, tem muitos momentos de prazer, administra bem o seu estresse e goza a vida. Isto não significa que Deus não tem nenhuma função neste caso, e sim que cada um de nós, enquanto indivíduos, deve assumir a responsabilidade por sua vida.

Para Earl Deacon, a pergunta "Por que eu?" jamais foi um questionamento de Deus. "Primeiro eu disse: 'Eu não'", ele lembra. "Algumas semanas depois, comecei a perguntar: 'Por que eu?' Considero-me um homem muito religioso, porém não acredito num Deus todo-poderoso, e sim num Pai justo e amoroso. Acho que a razão de nunca ter questionado Deus foi que jamais pensei que Ele me tivesse dado o câncer — acredito que controlamos nossa mente e nosso corpo. Assim, quando perguntei: 'Por que eu?', estava pensando mais em 'Como isto pôde me acontecer quando estava fazendo tudo como manda o figurino?' Eu me alimentava bem, fazia exercícios regularmente, tinha uma vida plena. Amava voar no meu avião, pescar, e tinha muitos amigos. Minha vida era excitante. Não me sentia pronto para morrer — de forma que a doença não fazia sentido para mim."

Como Earl acreditava que estava fazendo o que devia para ter uma boa saúde, persistiu em perguntar por que havia desenvolvido o câncer. Isto fazia parte da sua crença pessoal na responsabilidade individual. Earl acreditava que, "Em vez de culpar Deus pela doença, a pessoa deveria ver de que maneira não cuidou do instrumento que lhe foi dado por Deus — o seu corpo. Quando nos cuidamos e ainda assim nossa saúde vai embora, então podemos dizer que é a vontade de Deus". O auto-exame de Earl levou-o à conclusão de que existiam outras formas de melhorar sua saúde, como aprender a expressar seus sentimentos, trabalhar menos e se tornar mais afetuoso com as pessoas. E, mais ainda, ele e sua esposa Marge dedicaram-se, nos sete anos desde o diagnóstico, a melhorar sua qualidade de vida. Desta forma, a reação de Earl à pergunta "Por que eu?" levou-o não à auto-piedade, mas a uma vida mais plena e mais rica.

Tal compreensão assinala o final do processo de aceitação do câncer. Certamente, não podemos esperar passar do choque à aceitação e à atitude positiva da noite para o dia. No entanto, o caso de Earl é apenas um dentre muitos que demonstram que aceitar o câncer, ao invés de fugir da verdade através da negação ou da depressão, vale a pena. Muitos pacientes e suas famílias com quem trabalho criaram beleza e um significado a partir da conscientização de que podem morrer. Essas pessoas sentem o efeito da possível perda e então decidem que, já que não viverão para sempre, é tempo de pensarem seriamente em como utilizar o tempo que lhes resta. Tanto os pacientes como suas famílias aprendem a encontrar tempo para sentir o perfume das flores e ver a mudança de cores das árvores. Levam a sério o exame da qualidade de suas vidas: divertem-se mais e concentram-se mais no presente. Até o diagnóstico, eram como o resto das pessoas, que adiam para amanhã aquilo que queriam para si mesmos. Nossa cultura exige que adiemos nossa satisfação, mas o câncer nos faz abrir os olhos e nos ensina que a vida é curta demais para adiarmos tudo o que realmente queremos.

Podemos chamar a isso de reorganização das prioridades. É bastante natural que isto aconteça e que comecemos a nos perguntar: "Se vou morrer, como me sinto sobre a minha maneira de viver? Se eu tivesse apenas alguns dias a mais para viver, como me sentiria a respeito da minha vida hoje?". Quando cada momento torna-se precioso, ficamos mais conscientes de nossas interações com as pessoas, se estamos realmente nos comunicando e expressando nossa afeição. Começamos a perceber quanto gostamos da vida. E esse tipo de pensamento não ocorre apenas à pessoa que tem câncer. Também se estende à família, que incentiva e toma parte nesta exploração.

Seria demasiado otimismo sugerir que o câncer é uma experiência positiva. Claro que não é. Mas as pessoas que verdadeiramente o aceitam usam-no de maneira positiva para crescer em direção a uma vida melhor. Muitas vezes, dão-se conta de que deram suas vidas em troca do sucesso — ganhar dinheiro, ter um êxito social que acreditavam faria delas pessoas dignas. Porém, ao fazer isto, deixaram de passar momentos com seus filhos, não riram, não conversaram, nem dividiram as pequenas e grandes coisas que eram importantes para elas. Até o diagnóstico, cada uma das pessoas da família acordava de manhã e corria para a escola ou para o escritório sem jamais dedicar um momento a admirar como o dia estava bonito. Uma paciente contou-me que seu filho mais novo costumava sair de manhã e trazer-lhe um buquê de flores. Ela sempre ficava agradecida, porém, até que o câncer lhe mostrou que era mortal, ela nunca se dera conta do quanto o filho era amoroso e sensível.

Se o paciente e sua família querem aprender novas maneiras de reagir à vida e criar um ambiente mais propenso à cura, devem aceitar a doença e trabalhar juntos toda a gama de sentimentos. Alcançado o ponto de aceitação, torna-se possível concentrar-se em uma ação positiva e tomar decisões familiares sobre como lidar com os vários problemas que cercam a doença. A família será capaz de apoiar as decisões do paciente sobre como criar um melhor ambiente para a cura em seu próprio corpo. E família e paciente, como se fossem uma só pessoa, poderão mapear o futuro, preparando uma estratégia ou um plano para enfrentar o que vem a seguir. Ao mesmo tempo que exige coragem, essa ação positiva e decisiva cria coragem e um sentimento de controle e esperança.

3

Como Desenvolver uma Estratégia Familiar

Após o diagnóstico de câncer, a família enfrenta uma enormidade de decisões. De uma forma ou de outra, essas decisões são tomadas, e a família adota uma atitude e uma estratégia geral em relação à doença. Em muitas famílias, a estratégia para se lidar com o câncer se desenvolve sem planejamento ou comunicação entre seus integrantes, talvez porque não estejam acostumados a trabalhar em conjunto para atingir um objetivo, porque não desejem falar abertamente sobre a doença e confrontar seus sentimentos, ou ainda por várias outras razões. No entanto, todas as famílias tomam atitudes e desenvolvem maneiras de enfrentar a situação.

DIRECIONAMENTO — UM PLANO DE AÇÃO

É muito mais útil tanto para a família como para o paciente que a estratégia seja discutida abertamente e definida para que todos possam compreendê-la. Por um lado, isso dá a cada uma das pessoas um senso de direcionamento e controle sobre sua vida, o que é muito confortador e fortalecedor quando lidamos com uma doença que pode ser fatal. Por outro lado, uma estratégia clara implica uma maior troca de informações e de opiniões, dando a cada pessoa da família, incluindo o paciente, mais alternativas para cuidar do estresse no decorrer de uma longa enfermidade. E o câncer é uma longa enfermidade.

O doente cardíaco, por exemplo, pode ficar durante algumas horas ou alguns dias na UTI e logo acaba o período considerado crítico. A pessoa com câncer, porém, pode viver durante muitos anos consciente de que o resultado final é incerto. O longo período de tempo em que a família poderá conviver com o câncer faz com que uma estratégia bem planejada e aberta se torne primordial.

Até que ponto a estratégia deve ser formal? Quanto melhor a família definir o seu modo de ação, menos confusos todos se sentirão. Pode parecer que colocar no papel estratégias para enfrentar a doença é algo impessoal e metódico demais. Mas, ao contrário, trata-se de uma maneira excelente de organizar o pensamento e dar a cada pessoa algo concreto com que lidar. Quando o câncer é diagnosticado, o paciente e sua família ficam confusos e em estado de choque. Reunir-se para decidir como organizar as semanas seguintes dá segurança à família e a ajuda a se recompor.

A estratégia familiar deve ser flexível o suficiente para ir se modificando de acordo com a situação do paciente e as necessidades de cada um. E cada pessoa deverá participar do processo de tomada de decisão trazendo suas necessidades peculiares. No entanto, para começar a criar o plano de ação, a família inicialmente deve levar em consideração três áreas importantes: reunir as informações, formar uma crença e uma atitude em relação ao câncer e tomar várias decisões práticas baseadas nas informações conseguidas e na atitude adotada. O trabalho nessas três áreas é feito simultaneamente até que a estratégia tenha sido formada.

COMO REUNIR INFORMAÇÕES MÉDICAS

Uma das decisões iniciais a serem enfrentadas e tomadas pela família refere-se à questão de quem deve conhecer o diagnóstico e quanto deve ser dito. Em geral, o melhor é confidenciar sobre a crise com a família e os amigos para construir uma rede de apoio. (Mas não se deve esquecer de pesar muito o que deve ser dito às crianças pequenas e aos pais idosos.) No momento que outras pessoas ficam a par da doença, o paciente e sua família quase sempre recebem um grande volume de informação: livros a respeito do câncer, recortes de jornais e revistas, qualquer coisa que possa ajudar.

A informação é útil, mas pode ser excessiva no início. Se tiver forças suficientes, o paciente se sentirá melhor ao ter toda a informação em mãos, porém é útil delegar algumas áreas a outras pessoas da família. O volume de informação que chega é às vezes tão grande que recomendo separar uma caixa de arquivo ou uma gaveta especialmente para que os recortes sejam classificados. Em geral, os recortes se referem a nutrição, exercício, recursos psicológicos (como aconselhamento, meditação e visualização), recursos comunitários (grupos de auto-ajuda do câncer), tratamento médico e alternativo.

Às vezes chega um tal volume de informação que a família decide delegar a algumas pessoas específicas a pesquisa e o exame dos artigos. O adolescente pode ler, por exemplo, o material sobre os benefícios causados pelo exercício físico, relatando ao paciente o que é mais recomendado na área. Um adulto pode ficar encarregado de dar os telefonemas para descobrir quais os grupos de auto-ajuda mais próximos, como por exemplo os grupos específicos para pacientes de mastectomia, os grupos de ostomia e aqueles que são mais gerais. Muitos pacientes de câncer consideram esses grupos muito capazes e de grande ajuda, e devem ser procurados se o paciente se interessar por eles.

As decisões sobre tratamento alternativo são das mais difíceis. Raramente passa-se uma semana sem que a imprensa noticie um tratamento novo e exótico, que, apesar de ainda não totalmente provado, parece trazer novas esperanças. Fora isso, o paciente e sua família ouvirão casos de pessoas que fizeram tal tratamento e se curaram. Muitas famílias decidem não usar tratamentos alternativos. Outras ficam ansiosas e se perguntam: "Será que estamos deixando de lado alguma coisa?". Caso o paciente deseje fazer um tratamento alternativo, os adultos da família devem ler toda a informação disponível sobre o assunto para poderem analisá-la. Na minha opinião, se o paciente decidir tentar um tratamento alternativo, ainda deve continuar sob cuidados médicos tradicionais.

Reunir as informações disponíveis sobre o assunto é uma boa maneira de dissipar a ansiedade sobre o câncer. Quando Bob e Pamela Mang souberam que Jessica, sua filha de dez anos, talvez estivesse com câncer nos ossos, começaram quase que imediatamente a aprender tudo o que podiam sobre a enfermidade da menina. Paralelamente, criaram uma estratégia e definiram suas áreas de responsabilidade. Como disse Bob: "Minha função era reunir as informações, enquanto Pamela confortava da melhor maneira possível Jessica nos três dias anteriores à biopsia". Bob conversava com Pamela sobre as informações que havia lido. De acordo com Pamela: "Descobrimos que, quanto mais sabíamos, mais controle tínhamos para lidar com a situação. O diagnóstico de câncer nos faz sentir que perdemos o controle e, para nós, era importante recuperar uma parte dele".

Talvez a informação mais importante venha dos médicos e em geral diz respeito ao tratamento. Normalmente, o paciente passa por uma série de exames indicados pelo médico, que na maior parte das vezes é um interno ou o médico da família que detectou a doença. Regra geral, o paciente ficará mais tranqüilo se obtiver mais duas opiniões, de preferência de oncologistas (médicos especializados no tratamento do câncer), antes de tomar uma decisão sobre que tratamento a seguir. Caso seja possível, é bom que todas as informações dadas ao paciente sejam examinadas pelo conselho médico do hospital especializado em câncer, onde vários especialistas analisarão o caso e darão recomendações mais completas. Apesar de um pouco cansativo, essa precaução dará ao paciente mais segurança em suas decisões e mais esperança em relação ao tratamento.

É importante, e ao mesmo tempo difícil, ouvir as informações dos médicos. Em geral, o paciente e o parente adulto que o acompanha estão tão ansiosos e distraídos que não entendem direito o que o médico lhes diz. Pude observar várias vezes que, ao sair do consultório, o paciente e seu cônjuge tinham duas versões diversas sobre o que o médico dissera. É por isso que recomendo — por mais que pareça pouco convencional — que o paciente leve um gravador para a consulta, explicando o motivo ao médico. Se isto não for possível, o paciente e/ou a pessoa que o acompanhar pode tomar notas durante a visita.

Mesmo no caso de um paciente adulto, será útil que outro adulto (o cônjuge, se o paciente for casado) o acompanhe em todas as visitas. Isso não apenas o confortará, mas também o ajudará a entender as informações dadas. Na melhor das circunstâncias, a maioria das pessoas não presta uma atenção completa ao que ouve. Entendemos e nos lembramos de muito pouco do que nos foi dito. Quando nos vemos diante da ansiedade causada por uma doença que pode ser fatal, ficamos ainda mais propensos a perder algumas informações importantes e entender mal outras. O paciente e seu companheiro podem fazer anotações sobre o que o médico detectou e se reunir para analisar o que lhes foi dito assim que deixarem o consultório. Essas anotações podem ser guardadas em um fichário de folhas soltas ou em um arquivo datado, para futura consulta.

É importante reunir todas as informações médicas porque, em muitas formas de câncer, não existe necessariamente o "melhor" tratamento. Muitas vezes, já que existem tantos pontos obscuros no conhecimento atual sobre o câncer, recomendam-se combinações de tratamento que podem variar de um oncologista para outro. Tanto os resultados quanto os efeitos colaterais variam de tratamento para tratamento, por isso, os médicos devem descrever de maneira abrangente não apenas os benefícios, mas os riscos do tratamento proposto, e obter o consentimento escrito do paciente.

À medida que as informações médicas são reunidas, o paciente e sua família podem começar o processo de tomada de decisões, que é um elemento importante na luta contra o câncer. Na maioria das outras doenças, estamos acostumados a que o médico nos diga: "Você está com tal ou tal doença, e este é o tratamento que deve seguir". Com o câncer, porém, nem sempre este é o caso. Em geral, o que o paciente ouve é: "Eis os tratamentos usados neste tipo de tumor. Vou-lhe dizer quais são os resultados possíveis, para que possamos escolher a melhor opção". Como não está habituado a tomar decisões médicas dessa magnitude, o paciente provavelmente se sentirá confuso e perguntará ao médico o que ele faria em seu lugar. Acho útil pedir esse tipo de opinião, mas aconselho que ela também seja pedida a mais dois médicos, pelo menos, para que se possam comparar as respostas. Ao examinar as alternativas, já em casa, reunido com outros adultos, o paciente poderá decidir que a recomendação radical de um dos médicos não é a melhor opção para ele. Talvez um médico não se interesse pela qualidade de vida do paciente, mas apenas em vencer o lento crescimento do câncer. Nesse caso, ele provavelmente recomendará uma terapia mais definitiva, que acarreta muitos efeitos colaterais. Nessa situação, um paciente de setenta anos tem o direito de responder: "O que o senhor está me aconselhando é bom para alguém com trinta e cinco anos, mas já tenho setenta. Talvez só viva mais cinco anos, de qualquer forma, e não quero passar dois anos tão doente".

O paciente que procurar vários médicos poderá chegar à conclusão de que um deles parece ter um sistema de crenças e uma atitude com os quais ele se sente mais à vontade. Para quem não se sente bem em analisar todas as informações médicas recebidas para decidir por si mesmo que tratamento seguir, uma alternativa é consultar vários médicos e se decidir por aquele que ache mais competente. No decorrer desse processo, tanto o paciente como sua família conseguirão reunir informações importantes, pois cada um dos médicos terá uma posição ligeiramente diferente em relação aos mesmos dados — e às vezes uma atitude bastante diferente.

COMO MANTER A ESPERANÇA FACE À INCERTEZA

Tão importante quanto a competência do médico é sua atitude em relação ao futuro do paciente. Se a pessoa com câncer deseja continuar a ter uma boa qualidade de vida, deverá ter esperança. E é difícil manter a esperança quando o médico é uma pessoa austera. Infelizmente, muitos médicos o são. Atualmente, a filosofia adotada pela maioria dos oncologistas é a de "nunca dar falsas esperanças". Embora essa atitude seja salutar, às vezes é levada ao extremo de o médico não oferecer nenhuma esperança! Claro que isto é feito com a melhor das intenções e na crença de que o paciente deve estar preparado para o pior. Mas também pode causar um impacto negativo sobre a cura. É importante ser realista, mas não é útil ser totalmente pessimista.

Além do mais, a ausência total de esperança não é uma atitude muito realista, sobretudo antes que o tratamento tenha sido feito e avaliado. Quase nenhuma forma de câncer, mesmo as graves, é cem por cento fatal. Mesmo que as estatísticas indiquem que, dado o avanço da doença, a possibilidade de sobrevir a morte é de 99%, até que o tratamento seja completado não há meios de saber se o paciente fará parte do grupo de 1% que sobrevive. Muitos fatores influenciam a possibilidade de "ficar na exceção", como por exemplo o quanto o paciente participa da cura, vivendo uma vida plena, alimentando-se bem, fazendo exercícios e usando apoios psicológicos, como o relaxamento e a visualização, para recuperar a força e a saúde. Ironicamente, a motivação que impulsiona a participação do paciente tem de ser a esperança. O paciente deve acreditar que o que ele faz funcionará — e uma atitude fria por parte do médico geralmente o faz perder a esperança. Os médicos que desencorajam seus pacientes dizem-me que não querem dar falsas esperanças. Na verdade, a esperança é apenas uma atitude que se tem em relação a um fim incerto — o que é quase sempre o caso quando a doença é câncer. Assim, se quisermos ser lógicos, não há nenhuma "falsa" esperança no caso de diagnóstico de câncer. Há apenas esperança, que é uma força positiva para a saúde.

À medida que procuram informações médicas e tomam decisões

a respeito do tratamento, o paciente e sua família passam a se envolver com a formação de atitudes em relação à doença, como mencionei anteriormente. Ao escolher o médico, é essencial levar em consideração a importância da atitude dele e o efeito que ela poderá ter na recuperação do paciente. Um médico pode avaliar os dados da doença e dizer: "Temos aqui uma doença muito séria. Há 95% de chance de que o paciente venha a morrer dentro de dois anos". Um outro médico pode responder de maneira mais adequada aos mesmos dados, dizendo: "Não posso dizer como isto vai se desenvolver. Temos várias opções de tratamento a examinar. O que queremos é fazer o melhor para ajudá-lo a lidar com esta situação e manter ao mesmo tempo uma boa qualidade de vida".

A esperança é essencial, e os seres humanos não podem viver sem ela. E ela pode ser dada de várias maneiras. O médico pode animar o doente falando-lhe sobre as possibilidades de cura, de que o tratamento torne mais lento o processo da doença ou acabe com ela, ou livrar o paciente das dores e dos sintomas durante o máximo de tempo possível. Mesmo nos raros casos em que as estatísticas não dão nenhuma esperança de recuperação, sempre existe algo a esperar. Qundo a esperança é eliminada, as pessoas ficam tão deprimidas que, qualquer que seja o resultado final, suas vidas se tornam deploráveis. É por isso que acredito ser importante escolher um médico cuja atitude seja positiva. Seu sistema de crenças pode ter um efeito muito importante sobre a atitude do paciente e o desfecho da doença.

A base da estratégia familiar para enfrentar o câncer é o grau de esperança da família. Essa atitude poderá variar da tristeza à esperança, e baseia-se normalmente nas informações recebidas dos médicos — geralmente mínimas. Mesmo levando em conta a importância da informação médica, é possível ter esperança diante de um prognóstico extremamente desencorajador. Um mal-entendido fez com que os Mang fossem levados a crer que Jessica tinha apenas 25% de possibilidade de sobreviver. Assim que soube disso, Pamela disse ao marido: "Não vou aceitar isso". O casal fez um silencioso passeio, durante o qual a determinação de Pamela aumentou. "Isto me ajudou", conta Bob. "A partir daí, passei a me concentrar no passo mais eficiente que poderia dar a seguir". Eles decidiram, de forma realista, ter esperança e lutar pela sobrevivência de Jessica.

A esperança deles se apoiou, como deve ser o caso, numa aceitação da incerteza do resultado final. Ao formular sua atitude em relação ao câncer, a família terá de lidar com a terrível incerteza, que se torna perfeitamente clara quando as opções médicas são propostas. Muito raramente há um tratamento definitivo e final para o câncer. Na realidade, muitos pacientes ficam confusos ao saber que mesmo o médico está indeciso e que existem diferenças radicais entre os médicos. Enquanto um médico recomenda a cirurgia, outro aconselha um tratamento à base de irradiação, e um terceiro prefere a quimioterapia, aparece um quarto que sugere uma combinação de todos os tratamentos anteriores. E, no meio disto tudo, ninguém consegue dizer ao paciente qual seria o tratamento definitivo. Para muitos, tomar uma decisão tão importante quanto essa é difícil e assustador. Por isso, as pessoas às vezes preferem escolher um médico que lhes pareça o mais competente, e cuja atitude esteja mais de acordo com as suas, deixando a seu cargo as decisões sobre o tratamento.

Ainda assim, resta uma grande dose de incerteza quanto ao resultado final. Como aconteceu com os Mang, muitas vezes a primeira atitude da família é gerada pelo prognóstico e refere-se à sobrevivência ou não do paciente. Para algumas famílias, essa questão é trazida à tona por um amigo ou parente que aparece com um livro sobre a morte. Isso por vezes faz com que a família diga: "Espere um pouco! Não estamos nos preparando para isso. A morte não é o nosso objetivo!". Então a família terá escolhido uma posição positiva e cheia de esperança. E isto não é fácil diante da incerteza. Às vezes, como uma maneira de aliviar a ansiedade diante do desconhecido, a reação face ao futuro incerto é decidir que o paciente vai morrer. Por isso é tão importante que a família analise sua atitude em conjunto e enfrente francamente a incerteza: "Como vamos lidar com o fato de não sabermos?". Os pacientes e as famílias que se saem melhor são os que reconhecem que não sabem o que acontecerá e ainda assim preferem esperar o melhor. Em geral, é necessário examinar as antigas opiniões sobre o câncer, que podem ter sido influenciadas por experiências com outros parentes ou amigos.

ADAPTAÇÃO DA FAMÍLIA AO CÂNCER

Apesar de muito importante, o tratamento médico é apenas um dos aspectos da saúde do paciente e de sua família. Como já mencionamos anteriormente, grande parte da informação que a família recebe diz respeito a outras maneiras possíveis de ser saudável. Dessas, algumas afetam toda a família e podem ser realizadas em conjunto. A nutrição é uma delas. Se o paciente decide eliminar o açúcar da sua alimentação, é importante que a família o incentive e até mesmo deixe de ingerir açúcar também.

A partir do momento que a família decide apoiar o empenho do paciente em se curar, é muito importante também que cada pessoa leve em consideração seu próprio bem-estar. O diagnóstico de câncer cria um profundo estresse em todos os integrantes da família, e cada um deve cuidar de manter sua saúde. Quando há um caso de doença possivelmente fatal na família, todos, não apenas o paciente, precisam de proteção e apoio; caso contrário, podem vir a ficar doentes. A situação fica muito difícil se o outro membro do casal ficar tão estressado a ponto de cair doente.

A família pode evitar isso modificando lentamente seu estilo de vida e suas prioridades. Algumas mudanças são inevitáveis. Talvez o paciente esteja doente demais para cozinhar, e nesse caso outro arranjo precisa ser feito. Alguém terá de levar o paciente às sessões de tratamento. E várias outras exigências surgirão quanto ao tempo e aos recursos da família. O que recomendo é que a família tente continuar a viver da maneira mais normal possível. As mudanças são um dos maiores fatores de estresse com os quais o ser humano tem de lidar, e elas começam a ocorrer a partir do diagnóstico, das informações que devem ser reunidas e das decisões a serem tomadas em relação ao tratamento. Se, além disso tudo, as pessoas da família deixarem de trabalhar ou de freqüentar a escola, ou tiverem de abandonar hábitos normais importantes, o estresse fatalmente aumentará. Resumindo, a família deve tentar achar maneiras de melhorar sua vida de forma gradativa. Se for possível, os filhos devem continuar indo acampar, e a família deve continuar a receber amigos para jantar. Logo depois do diagnóstico, algumas pessoas precisam de tempo para assimilar o choque. Outras deixam de trabalhar durante uma semana, de ver os amigos ou de jogar golfe. Porém, é necessário retomar os hábitos o mais rápido possível. O câncer é uma doença longa, e o melhor é não fazer mudanças drásticas imediatamente — e muito menos adotar uma vida de ermitão.

Uma das coisas mais importantes que não devem ser negligenciadas é o sono. Devido ao choque e à ansiedade causados pelo diagnóstico, é natural que as pessoas passem uma ou duas noites acordadas, conversando. Mas se isto continuar indefinidamente, surgirá o cansaço, e não será útil para ninguém se todos estiverem sem energia. Mesmo que pareça pouco importante, o sono é vital. Quando o padrão de sono é interrompido de maneira significativa, a pessoa pode vir a sentir dificuldades emocionais, como depressão, ansiedade e outros problemas sérios. O sono deve continuar a ter prioridade, e o exercício físico ajuda a relaxar. Sair à noite para dar uma caminhada faz diminuir a ansiedade e ajuda o corpo a relaxar e a ficar cansado.

O sono pode ficar abalado pela ansiedade inicial causada pelo diagnóstico. Se isto continuar, é interessante procurar alguém com quem se possa conversar sobre o que se está sentindo — o médico da família, um terapeuta, um sacerdote, um amigo ou um parente. Conversando sobre o que estão sentindo, os familiares fortalecem os laços de família e liberam seus sentimentos. O relaxamento também ajuda a dormir. Muitos pacientes aprendem a relaxar para ajudar a visualização, liberar o estresse e se fortalecer. As técnicas de relaxamento podem ser aprendidas em fitas cassete, em livros ou com um profissional. Uma sesta de dez minutos ou um período de profundo relaxamento após o almoço também é uma boa idéia. Em outras palavras, a família deve se lembrar de que todos estão passando por uma crise. Muitas vezes, as pessoas pensam que o paciente é o único que está estressado, e que o resto da família deve agüentar heroicamente. Mas o cônjuge da pessoa com câncer deve reconhecer: "Estou sob forte estresse, preciso me cuidar mais do que fazia antes".

Outro ponto importante da estratégia familiar é o aumento do contato físico e do carinho entre os parentes. O contato físico é importante quando se atravessa uma crise e se tem que lidar com a ansiedade. Os integrantes da família devem pedir uns aos outros e a seus amigos que literalmente segurem suas mãos, os abracem e lhes façam massagens nas costas. É também importante demonstrar carinho. Isto acontece espontaneamente com a pessoa que está doente. Os amigos enviam flores e cartões, ajudando a criar um clima saudável. E, sem sombra de dúvida, os parentes se sentirão melhor se permitirem que seus amigos e parentes ajudem e apóiem não apenas o paciente, mas a eles também.

Dependendo das circunstâncias, é possível que a administração do tempo se torne bastante importante agora. Isto torna mais fácil enfrentar o aumento das responsabilidades e a ansiedade. Walter Greenblatt, de Dallas, teve de encontrar uma melhor maneira de distribuir seu tempo quando soube que sua esposa, Carol Ann, estava com câncer. Isto significava que mais responsabilidades recairiam sobre ele. Walter decidiu limitar seu trabalho no escritório a quarenta horas semanais, admitiu um estagiário para cuidar de alguns dos seus clientes e contratou uma terceira secretária. Isto lhe deu o tempo de que precisava para cuidar dos afazeres domésticos, dos quatro filhos adolescentes, e ainda ter algum tempo de lazer. Ao encontrar outros meios de descarregar a sua carga no trabalho, Walter não sacrificou sua carreira, que era importante não apenas por ser ele o arrimo da família, como também porque era uma das suas prioridades pessoais. Em 1981, sete meses após ter feito essas mudanças em sua vida, ele foi indicado para integrar o Top of the Table, organização que congrega os quinhentos membros mais importantes da Million Dollar Roundtable, do setor de seguros. Essa indicação foi satisfatória em vários níveis. Como ele mesmo declara: "O trabalho pode ser uma terapia. Podemos aliviar um pouco da nossa ansiedade ajudando outras pessoas a resolverem seus problemas".

Consciente do nível de estresse causado pela doença de Carol Ann, Walter deu bastante importância a cuidar de si mesmo. Começou a ler tudo a respeito de diferentes campos relativos à saúde, que mencionamos anteriormente, e sua rotina diária passou a incluir meditação duas vezes por dia e exercícios físicos que variavam entre nadar, correr, andar de bicicleta e jogar beisebol. Modificou de maneira significativa sua dieta alimentar, eliminando o açúcar e o sal em excesso, passando a ingerir mais proteínas, frutas frescas, legumes e alimentos com baixo teor de colesterol. Passou a tomar também suplementos de vitaminas e de proteínas. Segundo ele, "Procuro me divertir quando encontro algo que me faça rir, mesmo que seja por alguns minutos".

Walter é um exemplo de como uma pessoa do núcleo familiar aprende a cuidar de si mesma e a administrar o estresse causado por uma longa doença. Não se trata de egoísmo, pois a família é composta por indivíduos que precisam trabalhar em equipe, mantendo ao mesmo tempo sua individualidade. Como a família é uma equipe, ou um sistema, quando um dos seus membros se torna saudável, cria-se um efeito sinergístico: o todo é maior do que a soma das suas partes.

Ao refletirem sobre a estratégia a ser adotada, os integrantes da família devem pensar em cuidar de si mesmos e, ao mesmo tempo, funcionar em equipe. A atenção dada às necessidades pessoais é uma parte primordial da luta contra o câncer. Administrando melhor o seu tempo, Walter Greenblatt consegue levar um dos seus filhos para jantar fora uma vez por semana e manter um relacionamento individual com cada um deles. As satisfações pessoais que tira da sua vida o tornam um melhor pai e um marido mais carinhoso. Em outras palavras, dentro da equipe familiar, ele é mais capaz como "estrategista" e também um ponto de apoio para o resto da família.

Ao adotar uma atitude em relação à doença, reunindo informações, tomando as decisões necessárias e mantendo a saúde e o bem-estar de cada indivíduo, a família assume uma grande tarefa. Em alguns casos, trabalhar em equipe é algo novo, e pode ser tanto compensador como frustrante quando pais e filhos adolescentes tentam tomar decisões conjuntas que sejam positivas para todos. Se o desenvolvimento da estratégia for difícil demais, a família pode aprender e amadurecer examinando os impedimentos. Pode ser que não tenha ficado claro a quem cabe a responsabilidade de uma dada tarefa. Ou talvez uma pessoa esteja assumindo sozinha responsabilidades em excesso e controlando as decisões. Na medida do possível, a opinião do paciente deve sempre ser levada em consideração nas decisões a respeito da sua doença.

4

Uma Equipe Familiar

Uma das maneiras que os terapeutas têm para avaliar a saúde de uma família é observar se os familiares conseguem trabalhar em equipe para realizar algo. Uma coisa é a família estabelecer objetivos, e outra trabalhar em conjunto para atingi-los. Sem o trabalho de equipe, o melhor plano familiar está fadado ao fracasso.

O trabalho de equipe não significa que cada pessoa tenha o mesmo nível de liberdade e de poder de decisão. Uma família saudável tem claramente um líder. Os filhos têm consciência de que os pais são os líderes. Isto não significa que os pais devam ser dominadores, andando sempre atrás dos filhos, mas que estabeleçam limites razoáveis, observem se eles estão sendo cumpridos, e que, por sua vez, os filhos respeitem os pais.

Os adultos de uma família saudável podem dividir suas responsabilidades de várias maneiras, incluindo a maneira tradicional, onde o homem ganha o dinheiro e a mulher cuida da casa. Mas essa divisão de tarefas não significa que elas não sejam iguais. O ideal é que os dois funcionem como uma parceria, onde haja respeito mútuo.

AUTONOMIA E NECESSIDADES INDIVIDUAIS

Após ter repassado rapidamente o papel dos pais, gostaria que examinássemos a questão da autonomia individual no contexto da família saudável. Autonomia implica que cada um dos familiares seja levado a se sentir responsável por si mesmo, a pensar livremente e a expressar suas próprias opiniões. Sem esse respeito pela individualidade, a família não consegue funcionar em equipe.

A autonomia torna-se uma questão significativa quando a família se reúne para lidar com uma crise séria como o câncer. O paciente precisa manter sua autonomia sem assumir um papel infantil e passivo. Isto significa que seus parentes terão de resistir à tendência natural de superprotegê-lo. Quanto mais se tenta protegê-lo, mais ele se sente desprotegido e menos capaz de mobilizar seus próprios recursos para a cura. Ao mesmo tempo, a autonomia e as necessidades de cada uma das pessoas da célula familiar são também importantes.

Depois que a família absorve o choque do diagnóstico e está pronta para tomar decisões sobre outros fatores além do tratamento do paciente, é chegado o momento de conversar sobre o problema de todos. "Como manter nosso estilo de vida? Como cada um de nós poderá continuar a respeitar nossas necessidades?" Em muitas famílias, ninguém jamais foi incentivado a declarar quais eram suas necessidades, e isto é ainda mais verdadeiro no caso da pessoa que tem câncer, que sempre foi obsequiosa e generosa demais, para o seu próprio bem. É neste momento que a família tem a oportunidade de conversar sobre suas necessidades, de pedir ajuda e ajudar-se mutuamente.

A família que participa do processo de cura pode fazer um esforço objetivo para que pais e filhos continuem a participar das atividades que são importantes para eles. Muitas pessoas acham que devem deixar tudo de lado durante uma crise, mas nem sempre isto ajuda. A longo prazo, pode até ser nocivo. A família chega a dizer: "Bom, agora vamos deixar de pensar em nós mesmos para pensar em dar ao nosso doente tudo de que ele precisa". Mas, no final, essas pessoas ficam ressentidas com o paciente e o esforço vai por água abaixo. Em outra família, ouvimos o seguinte: "Mary Jane, como mamãe está doente, não há quem prepare o jantar. Você vai ter de deixar de lado sua aula de ginástica na academia para poder assumir essa função". Neste caso, as necessidades de Mary Jane de ver seus amigos e participar de uma atividade importante para ela estão sendo deixadas de lado. A família que respeita as necessidades individuais achará outras soluções, como procurar os amigos, por exemplo, ou outros parentes distantes, que com certeza estariam dispostos a se revezar preparando o jantar uma noite por semana. Outra solução, caso as finanças da família o permitam, seria contratar uma cozinheira. A verdade é que, se entender que as necessidades de Mary Jane são importantes para ela, a família em conjunto achará uma solução. E assim Mary Jane poderá recarregar as energias na sua atividade predileta, descarregar o estresse causado pela doença da mãe e voltar para casa com mais energia e maior possibilidade de dar apoio.

Um dos aspectos importantes da família engajada no processo de cura é que cada um dos seus membros tem autonomia e é respeitado pelos outros. Na medida do possível, cada pessoa deve continuar a respeitar suas necessidades e manter sua vida como antes. Quando a equipe familiar adota essa filosofia, o resultado final é que cada pessoa fica mais forte para lidar com a crise do câncer e tem mais carinho e força para dar ao paciente.

O CAPITÃO DA EQUIPE

Estamos falando, é claro, de uma equipe onde os participantes são considerados iguais — no entanto, o paciente deve ocupar o posto de capitão, já que dele dependem a estratégia e o trabalho da equipe. Existem exceções, porém. No caso de um paciente que está muito doente, em estado semicomatoso, ou que acabou de sofrer uma cirurgia, essa responsabilidade deverá ser delegada por algum tempo. O paciente que está prestes a ser operado sentir-se-á menos ansioso se puder discutir a situação com o cônjuge ou outro parente adulto antes da cirurgia, para saber quem assumirá suas várias responsabilidades. Se o paciente for a mulher, que sempre cuidou das finanças familiares, ela vai querer saber quem vai pagar as contas e manter o canhoto do talão de cheques em dia. Dessa forma, mesmo que fique incapacitado de tomar decisões e de ser o capitão da equipe por algum tempo, o paciente se sentirá mais descansado. Se o paciente for a dona-da-casa, ela poderá se recuperar com mais facilidade se souber que a família está cuidando da roupa e de outros afazeres segundo um plano previamente estabelecido. Não seria nada útil assistir a disputas e confusões sobre como e quem deveria tomar conta das coisas.

COMO TOMAR DECISÕES EM EQUIPE

O paciente deve ser incluído em todas as decisões a respeito da sua doença. Mesmo quando se quer evitar dar más notícias ao paciente, deve-se refletir cuidadosamente. A família só se torna uma equipe quando todos os membros participam das decisões a serem tomadas. O paciente, em especial, precisa sentir que detém o seu próprio controle. Antes de mais nada, trata-se da sua vida. Com certeza, a doença afeta a todos — mas o paciente é quem deve tomar as decisões importantes a respeito de sua vida ou morte. Caso ele se sinta desanimado e sem esperança, a família pode animá-lo a continuar na equipe, como seu capitão. Mesmo quando a família tenta tirar um pouco do fardo das costas do paciente, redistribuindo tarefas, por exemplo, é melhor que o paciente continue à frente de tudo e coloque suas prioridades. Isto não quer dizer que ele tenha de fazer tudo. Uma das funções importantes da família é justamente dar-lhe tempo para descansar e ajudar a diminuir sua ansiedade. Assim, se ele estiver interessado em ter informações sobre os diversos centros de tratamento de câncer existentes e isto exigir uma pesquisa exaustiva nos catálogos da biblioteca, alguém da família deve se oferecer para fazer isso em seu lugar. Outras pessoas podem participar lendo o material disponível e conversando sobre o que leram. Mas, quando chegamos à pergunta "Devo ir para um centro de tratamento e, se for o caso, para qual?", o paciente desejará certamente tomar sozinho essa decisão que lhe diz respeito diretamente.

No que se refere a tratamentos, talvez a família já tenha uma opinião previamente formada. É saudável para a família expressar o que pensa ao analisar os tratamentos disponíveis, desde que isso não implique tomar uma decisão, ignorando a opinião do paciente. Trabalhei com uma paciente que tinha câncer da mama e que teve de escolher entre apenas retirar o tumor ou fazer uma mastectomia. O marido, que a acompanhou em uma de suas visitas ao médico, estava convencido de que a remoção do tumor seria perfeitamente adequada e, por razões emocionais, era o que ele preferia. A mulher, entretanto, tinha visto uma de suas parentes morrer de um câncer que havia começado na mama e estava com muito medo de que a retirada do tumor não fosse suficiente no seu caso. Embora o marido achasse que sua ansiedade era irracional, para ela era muito real. Ela achava que nunca ficaria tranqüila, a não ser que fizesse a mastectomia. Felizmente, o marido a amava e respeitava o suficiente para reconhecer que a decisão deveria ser tomada por ela. Depois de ter examinado seus próprios sentimentos e aceitado a decisão da esposa, ele foi capaz de dar-lhe todo o apoio. Esse tipo de comunicação e aceitação é muito útil para o paciente que tem de tomar uma decisão difícil e importante. O trabalho de equipe implica que a pessoa que está ao lado do paciente aceite a decisão dele, em vez de tentar impor a sua opinião. Mas isto não significa que a pessoa não possa expressar claramente ao paciente sua opinião contrária.

COMO PARTILHAR A ESPERANÇA

Outro elemento importante do trabalho em equipe é compartilhar a esperança. É muito duro para o paciente dirigir sua energia para a cura quando sente que seus parentes estão disfarçando uma falta de esperança. Mesmo que eles tentem esconder seus sentimentos, o paciente percebe que a família o está paternalizando e aprovando seus esforços apenas da boca para fora. O resultado é que, justamente quando mais precisa de apoio e atenção, o paciente se sente abandonado, mal compreendido e até mesmo traído. Neste sentido, a atitude da família quanto à recuperação é a base do trabalho de equipe. As melhores intenções do mundo não conseguem esconder a secreta sensação de desespero. Para as pessoas que acham muito difícil ter esperança ou conversar sobre o que sentem, pode ser necessário procurar um terapeuta ou aconselhamento profissional, não apenas para que possam se sentir melhor, como também para que se tornem capazes de ajudar o paciente nesta hora crucial.

COMO AJUDAR A VISUALIZAÇÃO

A idéia básica do trabalho de equipe em família é que o paciente decide quais são suas necessidades e a família lhe dá apoio, enquanto cada uma das pessoas continua a cuidar de suas necessidades pessoais. Ao ajudar o paciente, muitas vezes a família se beneficia também. Pude observar isto no centro em relação a um dos processos que ensinamos: a mobilização do núcleo imunológico através da visualização. Recomendamos sempre aos familiares que se empenhem em entender o que o paciente está fazendo quando pratica a visualização. Aconselhamos ainda à família, especialmente ao cônjuge, que participe também da visualização. Todos estão passando por uma fase difícil e precisam manter a saúde. Por outro lado, aconselhamos aos pacientes e a seus cônjuges que aprendam técnicas de relaxamento. É útil que um período seja dedicado diariamente ao relaxamento e à visualização, técnicas valiosas para aliviar e descarregar o estresse.

A não ser que também participe desses processos, fica difícil para a família entender o quanto eles são importantes para o paciente e quanta autodisciplina e força interior são necessárias para praticá-los. É difícil entender como a visualização se torna tão importante para o paciente. Tom McNamara, de Merced, Califórnia, cuja mulher é minha paciente, me disse: "No início fui cético, mas decidi tentar o processo junto com Pat. Não é difícil, é interessante, e pode até ser engraçado. Mas aprendi que às vezes é duro reservar dois ou três períodos por dia, da maneira como Pat faz. Eu não o faço com tal freqüência, mas o faria se minha vida estivesse em jogo". Quando o companheiro percebe o valor da visualização, fica alarmado quando o paciente deixa de praticá-la. Mas se começar a insistir e a ficar inquieto, isto só aumentará a sensação de fracasso e de culpa do paciente. Tom fica bastante preocupado. Como ele mesmo coloca, "Quando ela deixa de fazer a visualização, fico preocupado, mas não reclamo. Conversamos. Eu lhe pergunto: 'O que está acontecendo? Sabemos o quanto isto é importante para você, então o que a está chateando?' E falamos sobre o fato". Este tipo de apoio tem ajudado Pat a meditar de maneira regular. Tom diz com um sorriso que sua única reclamação é que "Logo que entramos no carro para ir a algum lugar ela começa a meditar. Não se pode dizer que seja a melhor companhia do mundo!".

Muitas vezes o cônjuge, ou um dos filhos mais velhos, se interessa em meditar também e concorda em meditar junto com o paciente numa hora preestabelecida todas as noites. Quando a família aceita esse tipo de compromisso, pode-se criar um ritual familiar, um momento de intimidade, durante o qual todos relaxam e descarregam a ansiedade, tão natural nas pessoas que estão lidando com uma doença. Além do mais, os familiares se dão rapidamente conta de que relaxar calmamente durante vinte minutos não é tão fácil quanto pode parecer. Eles se tornam solidários com os esforços do paciente e passam a respeitar o seu sucesso.

BJ. Gilley decidiu dedicar um pouco do seu tempo a fazer visualização junto com o marido. No início, seu apoio resumiu-se a manter a casa silenciosa enquanto ele meditava.

"Nossos filhos entenderam o quanto era importante não incomodá-lo", diz ela. "Se alguém fazia barulho, Sean, que tinha quatro anos na época, dizia: 'Psiu, papai está meditando'." Posteriormente, BJ decidiu meditar com Bob. "Pude ver como a autodisciplina é importante. Mas consegui, e fiquei satisfeita de ter conseguido quando, mais tarde, descobri um caroço no seio e outro debaixo do braço. Meu médico disse que faria uma biópsia se eles não desaparecessem em seis semanas. Como eu já sabia visualizar, passei a praticar o exercício. Seis semanas depois, quando voltei ao médico, os caroços haviam desaparecido."

Porém, mesmo que a família dê todo o seu apoio, ninguém pode fazer a meditação pelo paciente. No entanto, tive um caso interessante, de uma esposa que praticamente fez a visualização no lugar do marido. Ele estava recebendo irradiação num tumor cerebral que afetara a parte do cérebro que controla o centro de visualização e de comunicação. Além disso, estava tomando uma medicação que o tornava tão sonolento que ele dormia assim que começava a visualização. Ele queria muito usar a técnica porque realmente acreditava que ela ajudaria a diminuir o tumor, mas era incapaz de visualizar e manter-se acordado. Sua esposa, porém, era uma pessoa muito criativa. Sabendo que os sentidos tátil e auditivo do marido funcionavam bem, e conhecendo as imagens que ele visualizava por já terem conversado sobre isso, ela resolveu ajudá-lo. Diariamente, sentava-se junto dele, enquanto ele relaxava, e guiava a visualização desenhando as imagens com a ponta do dedo nas costas das mãos do marido. Como sua audição e seu senso tátil estavam intactos, isto o mantinha acordado e atento ao processo. Isto o ajudou bastante, e eles continuaram nesse processo até que o tumor se reduziu a tal ponto que ele pôde passar a visualizar sozinho.

COMO AJUDAR A FAZER OS EXERCÍCIOS

Penso que o exemplo acima ilustra bem o poder que tem um parente carinhoso de ajudar o paciente a atingir seu objetivo. Isto funciona bem quando é bom também para o parente que presta ajuda. O exercício físico é um bom exemplo do que pode ser feito em conjunto. Quando Pat e Tom McNamara vieram pela primeira vez ao centro, Pat me acompanhou, junto com outros pacientes, em minha corrida matinal. Eu havia decidido participar de uma maratona e estava correndo todos os dias. No primeiro dia, Pat ficou empolgada com a corrida, até que, segundo ela, "descobri que tinha corrido apenas 500 metros". Ela nunca fora uma atleta, mas se convenceu de que tinha que fazer exercícios para melhorar e decidiu continuar a correr. O marido e os filhos eram bons desportistas e lhe deram todo o apoio. Tom passou a correr com ela todos os dias de manhã. Um mês depois, ela conseguia correr 6 quilômetros por dia.

"Mas eu era uma corredora tímida", diz ela, sorrindo. "Não queria mostrar a ninguém como eu corria mal, então era a primeira a chegar à pista de manhã cedo''. Cerca de um ano depois, Pat gostava tanto de correr que decidiu participar de uma maratona. Em dezembro de 1978, apenas vinte meses depois dos seus primeiros 500 metros no centro, Pat e Tom completaram a Maratona de Honolulu. Para se preparar para essa maratona de 42 quilômetros, Tom, com muito entusiasmo, resolveu participar junto com ela da corrida de Bay-to-Breakers, em San Francisco, uma corrida anual de 12 quilômetros de extensão, considerada a maior pista reta do mundo. Pat gostou tanto da experiência, que desde então ela e Tom participam de corridas, atualmente acompanhados de um grupo de amigos que também gostam de correr. Assim, a família de Pat, seus amigos e vizinhos — o seu grupo de apoio — incentivaram-na a fazer exercícios e também ganharam algo em troca.

Outros pacientes, porém, não conseguem fazer exercícios tão estafantes quanto uma corrida. Muitos dos que visitam nosso centro fazem caminhadas rápidas em grupo. Outros só conseguem caminhar lentamente, uma ou duas vezes por semana, o que é válido como forma de se exercitar, respirar ar puro e mudar de ambiente. Qualquer que seja a escolha do paciente, é uma boa oportunidade para a família se exercitar em conjunto. Mesmo as crianças pequenas podem ajudar, se estiverem sempre presentes na hora exata para fazer companhia ao paciente. Conheço pacientes que foram pela primeira vez a uma quadra de tênis levados por seus filhos. Filhas que eram distantes e ocupadas passaram a caminhar todas às noites com os pais. Isto demonstra, mais uma vez, que apoiar o paciente de maneira positiva — participando em vez de reclamar — aproxima a família. Uma equipe dessa natureza forma ligações fortes que talvez jamais tenham existido na família.

OUTRAS MANEIRAS DE AJUDAR O PACIENTE

Tenho sempre muito cuidado ao fazer sugestões sobre a maneira de trabalhar em equipe. Todos os pacientes têm algumas necessidades em comum, como fazer exercícios, meditar e saber que os afazeres da casa continuam sendo feitos, mas cada um tem necessidades individuais que deve expressar. O ponto importante a entender nos exemplos dados anteriormente é a inspiração da criatividade. Qualquer que seja a necessidade, há várias maneiras de satisfazê-la.

A família também deve levar em consideração que todo mundo pode ajudar, mesmo as crianças pequenas. As menores podem lavar os pratos, aparar a grama e tirar o pó. Podem também levar e trazer recados. As maiores podem dirigir o carro, levar o paciente onde for preciso, e assumir outras tarefas que não faziam antes, como cuidar das compras da casa.

As pessoas passam também a ser mais atenciosas em casa, o que não deve ser confundido com a superproteção do paciente. Se o paciente se sente mal ou está com dores e fica irritado com uma música de *rock* tocada em alto volume, sem dúvida o volume do aparelho de som deve ser diminuído. Há uma abordagem positiva possível para esse tipo de problema. O paciente pode dizer: "Fico ansioso e inquieto. Será que você pode colocar uma música mais suave e relaxante durante uma hora?". Isso enfatiza as necessidades do paciente, em vez de tirar o prazer da outra pessoa ou acusá-la de estar fazendo algo errado.

As crianças também podem cuidar do paciente. Como sabemos que o contato físico e o carinho são muito importantes nesses momentos, a criança pode massagear as costas, as mãos ou os pés do paciente. A criança mais velha pode sentar-se junto do paciente e ler em voz alta. O paciente que se sente mal ao voltar do tratamento sentir-se-á confortado com o carinho que está recebendo e esquecerá os sintomas. As crianças mais velhas também podem cuidar dos irmãos menores uma noite por semana, ou até um fim de semana completo, para que os pais possam ficar sozinhos.

O número de coisas que podem ser feitas pelos parentes para ajudar o paciente a se sentir melhor é imenso, e a lista é limitada apenas pela criatividade da família. O apoio vai depender inteiramente de o paciente colocar suas necessidades. A comunicação é um elemento importante para que o paciente não pense que está sendo um fardo. Quando existe autonomia, o trabalho em equipe é feito de maneira prazerosa. As famílias que acham que não atingiram este nível de cooperação não devem se sentir desanimadas. Em muitas famílias, as pessoas nunca foram incentivadas a afirmar suas necessidades ou a trabalhar em conjunto. Trata-se de um processo de aprendizado. Há um objetivo importante a ser lembrado: é necessário criar uma equipe em que cada um dos membros possa colocar suas necessidades, receber apoio e ajudar o paciente e os outros integrantes da família. O trabalho em equipe nada mais é do que isso.

5

Como Criar Grupos de Apoio Externos

Todo mundo tem pelo menos uma família — até as pessoas que vivem sozinhas. Talvez essa afirmação pareça paradoxal, porque em geral limitamos a definição de família à família nuclear, isto é, o marido, a mulher e os filhos que vivem sob o mesmo teto. Mas a maioria das pessoas tem uma família de origem, aquela em que nasceu. Para muita gente, esses parentes próximos são uma grande fonte de conforto e apoio durante a doença.

É de uma terceira categoria de família que trataremos neste capítulo, o núcleo familiar extenso. Antigamente, na família americana, o núcleo extenso englobava tios, tias, primos e outros parentes. A cultura altamente móvel de hoje faz com que muitos adultos deixem seu lugar de origem e percam o contato com os parentes, tornando pouco comum o núcleo familiar extenso. No entanto, são essas as pessoas que chegam com as caçarolas de comida, flores e muito boa vontade quando a família enfrenta uma doença como o câncer.

NÚCLEOS FAMILIARES EXTENSOS

O núcleo familiar extenso, que começou a desaparecer em nossa sociedade, foi substituído. Suas funções são de suma importância, e poucas pessoas conseguem viver confortavelmente sem o apoio de inúmeras outras pessoas. Geralmente, o substituto é uma nova rede de pessoas atenciosas, os amigos, vizinhos e colegas de trabalho. Este grupo é denominado núcleo familiar extenso, porque a função que exerce na vida das pessoas é muito importante. Para quem vive sozinho, ele é especialmente importante para criar um ambiente saudável. E para todos os outros pacientes, o núcleo extenso pode se transformar num recurso de grande significado. Mas é necessário chamar este grupo para que ele possa ajudar a reduzir o estresse da família nuclear.

Nem sempre isso é fácil. A maioria das famílias que enfrentam o câncer tem suas redes de núcleos extensos que estão dispostos a ajudar no que for necessário, tanto do ponto de vista físico como emocional. Mas muitas famílias sentem pudor em procurar essas pessoas e pedir-lhes ajuda. Às vezes porque elas nunca disseram de maneira clara: "Telefone-me e diga o que posso fazer por você". Em geral, isto acontece não porque eles não queiram ajudar, e sim por não saberem como se expressar. Muitas vezes, essas pessoas já se ofereceram para ajudar e ninguém lhes deu um sinal de que a ajuda seria aceita. É um problema comum em nossa cultura. Todos nós temos dificuldade em pedir ajuda, como se isto fosse um sinal de fraqueza.

É bom que a família que esteja passando por uma doença longa peça ajuda ao núcleo familiar extenso, o sistema de apoio fora da família. O paciente que se afasta dos amigos às vezes o faz por achar que existe um problema. Pensa que ninguém liga mais para ele, já que não é mais a pessoa animada, alegre e de boa saúde. Pode ocorrer também que os amigos não estejam sendo muito úteis tentando "animar" o paciente, ou ainda adotando uma atitude desanimada com o paciente e sua família. Então o paciente pode chegar à conclusão de que é melhor não ter contato com os amigos. Outra razão possível do afastamento dos amigos é que o paciente pode estar negando sua doença e não querer confrontar seus sentimentos em conversas com outras pessoas. Essa dificuldade emocional deve ser superada.

Temos certeza de que quanto maior e mais íntimo for o grupo de apoio, quanto mais for possível contar com ele durante períodos de estresse, mais rapidamente a pessoa se sentirá melhor. É importante criar grupos de apoio fora do sistema familiar para construir o ambiente necessário ao bom andamento do processo de cura.

É POSSÍVEL RECEBER AJUDA DE FORA?

Logo que o paciente comunica aos amigos que está doente surge uma enxurrada de apoio. Durante a primeira semana, as famílias chegam a ficar sobrecarregadas com o número de telefonemas, visitas e material de leitura que recebem de pessoas que querem realmente ser úteis. Mas esses amigos sentem-se limitados por não saber o que fazer.

Há diferentes níveis de contato com o paciente e sua família, desde os amigos mais íntimos até meros conhecidos. Quase todo mundo pode ser útil durante esse período de crise. Basta que o paciente e sua família digam o que pode ser feito. Em geral, a família fica tão chateada e assustada com o diagnóstico que não sabe o que fazer com as propostas de ajuda. E então, não sabendo tomar a iniciativa, os amigos desaparecem.

Assim que for possível, é bom que o paciente e sua família enumerem as tarefas que poderiam ser realizadas por pessoas de fora. No início, não querendo pedir ajuda, a família tenta fazer tudo sozinha. Mas o câncer é geralmente uma doença longa, e no final a família fica estafada. É possível pedir ajuda para tarefas físicas que contribuem para a recuperação do paciente, como por exemplo levá-lo e trazê-lo do centro de tratamento de câncer. Ou ainda serviços que normalmente eram feitos pelo paciente, como cortar grama ou fazer as compras da casa, mas que ele não consegue mais realizar por se sentir fraco depois da sessão de irradiação. Ou ainda tarefas do dia-a-dia, como levar o filho menor à aula de natação ou a filha à aula de balé. Se conseguir que os amigos lhe dêem apoio e os ajudem em suas tarefas, a família poderá lidar com as questões mais importantes da doença em si.

Pedir esse tipo de ajuda aos amigos pode parecer exagerado para algumas pessoas, por isso acho importante lembrar que eles querem ajudar. Tudo fica muito mais fácil quando eles têm algo de concreto a fazer. Se for pedido a um amigo que apanhe a roupa na lavanderia uma vez por semana, ele se sentirá contente por dar sua contribuição.

Quando Pamela e Bob Mang souberam que sua filha estava com câncer nos ossos, pediram ajuda aos amigos. Já que haviam decidido usar as idéias de nosso livro *Com a vida de novo,* mandaram uma carta e uma cópia do livro a uns vinte amigos e parentes. Na carta, explicavam que o livro representava a filosofia que tinham decidido adotar para a recuperação de Jessica, e por isso queriam que todos soubessem que tipo de abordagem haviam escolhido. As pessoas que receberam a carta e o livro reagiram dando todo o apoio à abordagem positiva.

A família Mang fez uma lista de todos os amigos e conhecidos que se propuseram a ajudá-los. Em seguida, enumeraram cada uma das tarefas que poderiam ser feitas pelas outras pessoas, a fim de que elas se dedicassem inteiramente a ajudar Jessica. Entre elas, havia o cuidado com o jardim, já que Pamela e Bob passavam os finais de semana com Jessica, enquanto ela se submetia à quimioterapia. Havia também a questão do transporte e de cuidados especiais para o filho mais novo, Nicholas, já que eles pouco estariam presentes nessas ocasiões.

Em seguida, Pamela e Bob refizeram as listas, de maneira que tinham uma lista com os nomes dos amigos mais íntimos e as tarefas de cada um, e outra com os nomes das pessoas conhecidas e suas tarefas. Carol Sanford, uma das amigas mais chegadas, ajudou-os nesse processo e escreveu a todas as pessoas de ambas as listas, explicando-lhes o que estava acontecendo na família Mang. No final das cartas, ela colocou: "Seria útil se você pudesse se responsabilizar por qualquer um dos ítens em anexo". Quase todos responderam, escolhendo ítens da lista. Uma amiga mais íntima escreveu que preferia estar à disposição para qualquer eventualidade, em vez de escolher um item qualquer da lista. E esse acordo funcionou muito bem.

Segundo Bob, "As pessoas querem ajudar. Acho que quem se afasta da pessoa com câncer o faz em geral porque se sente inútil e não sabe o que fazer".

Pamela e Bob sentem que amadureceram durante o processo de

pedir ajuda fora do círculo familiar. Pamela explica que, "antes disto, não sabíamos pedir ajuda. Éramos o tipo de pessoas que faziam tudo sozinhas. Achávamos que a família devia resolver seus problemas. Felizmente, percebemos que precisávamos de ajuda. E não sei o que teríamos feito sem ela".

Cada paciente e cada família têm suas próprias necessidades. O paciente pode definir as suas pedindo o tipo de ajuda de que mais precisa. Um de meus pacientes, Joe Ayoob, criou um círculo de seis amigos que o ajudaram de uma maneira muito especial quando ele descobriu que tinha um tumor no cérebro. Joe, que acredita profundamente na sua meditação diária, pediu a cada um dos amigos que deixasse tudo de lado a uma determinada hora do dia para "me dar cinco minutos de meditação". Joe diz que "eu lhes pedi que me visualizassem curado". Ele escolheu amigos que pudessem entender e apoiar seu pedido, e todos concordaram.

Ao falar sobre sua experiência, Joe toca o âmago da questão: "As pessoas querem muito ajudar. É apenas uma questão de procurá-las e pedir-lhes. Elas querem ajudar, porém na maior parte das vezes não sabem como fazê-lo".

AMIGOS ÍNTIMOS

Mesmo quando o paciente e sua família são muito unidos é essencial receber ajuda emocional de fora. Às vezes o paciente é tão ligado ao cônjuge que não tem nenhum amigo íntimo, e isso pode ser muito ruim. Ter todas as nossas necessidades satisfeitas através de apenas uma pessoa torna-nos muito dependentes dela. De certa maneira, a pessoa torna-se nossa única ligação com a realidade — e o que aconteceria se ela também ficasse doente e não pudesse cuidar de nós? É muito difícil para o cônjuge arcar com a responsabilidade da total dependência de outra pessoa. Se tivermos alguém que dependa apenas de nosso apoio emocional, veremos o quanto isso é penoso. Existem muitas razões para que os psicólogos insistam para que desenvolvamos amizades estreitas com pessoas que se importem conosco e nos aceitem.

Às vezes pode acontecer que um amigo ou uma pessoa de fora abandone o paciente em uma hora de necessidade. Isto pode ser interpretado como deslealdade, quando de fato não o é. Por exemplo, uma de minhas pacientes ficou profundamente desapontada quando uma de suas amigas começou a evitá-la à medida que o câncer progredia. Minha paciente ficou muito magoada com essa atitude aparentemente desleal, até que soube que a amiga estava agindo assim por medo. Três anos antes, havia perdido uma irmã com câncer. E agora temia perder mais um ente querido. Seu medo — e não deslealdade — a fez parar de visitar a amiga de que tanto gostava. A partir desse exemplo, sugiro aos pacientes e a suas famílias que examinem com cuidado a razão de um amigo ter — de forma atípica — abandonado o paciente.

Devemos também levar em consideração que, como o câncer é geralmente uma doença longa, haverá um momento em que as pessoas do círculo de apoio reduzirão o tempo e o esforço que dedicam ao paciente. Uma vez mais, isto não deve ser interpretado como deslealdade. Após um certo tempo, muitas pessoas não mais reagirão à doença do paciente com o mesmo senso de urgência que tinham logo depois do diagnóstico. O que acontece em geral é que as pessoas passam a encarar o problema como crônico, e não como uma catástrofe de maiores proporções. Quando as pessoas começam a pensar assim, a tendência é sua participação diminuir. Neste caso, também é provável que o paciente e sua família tirem conclusões apressadas sobre a preocupação dos amigos em relação ao paciente.

Mesmo que o casal seja muito unido, agora é mais importante do que nunca que cada um procure amigos com quem conversar e se abrir — não só um amigo íntimo, mas vários. A conversa sobre a doença pode tornar-se um fardo para apenas um amigo. E às vezes o amigo fica tão abalado que começa a evitar o paciente para não se sentir tão mal.

Pode acontecer que os doentes e suas famílias tenham dificuldades com alguns amigos durante a doença. Essas pessoas, cujo pessimismo era tolerável antes, tornam-se difíceis para o paciente que está tentando se curar. A reação inicial muitas vezes é: "Ela fica tão melancólica e desanimada quando vem me visitar, que é melhor evitá-la". Outra solução seria examinar a si mesmo e ao relacionamento. O que exatamente faz ou diz esse amigo que o deixa pouco à vontade? Talvez seja algo muito simples. Uma paciente contou-me que uma de suas amigas sempre chegava perto dela de maneira solícita e perguntava: "Como está se sentindo?". Minha paciente achava que valia a pena preservar essa amizade e fez um esforço para "treinar" a amiga. Disse a ela: "Gostaria que fizesse algo útil para mim. Estou com câncer e ambas sabemos disso. Mas existem muitas outras coisas importantes em minha vida, e chego até a esquecer da minha doença. Portanto, se algo de novo acontecer, não deixarei de lhe contar. Mas prefiro que você não fique me perguntando sobre a doença o tempo todo. Gosto muito mais de conversar sobre nossas partidas de tênis!".

No momento em que isto foi dito a reação da amiga foi muito receptiva — ela queria apenas ajudar, e continuava querendo. A paciente sentiu que investir na amizade havia valido a pena. É por isso que é tão importante, durante uma crise familiar, não descartar de forma leviana uma amizade. Porém é importante ter uma atitude realista para perceber que alguns relacionamentos não podem ser mudados.

Até agora falei sobre o amigos mais íntimos, mas há outros relacionamentos. Quando a família sentir que está na hora de pedir ajuda, seria uma boa idéia agir como fizeram Pamela e Bob Mang: separar os amigos íntimos e os menos íntimos. Dessa forma, evita-se pedir a alguém alguma coisa com a qual nem quem pede nem quem presta ajuda ficará confortável. Quando existe uma percepção realista do que se pode dividir com um amigo tira-se mais proveito da amizade. Talvez você tenha um amigo que goste de rir e de brincar e que quase sempre consegue animar as pessoas. Embora o riso seja um bom remédio, há momentos em que pode induzir a uma negação dos sentimentos. Quando estamos assustados ou tristes, talvez seja melhor não chamar esse tipo de amigo, e preferir um outro que se sinta mais à vontade com sentimentos penosos. Isto não quer dizer que um amigo jovial não seja um bom amigo. Algumas pessoas não podem nos ver chorar — mas podem nos fazer rir.

Dentre as pessoas que querem ajudar a família, algumas são meros conhecidos. Elas podem fazer companhia ao paciente, o que é ótimo quando os sintomas se tornam incômodos. Aquele conhecido que é famoso por saber fazer ótimas massagens vai gostar de visitar o paciente e lhe fazer uma massagem uma vez por semana. Um outro talvez possa passear com o paciente regularmente, ajudando-o a entrar na rotina do exercício físico. (Alguns pacientes contam com a companhia de três amigos em três noites diferentes.) Muito do que a família pode fazer para ajudar o paciente a se recuperar também pode ser feito por pessoas de fora — se lhes for pedido que o façam.

É importante que os familiares mantenham um contato com os amigos e tenham uma vida longe do ambiente de doença. Walter Greenblatt, cuja esposa Carol tinha câncer nos ossos, descobriu que podia contar com muitos dos seus amigos quando Carol ficou doente. Para Walter, tornou-se uma prioridade encontrar essas pessoas para almoçar. "Faço questão absoluta", ele diz. "Telefono, anoto a data na minha agenda, e não deixo de ir por nada nesse mundo. É muito importante poder conversar com outra pessoa sobre meus problemas — e também escutar os dela. E assim ambos nos sentimos melhor."

Bob Giley, como muitos outros doentes de câncer, descobriu que seus amigos lhe davam um enorme apoio durante a doença. Uma das expressões de amizade de que mais gostou veio de seus sócios na companhia de seguros. Na manhã seguinte à operação de Bob, os dois apareceram às 6 horas da manhã, o mais cedo que o hospital permitia. Bob acordou e os viu ali. Eles lhe disseram: "Queremos que não se preocupe com nada, a não ser em ficar bom. Nós cuidaremos dos negócios e lhe daremos uma terça parte dos lucros". Bob continua: "Ambos produzem milhões de dólares em seguros, portanto tratava-se de muito dinheiro mesmo. Aquilo tirou um peso das minhas costas". Os sócios também lhe deram apoio no que dizia respeito à saúde. Logo que pôde, Bob voltou ao escritório, onde instalou uma cama de armar para se estirar e descansar quando fosse preciso. Durante os dez meses em que fez o tratamento de quimioterapia, os sócios o ajudaram a se concentrar em suas vendas, a tal ponto que ele foi indicado o melhor agente de seguros dos Estados Unidos pela importante companhia de seguros a qual era afiliado.

As pessoas que ficam doentes às vezes se surpreendem de que seus amigos e conhecidos lhes ofereçam apoio e afeto. Muitas vezes vivemos sem perceber e apreciar a afeição que os outros têm por nós. Uma crise mais séria pode nos mostrar como somos apreciados. E, ao dividir a crise com nossos amigos, enriquecemos nossas amizades.

GRUPOS E ORGANIZAÇÕES

Muitos pacientes e suas famílias recebem grande apoio de organizações das quais fazem parte, sejam elas religiosas, de trabalho ou sociais. Mais uma vez, a família encontra carinho e interesse que não pensava existir e estabelece relacionamentos mais profundos e íntimos com as pessoas do grupo.

Desde 1968, Walter Greenblatt faz parte de um grupo de estudos que reúne agentes de seguros de todo o país. O grupo se encontra várias vezes por ano para trocar informações. Quando Carol, a esposa de Walter, recebeu o diagnóstico de câncer nos ossos, os profissionais do grupo e suas esposas imediatamente demonstraram seu interesse e apoio, telefonando para Walter e Carol, escrevendo e mandando flores todas as semanas. Quando Carol foi hospitalizada na Filadélfia, os membros do grupo que moravam no leste do país viajaram para visitá-la. Desde então, outros os visitam sempre que estão perto de Dallas. "O apoio carinhoso que nos têm demonstrado é imenso", diz Walter. "Sinto-me muito ligado a eles e não hesito em telefonar quando preciso de conselhos ou quero apenas conversar."

Bob Gilley, que também trabalha com seguros, teve o mesmo apoio da Million Dollar Roundtable. A organização fez uma pausa durante o encontro nacional para fazer uma prece silenciosa por Bob. Esse tipo de apoio espiritual foi muito confortante para ele. Seus amigos da área de seguros também organizaram correntes de oração em todo o país, seguidas de telefonemas de outros agentes, do país e do Canadá. Os Gilley pertencem a uma pequena sociedade religiosa, cujos membros dedicaram tempo e energia na recuperação de Bob. Claro, não é minha intenção indicar nenhuma organização religiosa ou recomendar qualquer atividade religiosa aos pacientes e suas famílias. Esta é uma decisão inteiramente pessoal, que em geral já foi tomada algum tempo antes do diagnóstico de câncer. Mas as pessoas que pertencem a algum grupo religioso devem aceitar livremente o seu apoio, que, como o de qualquer outro grupo, pode ser profundamente enriquecedor.

Para Bob Gilley, esse apoio espiritual e emocional foi tão importante que ele fundou um grupo de apoio para outros pacientes de câncer, a que deu o nome de Dayspring. Como vários outros pacientes que se curaram e também formaram grupos parecidos, Bob pôde colocar sua energia criativa na organização do grupo. A orientação espiritual de Bob reflete-se no nome do seu grupo. "Dayspring" deriva de uma palavra anglo-saxônica que significa "nova alvorada, nova esperança, nova vida, nova luz". Bob escolheu o nome do Evangelho de Lucas, no qual Zacarias se refere a Jesus como "... o Oriente do alto que nos visitou... para iluminar os que estão assentados nas trevas e na sombra da morte". Bob explica: "Minha interpretação dessa passagem é que essa nova energia deve ser levada a pessoas que se sentem por baixo — e é isso que tentamos fazer".

Enquanto algumas pessoas encontram grupos de apoio através do seu trabalho ou de organizações religiosas, muitos procuram grupos ligados a organizações sociais. Algumas pessoas com câncer decidem procurar grupos sociais após o diagnóstico, não necessariamente para ter apoio de pessoas de fora, mas para aumentar seu círculo de amizades e enriquecer suas vidas através do lazer e da participação. Earl Deacon, um paciente meu, preferiu esse caminho. Após o diagnóstico (estava com cerca de sessenta anos), decidiu reduzir o número de horas de trabalho e dedicar uma parte do seu tempo a um grupo de teatro de verão, composto de jovens que desejavam ser atores profissionais. Earl, um homem de negócios bem-sucedido, levou para o grupo não só sua experiência, como também ajuda financeira.

O entusiasmo cada vez maior em relação ao grupo de teatro era um sinal da mudança de Earl. Sua esposa Marge conta: "Houve um tempo em que Earl acharia um grupo daqueles uma brincadeira tola. Mas, desde a doença, ele aprendeu a expressar seu afeto de maneira mais aberta e a se relacionar com as pessoas de forma mais carinhosa. Ele é como um ímã para aqueles jovens! Eles se sentam a seus pés para ouvi-lo falar. Acho que vêem nele algo que não encontram nas outras pessoas mais velhas". Para Earl, participar do grupo trouxe-lhe muitos benefícios também. Como diz Marge: "Tenho certeza que ele recebe mais das pessoas do grupo do que lhes dá".

A participação de Earl Deacon no grupo de teatro não se baseou especialmente em sua doença. Os pacientes e suas famílias devem lembrar-se do quanto é fortificante e saudável participar de algo de que se gosta. Trata-se também de um modelo importante de apoio externo.

Já indiquei vários tipos de organizações comunitárias criadas para ajudar a pessoa com câncer. Algumas são de interesse geral, como a Make Today Count (Faça com que Hoje Seja Importante), e outras, mais voltadas para a cura de formas específicas de câncer. A American Cancer Society tem uma lista das organizações de cada comunidade. Não posso indicar nenhuma organização em especial, porque em cada localidade esses grupos são dirigidos por pessoas diferentes e com diferentes orientações. Mas sei que esses grupos são úteis para muitos pacientes. O paciente que estiver interessado pode procurar o grupo da sua comunidade e ver como ele funciona.

Há benefícios reais decorrentes dos grupos de auto-ajuda de câncer. Um deles é a oportunidade de conversar com pessoas que estão passando pela mesma experiência. Isto pode ser de grande ajuda. Talvez o paciente e sua família pensem que a doença os torna estranhos e diferentes das outras pessoas. Nas organizações de câncer, eles encontram pessoas que estão passando pelos mesmos problemas e pelas mesmas mudanças. Outra forma de ajuda do grupo é trazer pacientes que se curaram para fazer palestras. Testemunhar a saúde e a alegria dos que ficaram bons é uma experiência muito positiva. A maioria dos pacientes só se encontra com pessoas que estão com a mesma doença na ante-sala da clínica ou no pavilhão de quimioterapia. E quando estão naquele ambiente as pessoas sentem-se deprimidas e ansiosas e, nesse contexto, a conversa não é das mais animadas. Esta é outra razão que leva as famílias a visitar esse tipo de organização.

Ao lidar com o diagnóstico de câncer, ou talvez com o paciente que está se recuperando de uma cirurgia, a família pode buscar ajuda junto a um grupo.

A família descobre que, tanto quanto os amigos, essas organizações podem ajudar muito, sendo da responsabilidade da família apenas aceitar o que lhe é oferecido e ter certeza de que o grupo sabe como ajudar.

PSICOTERAPEUTAS

Como uma doença longa é muito estressante, receber ajuda profissional é quase sempre muito precioso. A partir desse ponto de vista, o terapeuta consegue às vezes ajudar mais na questão das emoções difíceis do que os amigos.

O paciente ou o parente que esteja pensando em fazer terapia deve primeiro definir o que quer. Alguns profissionais são especialistas em hipnose e podem ajudar a melhorar a visualização. Outros trabalham com hipnose e outros instrumentos para reduzir a dor. Outros ainda são especialistas em *biofeedback* e métodos de relaxamento. E, por fim, há os especialistas em relações familiares.

Se o paciente ou outra pessoa da família já estiver fazendo terapia individual, nem sempre é bom que o terapeuta comece a receber toda a família. O terapeuta familiar não trabalha individualmente, mas com toda a família. É como se a família fosse "o paciente". Esses especialistas observam como a família interage e se comunica. Tentam comunicar o que observaram e ajudar as pessoas a mudar de forma construtiva. Por exemplo, numa sessão de terapia familiar, o paciente pode expressar sua raiva contra seus parentes que não lhe dão apoio. A mulher ou o filho, que conseguem se comunicar melhor sob a orientação do terapeuta, podem responder que o paciente não está demonstrando precisar de apoio. O paciente então poderá expressar seu medo e sua tristeza, e liberar sua raiva. Dessa maneira, durante a sessão de terapia, a família começa a se comunicar de maneira mais aberta para modificar o sistema familiar e se tornar mais receptiva às necessidades de todos. Para trabalhar com a família durante esse delicado processo de aprendizado é necessário ter habilidades muito específicas. Por isso, é bom procurar alguém especializado em terapia familiar.

Ao escolher o terapeuta, uma pessoa, ou a família como um todo, deve ter a mesma atitude que tomou quando escolheu um médico para se consultar. Os terapeutas dão consultas. Como profissionais bem-formados, eles aprendem a utilizar certos instrumentos relacionados à comunicação e à afirmação das necessidades, entre outros. Muito do preconceito contra a psicanálise em nosso país advém do fato de que muita gente não entende o papel do terapeuta como consultor. Não é sinal de fracasso contratar um contador ou um advogado para nos auxiliar em algum problema que tenhamos. Da mesma maneira, procurar um terapeuta não é sinal de fracasso, e sim uma demonstração da vontade de melhorar.

O primeiro passo para encontrar um bom terapeuta é consultar pessoas que conhecemos e respeitamos que tenham obtido bons resultados na terapia. A associação local de psicologia também pode fornecer os nomes dos psicólogos e psiquiatras autorizados. O médico, ou outro profissional da área de saúde, talvez conheça alguém que tenha uma boa reputação. O profissional de saúde é uma ótima fonte de nomes de terapeutas que trabalham individualmente, ou com famílias, em doenças que podem ser fatais.

De posse de uma lista de nomes, é interessante marcar uma primeira consulta com a idéia de examinar o terapeuta. A maioria dos terapeutas acredita que a primeira sessão seja o momento adequado para uma avaliação mútua entre paciente e terapeuta. Durante a avaliação pode-se perguntar ao terapeuta se ele tem experiência em lidar com doenças graves e observar se ele se sente à vontade ou não falando sobre câncer. O terapeuta é, afinal de contas, um ser humano. Alguns talvez tenham tido experiências pessoais com o câncer que os deixaram assustados com a doença. A capacidade e a facilidade de trabalhar com pessoas doentes não são as únicas coisas que devem ser levadas em consideração. O respeito e a confiança são uma condição *sine qua non* para a terapia. Pode-se contratar um encanador de que não se goste mas cuja técnica seja perfeita. Porém, no caso do terapeuta, só podemos nos sentir bem se percebemos que ele se interessa por nós e é alguém em quem confiamos.

No final da primeira sessão, o terapeuta abordará a questão de trabalharem ou não juntos. É adequado e bastante normal que o paciente diga: "Gostaria de ir para casa e pensar sobre essa nossa primeira sessão e sobre minha opinião a seu respeito. Volto a ligar dentro de um ou dois dias".

Se a pessoa não estiver certa de que a terapia será positiva para ela ou sua família, poderá usar o método acima para experimentar uma sessão e ver o que acontece. A terapia é, sem dúvida, um dos pontos de apoio mais preciosos para o paciente e sua família, e deve ser examinado como uma possibilidade futura.

PARA OS PACIENTES QUE VIVEM SOZINHOS

O paciente que vive sozinho terá de criar seu próprio ambiente de cura sem o apoio da família nuclear. Isto significa que precisa mais rapidamente pedir ajuda ao núcleo familiar extenso, às associações e até mesmo a um terapeuta. Quando estamos passando por situações assustadoras de crise, precisamos nos apoiar nos outros. O isolamento apenas aumenta a depressão e a ansiedade e pode ser negativo para o processo de cura. Isto quer dizer que é muito importante para o paciente que vive sozinho desenvolver uma ampla rede de apoio.

Uma maneira simples e interessante de se sentir bem é cuidar de plantas ou de algum animal doméstico. Uma pesquisa realizada recentemente na Universidade da Califórnia, em San Francisco, demonstrou que os pacientes que haviam sofrido um ataque cardíaco e tinham plantas ou animais em casa se recuperavam muito mais rapidamente do que os que não tinham. Sem dúvida, quando algum ser vivo depende de nós para a sua sobrevivência, temos um objetivo na vida e um sentimento de que somos necessários.

A maioria das pessoas que vivem sozinhas, ao examinar suas vidas, descobre que tem apenas uma relação básica. Talvez um relacionamento amoroso com uma pessoa do sexo oposto, ou uma ligação maior com um parente ou amigo. Ao examinar o impacto do câncer em suas vidas, as pessoas sozinhas podem incluir tudo o que foi dito até agora neste livro sobre o choque do diagnóstico sobre cônjuges e famílias. As pessoas que compõem a "família postiça" também sentirão o choque, o medo e a negação, e precisarão falar sobre o que estão sentindo em relação à doença.

A pessoa sozinha sente a necessidade de se reunir com mais freqüência com outras pessoas do que o paciente que tem uma família, e isto é possível de várias maneiras. Um ritual excelente para se criar um pequeno grupo de amigos é organizar um jantar ou uma reunião uma noite por semana. As pessoas sozinhas também podem visitar amigos casados ou parentes.

A pessoa que vive sozinha pode conseguir apoio externo para fazer seus exercícios se participar ou formar um grupo para correr, andar de bicicleta, jogar bola ou qualquer outro esporte. Formar duplas para jogar tênis é uma ótima idéia. É possível ainda procurar clubes de bridge ou criar o seu próprio grupo de jogos de cartas. Quem tem filhos pode participar da Associação de Pais e Alunos ou dos grupos de Pais/Mães Solteiros. A maioria das igrejas também oferece uma grande variedade de atividades e possibilidades de reunião. O importante é que o paciente que vive sozinho precisa tomar a iniciativa de formar um grupo de apoio.

É muito importante que a pessoa sozinha queira pedir ajuda. Quando sentimos falta de companhia, fica mais fácil procurá-la se nos lembrarmos de que nossos amigos sozinhos também sentem a mesma necessidade e com certeza gostarão tanto de ter companhia quanto nós. Telefonar e dizer "Estou me sentindo um pouco só. Você não quer vir me fazer companhia?" ajuda a aprofundar uma amizade. Ou então: "Você se importaria de vir passar a noite comigo? Seria bom ter alguém por perto". É importante ter por perto um amigo ou dois que possam ajudá-lo caso surja uma emergência. Normalmente, o ideal é que a ajuda seja recíproca. "Se você precisar ir para o hospital no meio da noite, me telefone. E, se eu precisar de alguém, chamarei você." Um vizinho próximo também é ideal para esse tipo de troca. Algumas pessoas sozinhas trocam chaves de casa com um amigo, o que facilita as coisas se a pessoa é hospitalizada ou fica incapacitada.

Joe Ayoob, o paciente sozinho que mencionei antes, descobriu que ter pedido aos amigos que meditassem sobre ele levou a outros atos de apoio e consideração. Eles passaram a visitá-lo com freqüência e traziam ou levavam livros que achavam que podiam inspirá-lo. Um desses amigos tornou-se bastante próximo e atencioso — "um verdadeiro amigo, ali do meu lado, dizendo que eu ia ficar bom de novo, falando sobre as coisas pelas quais valia a pena viver". A experiência de Joe demonstra muito bem que o paciente que pede ajuda em geral recebe mais do que pediu.

PESSOAS QUE PRECISAM DE PESSOAS

Uma canção popular diz que "pessoas que precisam de pessoas têm muita sorte". Podemos fazer uma pequena modificação e dizer que "pessoas que sabem que precisam de pessoas...", pois todos nós precisamos dos outros, ainda mais quando estamos diante de uma doença.

Tanto os pacientes sozinhos como as famílias às vezes querem fazer tudo sozinhos após o diagnóstico de câncer. Mas, por causa de sua natureza crônica, o câncer exige que se procure ajuda nos grupos de apoio e no núcleo familiar extenso. No estágio inicial, as famílias em geral satisfazem suas próprias necessidades sem ajuda externa, mas, se persistirem nisso, inevitavelmente se cansarão. São tantas as atividades cansativas, o tratamento, novas formas de alimentação, os exercícios, que aqueles que querem fazer tudo sozinhos simplesmente exaurem seus recursos.

Se levarem isto em consideração, todos os pacientes e suas famílias vão desejar criar uma rede de apoio externa. Há várias maneiras de fazer isto, e ninguém pode dizer que um grupo de auto-ajuda para pessoas com câncer, uma religião ou uma equipe de esportes seja o melhor para alguém. Cada família e cada paciente podem descobrir o que é melhor para eles. Uma coisa é certa: a ajuda de fora é primordial.

6

Como se Relacionar com o Médico

As pessoas com câncer têm uma relação muito próxima, e por vezes durante um longo período de tempo, com seus médicos. De certa forma, o bem-estar do paciente e sua crença na eficácia do tratamento dependerão do seu relacionamento com o médico. A relação médico-paciente é um elemento primordial do processo de cura. Sem dúvida, a escolha do médico é uma das decisões mais importantes do paciente e de sua família. Embora a decisão final seja do paciente, a família pode ajudá-lo a reunir todas as informações que lhe permitam fazer uma escolha. Se mais tarde surgirem dificuldades no relacionamento com o médico, a família poderá ajudar o paciente a resolvê-las.

COMO ESCOLHER UM MÉDICO

O processo de seleção do médico começa logicamente quando o paciente procura uma segunda ou uma terceira opinião. Como já afirmei anteriormente, isto é muito melhor do que aceitar o diagnóstico do primeiro médico, por duas razões: em primeiro lugar, é sempre possível que os médicos interpretem os dados de maneira diferente e cheguem a diagnósticos diferentes. Em segundo lugar, mesmo que concordem no diagnóstico, podem ter abordagens diferentes em relação ao tratamento.

Assim que o paciente, seu cônjuge ou outro parente tiverem visitado vários médicos, o paciente terá a possibilidade de avaliar cada um deles a fim de fazer uma escolha. Para fazer essa avaliação, o paciente deve saber o que quer de um médico. A capacidade profissional é um elemento muito importante (embora o "melhor cirurgião da cidade" possa não ser mais capacitado do que os outros — apenas mais conhecido). Em termos de experiência, a maioria dos pacientes com câncer prefere estar sob os cuidados de um especialista, um oncologista. Mas, para a maioria dos pacientes, mais importante do que a própria experiência talvez seja a natureza do seu relacionamento com o médico.

O paciente que sabe antecipadamente o tipo de relacionamento que deseja ter ficará mais satisfeito com sua escolha final. As possibilidades vão do relacionamento tradicional, mais orientador, até o relacionamento em que o médico age mais como consultor e o próprio paciente indica seu tratamento. Para alguns, a ansiedade diminui bastante se participarem mais ativamente de seu tratamento. Querem ler tudo a respeito do tratamento e chegam a trazer sugestões pessoais. Outros preferem um médico que queira negociar, que ofereça várias possibilidades de tratamento e analise detalhadamente as possíveis vantagens de cada um deles e seus efeitos colaterais.

Outras pessoas ainda sentem que esse tipo de responsabilidade só faria aumentar sua ansiedade. São pessoas que não se sentem bem em tomar decisões importantes a respeito da sua saúde, sobretudo no caso de câncer. Esses pacientes geralmente ficam mais à vontade com um médico orientador, que lhes diga de maneira clara: "É disto que você precisa". Com isso, eles podem relaxar e seguir as ordens médicas. Algumas pessoas sentem-se seguras com esse tipo de relacionamento, enquanto outras podem sentir-se coagidas e chateadas com essa atitude. Portanto, um dos elementos a serem analisados é o tipo de orientação que se quer receber do médico.

Outro elemento importante para muitas pessoas é a personalidade do médico. Mesmo que pareça irrelevante, a personalidade é de grande importância para alguns pacientes, principalmente quando não estão no melhor de sua forma. Alguns pacientes sentem-se bem com um médico tradicional — um profissional delicado e carinhoso que lhes segure a mão. Outras sentem-se mais seguras com um médico direto e pouco emotivo, que apenas as informe sobre os fatos. Outras ainda preferem o meio-termo, um médico que goste de conversar e tenha uma atitude informal. Se a personalidade for um elemento importante para o paciente, deve ser levada em consideração. Tive um paciente que estava sendo tratado pelo "melhor" médico do ramo, mas ficava sempre deprimido com sua forte personalidade. Quando isto acontece, talvez seja melhor que o paciente procure um outro bom médico, cuja personalidade tenha mais a ver com a sua.

Na maioria das vezes, o paciente não pode formular suas preferências em termos de médico quando o processo de escolha começa. Mas esses critérios e valores aparecem à medida que o paciente e seu cônjuge conversam sobre o que disse cada um dos médicos. Após ter visitado vários médicos, o paciente pode parar e definir os critérios no papel, para ver qual dos médicos se encaixa melhor nas suas expectativas. É nesse momento que a família vai gostar de ter feito anotações ou gravado os encontros com os médicos. Ouvir outras opiniões não apenas dá ao paciente mais informações, como também lhe permite selecionar o melhor médico para ele.

COMO OBTER INFORMAÇÕES DOS MÉDICOS

Praticamente todas as pessoas que recebem um diagnóstico de câncer confrontam-se com algo desconhecido — e precisam de muita informação. Quando Pamela e Bob Mang souberam que sua filha estava com sarcoma osteogênico, tiveram uma reação típica: "Ficamos completamente descontrolados, totalmente chocados diante da idéia de que a vida de Jessica pudesse estar em perigo", conta Pamela. "Depois nos demos conta de que, quanto mais informações tivéssemos, mais poder teríamos para lidar com a situação. O fato de saber mais sobre o assunto nos fez recuperar um pouco do nosso controle".

Os Mang sabiam que Jessica tinha o mesmo tipo de doença que o filho de Ted Kennedy tivera, e que a perna dele havia sido amputada. A amputação era uma possibilidade que tinha de ser levada em consideração, e eles não queriam tomar uma decisão dessa ordem sem ter todas as informações sobre o assunto. Bob decidiu consultar todos os melhores médicos do país por telefone. Perguntou a cada um deles os nomes dos melhores especialistas no assunto. Não hesitou em telefonar a cada um dos especialistas e dizer a eles que gostaria que a consulta telefônica fosse cobrada. "O tempo deles vale dinheiro", disse. Todos os médicos conversaram longamente com ele e no final apenas umas poucas contas lhe foram enviadas.

Os Mang reuniram as informações de forma ordenada. Bob tomava notas enquanto conversava com os médicos, e depois ele e Pamela revisavam a conversa. Eles também passaram a comprar livros médicos de referência que os ajudaram a entender a terminologia e a doença em si.

Ao pedirem a informação diretamente aos médicos, os Mang adquiriram um bom conhecimento do assunto. Foi-lhes possível fazer perguntas sofisticadas e entender as complicadas respostas que recebiam. Uma das preocupações assim que começou o tratamento de Jessica era "Quais são os possíveis efeitos colaterais? Qual é a pior possibilidade?". Isto revelou-se muito importante quando um dos medicamentos causou toxicidade cardíaca, um efeito colateral bastante improvável, mas que eles sabiam que podia acontecer. "Se não soubéssemos que era uma possibilidade, teria sido horrível", diz Pamela. "Mesmo sabendo que podia acontecer, já foi um grande choque."

Os Mang haviam estudado suficientemente essa possibilidade para saber onde encontrar mais informações. Após a pesquisa que fizeram, decidiram que altas doses de vitamina E podia ser útil para consertar o mal causado ao coração de Jessica. A vitamina E é um antioxidante, e a adriamicina que ela havia tomado era oxidante. Eles conversaram com o médico principal que haviam escolhido, e ele concordou que, pelo menos, o suplemento de vitaminas não faria mal algum.

Os Mang também aprenderam que o remédio que Jessica havia

tomado para o coração tirava-lhe o potássio, exigindo o uso de diuréticos. "Era uma salada química", segundo Pamela. "No momento que ela saiu da quimioterapia, dissemos ao médico que reduzisse um pouco os medicamentos. Sabíamos, pelo que havíamos lido, que isto não lhe causaria nenhum problema repentino, ou profundo, e seu estado podia ser controlado. E funcionou. Reduzimos a medicação aos poucos, até que ela deixou de tomar todos os remédios. Atualmente, Jessica não toma nenhum remédio — o que os cardiologistas julgavam impossível — e suas funções cardíacas são perfeitamente normais."

Os Mang foram capazes de assumir a responsabilidade pelo tratamento de Jessica porque tinham pesquisado cuidadosamente todas as possibilidades — estavam bem-informados. Além disso, eles entenderam a natureza do tratamento médico. Quando se trata de câncer, todas as decisões sobre o tratamento são um risco calculado. "Ninguém sabe com certeza o que vai funcionar melhor", afirma Pamela, "nem mesmo os médicos. Eles têm mais informação do que os leigos, mas seus julgamentos são os de um ser humano. Não possuem o poder divino ao tomarem as decisões. Saber disso fez uma diferença fundamental em nossa abordagem, pois compreendemos que também tínhamos a capacidade de tomar decisões cuidadosas e informadas, e sentimos que ambos tínhamos o direito e a responsabilidade de fazê-lo por Jessica."

Os Mang acharam que Jessica, mesmo tendo apenas dez anos de idade, precisava ter informações e participar do processo de conhecimento a respeito da doença. Acreditavam que a informação a ajudaria a ter mais controle pessoal e segurança durante o tratamento, e quando ela fazia perguntas a respeito do câncer, eles respondiam da melhor maneira que podiam. Mas sempre a incentivavam a fazer uma lista de suas perguntas, para, durante a consulta, apresentá-las diretamente ao médico. Dessa forma, Jessica adquiriu consciência dos seus direitos e responsabilidade sobre a doença. Nas famílias em que os doentes são crianças, ou no caso de pacientes adultos que por alguma razão não podem controlar seu tratamento, deve-se incentivá-los a procurar ter acesso às informações.

Abordar o médico com perguntas é um ato relativamente assertivo com o qual nem todos os pacientes se sentem à vontade. Se for o caso, é bom lembrar que a paz de espírito que acompanha o conhecimento é um fator importante na cura. E, com certeza, como se trata do seu próprio corpo, cabe ao paciente reunir as informações que lhe possibilitem tomar decisões acertadas. Esse processo é facilitado com boas técnicas de comunicação com o médico, essenciais para um bom relacionamento.

COMO COMUNICAR-SE COM O MÉDICO

Uma queixa comum entre os pacientes é que não conseguem realmente conversar com seus médicos. A comunicação é um caminho de mão dupla, e às vezes o médico não dedica tempo suficiente a esse intercâmbio vital de informações. Talvez ele tenha uma agenda sobrecarregada, sobretudo se trabalha num grande hospital, com muitos pacientes a atender, o que o impossibilita de dar a atenção necessária às necessidades emocionais dos seus pacientes. Qualquer que seja o caso, o paciente pode modificar esta situação.

A primeira coisa que o paciente pode fazer é dizer ao médico que precisa conversar mais com ele. É possível fazer isso sendo franco sem ser agressivo: "Doutor, gostaria de conversar com o senhor sobre algumas coisas. Preciso de quinze minutos do seu tempo". Este é um pedido direto ao qual o médico pode responder. Se o paciente for marcar hora com a enfermeira, deve dizer: "Gostaria que marcasse mais quinze minutos além do horário normal, pois quero fazer algumas perguntas ao médico". É importante fazer esse pedido de antemão, pois é possível que as consultas estejam encadeadas de tal forma que seria inconveniente para o médico dedicar um tempo extra ao paciente. O que quero dizer é que não se deve esperar que um médico ocupado deixe tudo de lado para responder a perguntas, sem que esse tempo seja marcado com antecedência. Agendar a comunicação é uma forma de ser atencioso e prático ao mesmo tempo. Também é conveniente manter-se dentro do tempo estipulado e não insistir em ter trinta minutos de perguntas e respostas se o pedido inicial foi de quinze minutos.

Conseguir mais tempo do médico não é o único problema que enfrentam certos pacientes. Há problemas mais graves de comunicação, derivados do estresse emocional causado pelo câncer. O médico de uma de minhas pacientes lhe disse sem rodeios: "Vamos tentar essa combinação de tratamentos, mas seu prognóstico é muito ruim. Francamente, acho que não há possibilidade de recuperação". A paciente tinha, antes de mais nada, que decidir se continuava ou não com esse médico, cuja capacidade profissional ela respeitava muito. Finalmente, decidiu continuar com ele, mas, a cada vez que ia vê-lo, ele fazia referências pessimistas sobre seu futuro.

Conversamos sobre seu dilema. As referências do médico a deprimiam. Ela sentia que a situação não podia continuar como estava, mas decidiu dar uma chance ao relacionamento dos dois expressando seus sentimentos. Na consulta seguinte, ela lhe disse: "O senhor me disse, mais de uma vez, quais são as minhas chances, e sei que o senhor acredita no que está dizendo. Mas para mim é muito deprimente ouvir isso. Entendo que o senhor pense assim, mas gostaria de lhe pedir para não falar mais sobre as minhas chances". O médico, que aparentemente jamais ouvira aquilo antes, ficou surpreso, mas depois tentou com muito boa vontade fazer o que ela lhe havia pedido.

Se o paciente achar impossível ser tão direto com o médico, pode tentar uma outra abordagem, discutindo o problema com o interno do hospital ou com o seu clínico geral. Esse outro médico talvez concorde em telefonar para o oncologista e dizer: "O que o senhor vem dizendo a esse paciente o tem abalado bastante. Acho que seria melhor para ele se nenhum de nós dois mencionasse o prognóstico daqui por diante". Como os médicos em geral mantêm boas relações entre si, pode ser que o clínico geral aceite essa abordagem. Se não for o caso, um dos parentes do paciente pode procurar o médico e explicar-lhe o que está acontecendo. Qualquer que seja a abordagem utilizada, é importante que o paciente expresse seus sentimentos se os comentários sobre suas chances o abalarem.

Não é minha intenção dizer que os problemas de relacionamento entre paciente e médico são sempre culpa deste último. O médico é treinado para curar doenças, e não necessariamente para lidar com emoções profundamente carregadas e problemas de comunicação que podem surgir em uma doença como o câncer. Trabalhar com enfermidades que podem ser fatais geralmente cria dificuldades para os médicos. Pude observar que a maioria dos pacientes relacionam-se melhor com seus médicos se puderem criar uma certa empatia pelos seus problemas.

Uma das dificuldades que os médicos que tratam com cancerosos enfrentam é sua própria frustração. A maioria dos médicos é atraída para a medicina para aliviar o sofrimento e curar os doentes, mas no caso do câncer eles trabalham com uma grande incerteza quanto ao resultado final. Isso se torna muito estressante para o médico. Os pacientes lhe pedem que assuma toda a responsabilidade pelo tratamento. Uma das razões por que Pamela e Bob Mang se deram tão bem com os diversos médicos que atenderam Jessica é que compreenderam essa difícil situação e se sentiram solidários. Como Pamela explica, "Apesar de estarmos muito estressados, entendemos que os médicos também são seres humanos. Sempre que eu ficava chateada com um dos médicos, eu me forçava a parar e imaginar como seria estar na pele dele — adotar a sua perspectiva. Pude entender que os médicos também sentem medo, como qualquer outra pessoa. Sobretudo os oncologistas que trabalham com crianças estão numa posição muito difícil. Durante o tratamento de Jessica, pude observar muitos desistirem e largarem a profissão por não conseguirem agüentar mais. E eu não os culpava por isso".

Alguns especialistas em câncer tentam eliminar a frustração e o desconforto que sentem distanciando-se emocionalmente dos pacientes. Todo médico sente-se de alguma forma ligado a seus pacientes, e quando passa o seu tempo assistindo as pessoas com quem se preocupa morrerem, a tristeza o invade, mesmo que num nível mais profundo, talvez inconsciente. A tristeza pode acabar com a energia emocional do médico e tornar mais difícil para ele ser paciente e compreensivo. Também pode fazer com que ele se torne distante e frio, para se proteger. Nada disso é proposital, apenas uma maneira de tentar se sair bem numa profissão muito difícil. Se o paciente, ao se sentir chateado com o comportamento do médico, pensar na difícil situação dele, talvez fique mais tolerante.

Enquanto os médicos podem, inadvertidamente, gerar um mau relacionamento por causa das dificuldades da profissão, os pacientes por sua vez também criam problemas com suas expectativas. Muitas pessoas vêem os médicos como se fossem Deus em pessoa. Infelizmente, a medicina de antigamente reforçava essa crença. Até bem pouco tempo, tanto médicos como pacientes acreditavam que cabia aos primeiros dar as ordens. Essa atitude se revelava de várias maneiras, sendo uma delas as receitas escritas em latim, língua que a maioria dos pacientes não compreendia. Enquanto essa atitude se manteve, era pouco comum que o médico conversasse sobre possíveis efeitos colaterais, e o conceito de consentimento bem informado não era enfatizado. O médico dizia simplesmente ao paciente o que ia fazer. Os pacientes, por sua vez, aceitavam a posição bastante confortável de serem tratados como crianças que não tinham responsabilidade por seu corpo. Além disso tudo, os pacientes contribuíam para colocar os médicos num pedestal: o médico tinha todas as respostas.

No caso do câncer, assim como no de outras doenças, os médicos não têm todas as respostas. Os pacientes que até agora confiavam aos médicos sua saúde ficam muito zangados quando confrontados com esse fato. "Doutor, o senhor *tem* que me curar." De certa maneira, é como se o paciente culpasse o médico por sua doença. E esta raiva baseia-se na crença secreta do paciente de que os médicos são infalíveis.

Há outras características do câncer que tendem a tornar os pacientes ainda mais zangados com o médico. Uma delas é o fato de o câncer ser uma doença com freqüência "silenciosa", isto é, o paciente vai ao médico para um exame de rotina, sentindo-se perfeitamente bem, e recebe o choque de um diagnóstico de câncer. Alguns pacientes me dizem, amargamente: "Eu estava ótimo, até que ele me disse que eu estava com câncer". O que vem a seguir é uma raiva natural contra a doença em si e contra o fato de estar com câncer — porém, em vez de admitir a raiva, a pessoa pode deslocá-la para o médico. Esse fenômeno é tão comum que suscitou um estudo em um centro de pesquisa sobre o câncer. Os resultados demonstraram que em geral o paciente abandona o médico que fez o primeiro diagnóstico, escolhendo outro como seu médico principal. Os pesquisadores chegaram à conclusão de que o primeiro médico, que diz "Você está com câncer", é geralmente encarado como um carrasco. Mesmo aqueles pacientes que continuavam com o mesmo médico tinham tanto ressentimento dele que cooperavam muito pouco durante o tratamento. Os parentes também têm o mesmo tipo de atitude. Quando o paciente ou sua família sente muita raiva do médico, é interessante examinar se a raiva não seria dirigida contra a doença. Essa raiva é muito natural — mas, se ela for deslocada para o médico, pode significar a ruptura da relação médico-paciente.

Também é natural que o paciente fique chateado quando o tratamento provoca efeitos colaterais desconfortáveis, como queda de cabelo, náusea ou fraqueza. Com a melhor das intenções, o paciente aceita seguir o tratamento, sabendo de antemão que sintomas podiam surgir. Mas, duas semanas depois, quando não está mais se sentindo bem, talvez comece a pensar: "Que droga! Não quero mais continuar!". É ruim que o paciente não expresse sua raiva natural. Todos nós o fazemos quando somos obrigados a fazer algo de que não gostamos. Reclamamos muito, mas assim eliminamos o ressentimento e podemos fazer o que nos é exigido. Ao expressarmos nossa insatisfação, fica mais fácil aceitar a contingência.

Embora tratamentos como a quimioterapia e a irradiação sejam claramente desejáveis no início, o paciente pode perder a paciência se demorarem demais. É então que a comunicação com o médico é muito importante. É útil que o paciente pergunte ao médico: "Doutor, o senhor tem certeza de que preciso ficar tanto tempo fazendo esse tratamento?". Talvez o paciente se convença de que vale a pena agüentar mais um pouco. Às vezes ele descobre que o médico acha que o período de tratamento é negociável — o que pode ser verdade. Quer o paciente decida ou não alterar o plano inicial do tratamento, conversar sobre o assunto vai ajudá-lo a se sentir responsável. Na realidade, ele é responsável e escolheu seguir o tratamento. Mas é fácil esquecer isso e achar que o tratamento é uma imposição do médico. Quando isto acontece, o paciente acha que está perdendo o controle da situação, que é obrigado a fazê-lo — mesmo que não seja verdade, pois trata-se do seu corpo e de sua escolha.

O paciente que decide seguir um tratamento e passa a sentir efeitos colaterais incômodos não deve pensar que não há solução para o seu problema. Muitos pacientes nem chegam a contar ao médico que estão tendo efeitos colaterais. Assumem uma posição estóica. É preciso lembrar que o médico existe para tratar qualquer tipo de problema físico, não apenas para combater a doença. Por que não dizer ao médico o seguinte: "Doutor, a náusea que sinto é horrível e muito debilitante. Não é possível me dar um remédio para combatê-la?". Os médicos têm várias opções para combater os efeitos colaterais e podem prescrever medicamentos ou modificar o tratamento para dar mais conforto ao paciente.

Estou consciente de que a comunicação com o médico pode ser difícil. Às vezes, os esforços do paciente para modificar o relacionamento não dão resultado, mas ele confia tanto na capacidade do médico que reluta em mudar. Conheci pacientes que ficavam hesitantes, dizendo a si mesmos: "Não gosto dele, talvez ele mude, talvez eu procure outro médico, não gosto dessa situação". Esse tipo de atitude vacilante pode ser muito frustrante para o paciente. É muito melhor que o paciente tome uma decisão clara e se livre da ansiedade da indecisão. Pode até ser algo mínimo, do tipo: "Bom, não gosto dele, mas vou ficar com ele durante os próximos seis meses. Depois vou pensar no que fazer".

O paciente nesta situação também se sentirá melhor se expressar à família e aos amigos o que está sentindo. Isto o faz liberar alguns dos sentimentos de frustração e raiva, mesmo que a relação continue a mesma. Se o paciente decidir continuar com o médico, não será útil reprimir seus sentimentos. É melhor chegar em casa e dizer: "Droga! Não gosto nem um pouco daquele cara! Acho que ele sabe o que está fazendo, mas ele é insensível e desagradável!". O paciente se sentirá melhor se puder liberar sua frustração.

O PACIENTE QUE SE SENTE DESPERSONALIZADO

Alguns pacientes reclamam de que os médicos e outros membros da profissão os tratam com frieza e falta de respeito. Esse tipo de reclamação é tão freqüente que merece que toquemos no assunto.

Um exemplo típico é o tempo que se passa na sala de espera. Alguns médicos e hospitais parecem não saber agendar bem os pacientes. É bastante comum ouvirmos: "Tive de esperar três horas para ser atendido durante dez minutos pelo médico". Se isto acontecer, o paciente deve pedir que o seu horário seja respeitado da próxima vez.

Algumas pessoas ficam muito chateadas quando isso acontece, mas de nada adianta reprimir a raiva para depois estourar com o médico. É mais eficiente comunicar-se de forma mais direta. Pode-se dizer: "Doutor, não gosto nada de ficar esperando três horas seguidas. O que é possível fazer para que isto não se repita?".

A situação é ainda mais difícil quando a queixa de impessoalidade no tratamento se dirige a uma instituição, e a maior parte das reclamações dos pacientes é contra os grandes hospitais. Os pacientes gostam desses centros de tratamento do câncer, porque oferecem o melhor tratamento e têm uma equipe experiente. Muitas dessas instituições oferecem um tratamento personalizado. Mas alguns pacientes disseram o quanto ficaram enfurecidos com o tratamento frio e impessoal que receberam num momento tão difícil. Acharam também que era impossível mudar a situação. Um paciente meu, Bob Gilley, reagiu a essa falta de personalização de forma agressiva e criativa. Embora não tenha conseguido mudar a forma como estava sendo tratado, ele foi capaz de chamar a atenção e se sentiu bem melhor por ter dito o que pensava. O estilo de Bob, como poderão ver, é muito pessoal. Sua reação à despersonalização foi direta e expressiva.

Logo de início, Bob ficou chateado porque o hospital levou nove horas para admiti-lo. O que o assustou, e também à sua esposa BJ, foi esperar tanto tempo numa sala cheia de pessoas em estágios adiantados de câncer. "Fiquei pensando que o que estava acontecendo com eles iria também acontecer comigo", diz ele. Finalmente, Bob foi mandado para um quarto duplo e tinha de dividir o banheiro com outros trinta e cinco pacientes. Isto em si não era um problema, mas o jovem médico que o atendeu lhe disse, sem rodeios: "O senhor está a par das últimas descobertas que sugerem que o câncer pode ser contagioso?". Muito perturbado, Bob esterilizava a banheira duas vezes antes de tomar banho.

Logo, Bob começou a dizer à equipe administrativa: "Se eu conduzisse os meus negócios da mesma maneira como vocês dirigem esse hospital, já teria falido". Segundo ele, "A maneira como organizavam os horários era absurda. Queriam que eu ficasse nove dias internado à espera dos resultados, quando uma revisão de seus horários tornaria possível reduzir o tempo a quatro dias de internação. Eles estavam desperdiçando o meu tempo".

Bob também desafiava a equipe médica. "Uma vez o quimioterapeuta veio verificar como eu estava. Chegou ao meu quarto fumando e jogou as cinzas em cima de mim! Fiquei furioso, mas ele continuou fumando sem sequer me pedir desculpas. Então eu disse a ele: Saia do meu quarto e não volte mais."

"Esse centro de tratamento do câncer era também um hospital-escola, e quanto maior o comprimento da roupa do médico, maior o *status* que ele gozava ali dentro. Um dia chegou um médico com um jaleco que ia até o tornozelo, acompanhado de vários outros com blocos de anotações nas mãos. Ele sequer me dirigiu a palavra, nem mesmo um bom-dia. Começou a tocar em mim e discorrer sobre o meu histórico ao grupo que o acompanhava. Fiquei completamente abalado.

"Não faça isso comigo", eu disse a ele. Ele ficou surpreso. E disse: "Como?"

"Não toque em mim antes de se apresentar e pedir minha permissão para fazer o que está fazendo." Isto o abalou porque ele era um figurão.

"Continuei: Gostaria que o senhor compreendesse uma coisa. Quero ser agradável, mas estou pagando, por isso não aceito que aja dessa maneira comigo. Não gosto disso."

Naquele momento, como era de se esperar, a colocação de Bob não foi respeitada. Ele nos conta que "o médico ficou fora de si e me disse que eu era uma pessoa arrogante e insolente. Então eu lhe disse para sair do meu quarto de uma forma nem um pouco agradável também".

Provavelmente, o que mais chateava Bob era a maneira desinteressada como a instituição cuidava das suas necessidades pessoais — sem o mínimo cuidado carinhoso e atencioso.

O caso se agravou quando, um dia, ele foi levado do seu quarto para o anexo, para fazer alguns exames, e, de outra vez, quando teve de receber quimioterapia. Os atendentes encarregados de levá-lo de volta ao hospital, que ficava a 6 quilômetros, eram descuidados quanto ao horário. "Eles me diziam que estariam de volta às onze horas, mas só apareciam à uma hora da tarde. Como eu estava sentindo muitos efeitos colaterais, não gostava de esperar tanto — queria voltar logo ao meu quarto."

"Então, dessa vez eu perguntei quando eles iriam me pegar, e eles responderam: Por volta das onze horas."

"Dessa vez eu respondi: 'Olhem, vocês sempre dizem isso, mas sempre se atrasam. Quero que acertem seus relógios pelo relógio da parede, porque quando ele bater onze horas eu vou voltar a pé."

"É claro que eles disseram: Estaremos de volta a tempo. Não se preocupe."

"Expliquei o que estava acontecendo à enfermeira-chefe e lhe disse: Cansei de passar mal e ficar verde na sua sala de espera."

"Depois dos exames, fiquei na sala de espera em posição fetal, com as pernas encostadas no estômago — a gente se sente melhor da náusea — e olhei o relógio. Às onze horas perguntei: Os atendentes já chegaram?"

"A enfermeira-chefe respondeu que não. Aí eu disse: Vou-me embora."

"Ela respondeu: Você não pode fazer isso!"

"Claro que posso, porque sou bem maior do que você."

A enfermeira tentou segurar o braço de Bob, mas ele se soltou e disse: "Não faça isso!". Enquanto ela pedia ajuda, Bob, de pijamas e roupão, saiu do anexo e andou 6 quilômetros até o hospital, para surpresa das motoristas que por ali passavam. De volta ao hospital, foi direto para a cama. Como ele diz: "Eu me senti ótimo por ter feito aquilo".

Bob reclamava de coisas que muitos pacientes hospitalizados agüentam por acharem inevitáveis — ser acordado desnecessariamente às cinco horas da manhã, vendo o quarto inundado por luzes fortes, para ser examinado por médicos sem nome. Enfrentar uma instituição que nos despersonaliza não é nada fácil, como podemos ver pela experiência de Bob. Quando se trata de receber cuidados básicos ou o mínimo de respeito, é preciso reivindicar nossos direitos, tanto verbal como não verbalmente. De fato, parece que esta é a única maneira de se conseguir um tratamento melhor em alguns hospitais. Um sociólogo estudou as interações paciente-equipe no Hospital de Stanford e documentou numa monografia uma de suas descobertas: quem não chora não mama! Se a pessoa estiver lidando com uma equipe médica que trata os pacientes como se fossem números, talvez seja bom "chorar" para conseguir o respeito e os cuidados necessários.

Uma observação para quem quer ver seus direitos respeitados: a linha divisória entre reclamar o que é devido e se tornar um chato de galocha é muito tênue! Apesar de concordar que o paciente deva reclamar e exigir seus direitos, acho que ele deve ter cuidado para não hostilizar injustificadamente os médicos e enfermeiras, pondo em risco um bom relacionamento.

É importante também lembrar que em muitos hospitais a equipe médica está sobrecarregada. Médicos e enfermeiras que trabalham demais não têm tempo de dar uma atenção individual ilimitada aos pacientes — como seria o ideal. Poucos médicos o conseguem. Isto se torna ainda mais verdadeiro nos hospitais que têm uma equipe reduzida.

Ao mesmo tempo, é útil lembrar que o estresse que atinge os médicos também se estende aos outros membros da equipe hospitalar. Sobretudo os que trabalham nos centros de tratamento do câncer sentem-se sobrecarregados pela tristeza de não poderem ajudar os pacientes como gostariam. Pode ser muito difícil para eles encarar os pacientes como seres humanos e se relacionar de maneira carinhosa em meio a toda a incerteza causada pelo câncer.

O fato de termos examinado neste capítulo os problemas relacionados à comunicação entre médico e paciente, não significa que esses problemas sejam universais. Grande parte dos pacientes têm um excelente relacionamento com seu médico, baseado no respeito mútuo. As idéias expressas aqui servem àqueles que estão passando por dificuldades nessa área delicada. Se o paciente estiver tendo problemas desse tipo, deve ser incentivado a resolvê-los. Uma releitura deste capítulo mostrará que todos os problemas, de uma maneira ou de outra, se relacionam com a comunicação. A comunicação é sempre primordial para se criar um ambiente saudável. No capítulo seguinte, examinaremos esse tópico, centralizando a questão da comunicação dos sentimentos — uma capacidade que toda família deve ter e que se torna mais necessária ainda quando ela está sob a tensão causada por uma crise.

7

Como Expressar Sentimentos

A livre expressão dos sentimentos em família é tão importante para a saúde dos seus integrantes que o assunto tem sido insistentemente tratado neste livro — e continuará sendo. Este capítulo trata exclusivamente da expressão dos sentimentos: por que os negamos, por que precisamos expressá-los, como incentivar a comunicação e como responder a ela. A razão dessa ênfase é que a expressão dos sentimentos no seio da família é primordial para a criação de uma atmosfera saudável e para ajudar o paciente a se fortalecer psicologicamente para poder se curar.

Se os exemplos desse livro convencerem o leitor de que sua família tem problemas de comunicação, não há razão para se alarmar — todas as famílias os têm, em certas áreas, mesmo as mais saudáveis. Mas a comunicação depende de aprendizado, e maus hábitos podem ser substituídos por bons hábitos. É bom lembrar que os problemas familiares crescem durante uma crise da magnitude de um diagnóstico de câncer. As crises tornam a comunicação muito mais importante; ficamos mais conscientes das dificuldades de comunicação quando há algo realmente importante sobre o que conversar.

Está claro que a comunicação dos nossos sentimentos é necessária para o bem-estar físico e emocional. Para as pessoas que estão com câncer, isto é duplamente importante. Muitas pessoas que estão com câncer parecem mostrar uma boa comunicação, mas um exame mais atento pode revelar que os únicos sentimentos que elas expressam são animação, otimismo e esperança de melhora. Deixam de comunicar toda uma gama de sentimentos que consideramos "negativos", incluindo ansiedade, depressão, falta de esperança e raiva diante do fato de estarem com câncer. Esses sentimentos reprimidos, como já mencionamos no capítulo 1, estão relacionados ao câncer. As pessoas com câncer sofrem por reprimir seus sentimentos, e parece que isto impede que o sistema imunológico funcione perfeitamente. Sabemos que a qualidade de vida fica sacrificada, pois os sentimentos reprimidos levam à depressão.

Os pacientes e suas famílias que compreenderem a íntima relação entre a saúde e a livre expressão dos sentimentos talvez decidam modificar os padrões familiares de comunicação. Mesmo que a família tenha funcionado bem até o momento, a crise causada pela doença pode criar novas necessidades. As famílias que mudam são, como que por ironia, beneficiadas pela crise — sem ela teriam continuado a viver "vidas de mudo desespero".

OS PACIENTES CANCEROSOS E A NEGAÇÃO DOS SENTIMENTOS

Em nossa cultura, muitas pessoas negam suas emoções "negativas". Cada dia aprendemos mais sobre o impacto significativo que essa negação tem sobre a saúde. Doenças cardíacas, por exemplo, têm sido associadas à negação da ansiedade. O câncer está associado à negação da raiva. Essa negação significa que o paciente não só deixa de falar sobre a raiva, como também se nega a senti-la. Devemos observar, no entanto, que essa negação pode estar presente nos outros integrantes da família. Raramente o paciente é a única pessoa a reprimir seus sentimentos, pois nossa cultura nos leva a negar toda uma gama de sentimentos.

A pessoa que está com câncer pode não apenas mascarar a raiva, como também encobrir e negar a depressão que dela resulta. Então tenta parecer agradável, feliz e geralmente revela muito bom humor. Uma das minhas pacientes concordou em fazer uma série de testes psicológicos que revelaram um eu interior bastante deprimido. Quando conversei com ela e o marido sobre o assunto, ela se manteve em silêncio, refletindo, mas ele ficou irado. "Deprimida, Julie? Ela é a pessoa mais alegre e despreocupada que conheço... não tem nenhum problema!". Para a pessoa mais chegada a Julie, ela era uma pessoa excepcionalmente animada. Mas, para mim, a causa da sua depressão — a negação dos seus sentimentos — ficava mais evidente à medida que seu marido falava. "Ela nunca se preocupa com nada!", ele afirmava. "Tivemos problemas financeiros sérios, achamos até que íamos perder nossa casa e um dos nossos filhos teve problemas com a justiça. Ela nunca ficou preocupada. Sou eu quem fica chateado e perco o controle. Julie, nunca."

Julie finalmente passou a afirmar que tudo o que o marido dissera era verdade e que não sabia por que o teste tinha dado aquele resultado. Senti que ela estava sendo sincera. Em geral, a negação não só passa despercebida do resto da família, como do próprio doente. Isto significa que alguém que passa a expressar para a família sentimentos negados durante muito tempo está agindo de forma muito corajosa, descobrindo seu "novo eu". Em geral, a pessoa se surpreende mais do que os outros com os sentimentos que aparecem.

Não se desaprende a negação da noite para o dia. É necessária uma atenção diária aos sentimentos. Seria surpreendente se fosse simples resolver essa questão, pois as raízes da negação em geral são profundas, vêm desde a infância, às vezes dos primeiros anos de vida. Geralmente, a causa é algum tipo de rejeição em criança. O ideal seria que a criança recebesse uma aceitação incondicional por parte dos pais, fosse incentivada a expressar livremente suas necessidades e seus sentimentos. Mas pais desaprovadores ou que não expressam carinho suficiente podem fazer com que a criança se sinta insegura. Mesmo o bebê que ainda engatinha sabe que, se ficar zangado com a mãe e gritar "não!", ela também vai ficar zangada e não vai colocá-lo no colo a tarde inteira. Essa criança pode aprender a reprimir sua raiva assertiva e, com ela, outros tantos sentimentos. Talvez a aceitação do pai esteja condicionada ao sorriso e à atitude alegre da criança, de forma que logo ela aprende a "fazer uma cara feliz". Essa criança se tornará um adulto que raramente se sentirá zangado ou exprimirá sua raiva ou sua tristeza, que jamais pedirá ajuda a outras pessoas. "Não se preocupe comigo", esse adulto dirá. "Estou bem, não preciso de nada." Ele estará sendo sincero, é claro, mas também poderá estar se sentindo muito triste por dentro.

Talvez essa pessoa rejeite não apenas sua raiva, mas também outra parte de si mesma que eu consideraria o seu eu interior vulnerável e carente. A criança que não pode chorar livremente talvez se torne um adulto que não quer ser um fardo para ninguém. O resultado é que ele está permanentemente sob estresse, sente-se triste, miserável e vulnerável, e portanto prefere reprimir esses sentimentos a procurar alguém com quem se abrir e se confortar. Isto lhe dá uma imagem de força e auto-suficiência: "Nada é capaz de abalar John, ele é uma pessoa muito controlada". E nem John nem as pessoas mais chegadas a ele saberão o quanto ele se sente triste e perdido. Como ele jamais se permitiu chorar no ombro de alguém, nunca chega a receber o apoio de que precisa quando está sob tensão.

Essa negação tem uma conseqüência importante. Como ele nega sua raiva e nunca a extravasa, pode ficar deprimido ou contrair uma das enfermidades "associadas ao estresse". A pesquisa que está sendo realizada no campo da medicina psicossomática indica que a negação dos sentimentos pode fazer surgir uma variedade de doenças, entre outras as doenças cardíacas, a colite ulcerosa, outros tipos de úlcera, e até o câncer. Foi demonstrado que a negação pode agravar uma doença já existente. Em um dos primeiros estudos psicológicos feitos sobre câncer, Bruno Klopfer foi capaz de predizer quais os pacientes que teriam um crescimento mais rápido dos tumores e quais os que teriam um crescimento mais lento a partir da negação dos sentimentos de cada um. Os que sentiam uma grande necessidade de manter uma "boa" imagem quando estavam sofrendo emocionalmente tinham um crescimento mais rápido dos tumores.

A pessoa terá mais possibilidade de sofrer da síndrome que acabei de descrever se for o primeiro filho. As estatísticas mostram uma maior incidência de câncer nas pessoas que são os primeiros filhos. Uma possível razão é que a família pressiona mais o primeiro filho a crescer rápido. E a criança é levada a negar sua vulnerabilidade desde tenra idade. De maneira típica, o segundo filho, que nasce em geral quando o primeiro tem entre 18 e 36 meses, passa a receber toda a atenção da família. Naturalmente, o primeiro filho fica muito assustado e passa a se sentir rejeitado. Ele está numa idade em que deveria estar agindo de forma provocadora e assertiva, dizendo não à mãe para poder se definir como pessoa. Crianças que recebem autorização para fazer isso e conhecem os limites impostos pelos adultos aprendem que é seguro estarem separadas da mãe e zangadas com ela. Mas, com o novo bebê por perto, tudo isto adquire uma nova perspectiva. Agora não é seguro gritar com a mãe. Tudo tornou-se incerto. Adicionem-se a esses fatores o temperamento e as crenças dos pais a respeito da raiva e da vulnerabilidade. Se foram criados de maneira tradicional, eles vão dizer ao pequeno John que "aja como um homem" a partir do momento que ele começa a andar — em outras palavras, que ele não deve chorar nem depender dos outros. E se a mãe estiver sobrecarregada com um segundo filho que lhe dá problemas, a menina mais velha será incentivada a ser uma "mamãezinha" aos dois anos de idade. De uma forma ou de outra, esses são alguns dos fatores que levam o adulto a negar seus sentimentos e a ter sintomas físicos quando está sob tensão.

COMO INCENTIVAR A EXPRESSÃO DOS SENTIMENTOS

A raiva e a depressão tendem a desaparecer quando as sentimos e expressamos de maneira completa. Para muitas pessoas, aprender a liberar seus sentimentos pode parecer arriscado e assustador. Uma de minhas pacientes sofrera muito ao perder sua filha alguns meses antes. Dorothy, como tantas outras, enfrentou tudo de cabeça erguida, cuidou de todos os detalhes e tentou aparentar grande calma. Quando ficava triste demais, ia chorar sozinha num canto. Mas não conseguia superar a depressão. Eu disse a ela: "Chore o quanto precisar. Deixe que alguém a abrace e a console. Você vai ver que seu cansaço e sua falta de energia vão começar a desaparecer". Finalmente, Dorothy conseguiu dar esse passo, e quando nos encontramos de novo ela já se sentia muito menos deprimida. Enquanto reprimiu seus sentimentos, sua depressão só fez aumentar.

Um dos sentimentos normais que a pessoa com câncer enfrenta, e que tenta encobrir, é o medo da doença. Algumas ainda reconhecem o medo para si mesmas, mas o escondem do resto da família, para não sobrecarregá-la. Isto faz com que o paciente se sinta sozinho e faz crescer a sensação de medo. Ao esconder sua emoção "inconveniente", o paciente se torna cada vez mais desligado emocionalmente, e o medo aumenta, ao invés de diminuir com a ajuda de uma pessoa querida. Os cônjuges dos pacientes às vezes fazem a mesma coisa. "A última coisa que quero é que minha mulher se preocupe comigo", diz o marido. A ironia é que essa atitude faz com que a paciente se preocupe mais do que normalmente o faria. Talvez a esposa sinta que algo está errado e comece a pensar: "Será que ele sabe algo sobre o diagnóstico que eu não sei? Será que seus negócios estão indo mal? Quem sabe ele está pensando em me deixar, agora que estou tão doente". Quaisquer que sejam suas especulações, elas lhe provocarão muito mais ansiedade do que se o marido lhe dissesse simplesmente que tem medo de perdê-la.

Devido ao papel que lhes impõem os estereótipos culturais, os homens sentem mais dificuldades de expressar o medo do que as mulheres. O homem que tem um modelo do tipo "machão" ficará com muito medo ao pensar no câncer solapando suas forças e assustado demais para revelar seu medo a outra pessoa. A esposa que sentir esse tipo de dificuldade deve ser muito sensível e carinhosa em sua abordagem. Ela talvez sinta que ele está assustado, mas não vale a pena perguntar "Você está com medo?". O paciente precisa definir e expressar seus sentimentos. A melhor maneira de incentivá-lo é estar receptivo. A esposa poderia perguntar: "John, você está preocupado com alguma coisa?". Se ele não responder, ela pode perguntar "Você está com algum problema?". Isto lhe dará a oportunidade de entrar em contato com seus sentimentos, o que em geral as pessoas que escondem seus sentimentos não fazem. John não tem consciência de que seu medo o está atingindo tão profundamente. Na realidade, a imagem que tem de si mesmo faz com que negue os sentimentos de medo. No entanto, sua esposa compreende que ele está assustado e quer que John aceite o seu medo — e se dê conta de que não há nada de errado em se sentir assim.

Há muitas maneiras de abrir a porta da comunicação dos sentimentos, desde que a pergunta seja colocada de forma livre, sem pressões ou expectativa de resposta imediata. A pergunta "Você está sentindo alguma coisa que queira me contar?" dá ao paciente a possibilidade de responder "Agora que você perguntou, até acho que sim".

Mas, por não estar habituada a expressar seus sentimentos, a pessoa pode também responder: "Não há nada de errado comigo". Se a resposta for defensiva, é possível que haja algo errado, mas a única coisa a fazer com esse tipo de resposta é respeitá-la. Deve-se deixar que o paciente sinta que quem fez a pergunta não tentará forçar uma resposta nem definir seus sentimentos. A resposta nesse caso poderia ser: "Ótimo. É que me pareceu que talvez você não estivesse se sentindo bem. Se quiser conversar sobre algo que esteja sentindo, estou à sua disposição". E esquecer o assunto.

Em essência, o parente que permite que o paciente se expresse, sem deixar de respeitar os seus limites, está criando o ambiente no qual ele poderá falar sobre sentimentos delicados no futuro. Ao se dar conta de que não foi pressionado ou forçado a falar, o paciente pode até refletir sobre o que aconteceu e decidir aceitar o convite para conversar: "Refleti sobre o que você me disse e acho que estou me sentindo ansioso".

Ajudar o paciente a aceitar os sentimentos que ele tem negado é um processo delicado, que exige a compreensão e a paciência do amor. Perguntar o que a pessoa está sentindo não é um gesto gratuito. Mesmo que o paciente não queira conversar, ficará sabendo que a pessoa se preocupa com ele, respeita seus limites e está disposta a ouvi-lo se ele assim o desejar. É desnecessário dizer que o convite para que a pessoa se expresse também vale para os outros integrantes da família. A simples oferta é uma boa forma de comunicação e ajuda a criar uma família mais saudável e mais íntima.

O IMPULSO DE ANIMAR

Muitas pessoas em nossa cultura acreditam que a melhor maneira de lidar emocionalmente com o câncer é projetar uma "atitude mental positiva" o tempo todo. Mas, ao invés de útil, esse comportamento pode ser nocivo. Se o paciente ou sua família não estiver se sentindo "positivo", essa atitude pode levar à supressão dos sentimentos. Por exemplo, o paciente pode dizer à esposa: "Estou muito preocupado com o que aconteceria com você e as crianças se eu viesse a desaparecer".

A esposa erroneamente "positiva" pode ignorar a mensagem carregada de sentimento dessa frase, que comunica medo, ansiedade e preocupação, e responder: "Não se preocupe, querido — você não vai morrer. Você vai ficar bom". Pode ser que ela acredite sinceramente nisso, mas a questão não está aí, e pode ser inútil reagir à ansiedade com uma negação. Ele certamente tem razões para sentir insegurança em relação ao futuro e precisa lidar diretamente com essa ansiedade. Levar em conta a possibilidade da morte é desconfortável para todo mundo, mas negar a ansiedade de um futuro desconhecido é irrealista. As pessoas sentem-se geralmente bem quando podem examinar a incerteza e se preparar de alguma maneira para o que venha a acontecer. Se o homem do exemplo acima for capaz de examinar o futuro financeiro da família e se sentir seguro de que nada há a temer, o que quer que venha a acontecer, ficará bem mais tranqüilo. E então ele e sua esposa poderão dispor de mais energia para se defender do pior e fazer o necessário para que ele volte a ficar bom.

Quando o paciente expressa o medo da morte — ou quando um parente expressa ansiedade sobre o futuro do paciente —, devemos aceitar que esse medo é real e importante, mesmo que algumas pessoas o achem exagerado. Nesse caso, uma resposta sensível seria: "Compreendo que esteja com medo disso. É uma situação realmente delicada". Isto permite ao paciente falar mais sobre o seu medo, chorar, ficar zangado ou expressar de outra maneira sua ansiedade. Ele pode se sentir melhor só pelo fato de ser ouvido. Tendo a possibilidade de conversar, pode passar a um estágio mais positivo, de real otimismo, sem ser uma negação frágil de seus sentimentos. Nesse caso, o parente poderá responder: "Sei como se sente e quero fazer o que estiver ao meu alcance para ajudá-lo a ficar bom. Sei que isto pode não acontecer, que você pode morrer, mas ainda assim quero ajudar da melhor maneira possível".

Acho que ficou evidente que esta forma de aceitar a expressão de medo do paciente é bem diferente de dizer: "Ah, mas você não vai morrer, nem pense nisso", uma resposta que incentiva a negação e o desencorajamento. Reconhecendo que a morte é uma possibilidade, a resposta mais sincera oferece um otimismo real. Dá ao paciente algo que a negação não oferece — a ajuda verdadeira de parentes amorosos que querem participar do problema não importa o que venha a acontecer. Se nos colocarmos na pele do paciente, fica fácil imaginar como esse tipo de apoio pode ser afetuoso e confortante.

Sem dúvida, os parentes não são os únicos a quererem "animar" o paciente, ignorando seus sentimentos dolorosos. Infelizmente, os amigos, e até os médicos, fazem a mesma coisa. Quando, logo após a segunda mastectomia, Pat McNamara e o marido falaram ao médico sobre a ansiedade e a dor que estavam sentindo, tão naturais numa pessoa que está passando por uma mudança tão traumática, ele saiu-se com essa jóia de pensamento positivo duvidoso: "Não se preocupe tanto em perder o seio. Outras partes do corpo também são atraentes".

O comentário de Tom foi: "Sei que ele estava tentando nos animar. Mas estávamos loucos de tristeza e confusão. Precisávamos de alguém que entendesse o que estávamos sentindo, e não de negação pura e simples, como se nossos sentimentos fossem tolos e triviais".

Algumas pessoas assumem uma atitude positiva até o fim, por mais amargo que seja. Em sua forma extrema, esse tipo de otimismo nega ao paciente o direito de reconhecer seus sentimentos mais dolorosos e lidar com eles, comunicando-os a outra pessoa. O adulto tem mais possibilidade de procurar alguém com quem conversar do que a criança. Muitas vezes, os pais de crianças com câncer decidem que é melhor protegê-la de qualquer tipo de dor emocional — o que na verdade é impossível. Negar à criança o direito de sentir medo ou raiva apenas oculta esses sentimentos e pode trazer um profundo desespero e depressão. Durante toda a minha pesquisa, conheci pais que incentivam o otimismo a um nível patológico.

Uma mãe, a quem chamarei de Mary Ann, tinha uma filha de doze anos de idade, Lisa, cujo câncer nos ossos estava bastante avançado na época do diagnóstico. A reação da mãe foi negar sua dor e a de Lisa. "Minha filha e eu temos o mesmo tipo de personalidade alegre", dizia ela. "Quando os médicos nos dão más notícias, quaisquer que sejam elas, sempre encontramos algo sobre o que rir. Você nem vai acreditar, mas fiz com que Lisa risse cinco minutos depois que lhe disseram que sua perna provavelmente seria amputada."

O mínimo que se pode dizer é que não há nada de engraçado numa amputação. Para dar um exemplo oposto, Bob e Pamela Mang ajudaram a filha a expressar seus sentimentos quando lhe disseram que teria que sofrer uma amputação ou uma remoção parcial do osso da perna. Eles até permitiram que ela tomasse a decisão. Jessica ficou inicialmente surpresa; depois fez perguntas e todos conversaram sobre a decisão a ser tomada. No final, como Jessica conta: "Eu chorei muito, nós três nos abraçamos, choramos e conversamos. Finalmente, parei de chorar e disse: Basta por hoje. Vou deixar como está para decidir amanhã de manhã". E, enquanto ela dormia, seu pai chorava.

Os Mang conseguiram prosseguir a partir daí com otimismo realista e férrea determinação. Infelizmente, Mary Ann e sua filha entraram num jogo de negação irrealista da dor e do medo. Além de tudo, Mary Ann impediu a possibilidade de uma comunicação estreita com o marido durante todo esse tempo, trazendo Lisa para dormir na cama de casal nos seus últimos meses de vida. "Não queria deixá-la sozinha para ter pensamentos ruins", diz calmamente Mary Ann. Isto eliminou qualquer possibilidade que Lisa poderia ter de entrar em contacto com seus sentimentos e impediu que Bill e Mary Ann tivessem um momento só para eles durante todos aqueles meses.

A negação dos sentimentos dessa família era evidente no relacionamento de Bill e Mary Ann durante todo o período de crise da morte de Lisa. "Não estávamos nos dando bem nos últimos momentos de vida dela", diz Mary Ann, "mas nunca discutíamos. Ele sabia que tinha de me agüentar e, enquanto foi assim, as coisas funcionaram bem. Se ele não concordasse com alguma coisa, eu não queria saber. Eu nem discuto. Se ele ultrapassasse um certo limite, eu simplesmente explodia. Tenho certeza que Lisa nem se deu conta de que não estávamos nos dando bem."

O mais trágico é que foi negada a Lisa qualquer oportunidade de expressar seus sentimentos antes de morrer. Quando a mãe lhe disse que sua morte estava próxima, a menininha respondeu: "Não estou com medo". Depois disso, não falaram mais no assunto.

Mary Ann é o exemplo de uma pessoa que nega rigidamente sua dor e seu medo. Durante toda a enfermidade, ela proibiu o marido de demonstrar tristeza, dizendo-lhe: "Não há razão de ficar com essa cara tão feia!", quando, sem sombra de dúvida, havia uma razão. Ela não chorou no enterro e, pelo que eu saiba, jamais desabafou com outra pessoa, nem com o marido, desde então. Sua explicação é que ela vem de uma família onde lhe ensinaram aquele tipo de "força". "É uma regra que ninguém chora. Eu mantive minhas forças durante todo aquele período e sei o quanto meus pais ficaram orgulhosos de mim..."

Paga-se um preço alto demais por esse tipo de orgulho. A negação rigorosa dos sentimentos "negativos" afastou-a do marido, manteve a filha em isolamento e em silêncio e está agora, literalmente, fazendo Mary

Ann ficar doente. Ela está sendo tratada de uma pressão perigosamente alta. Jamais voltou a trabalhar depois do diagnóstico de Lisa e agora passa o seu tempo em um quarto escuro, tentando defender-se de um punhado de sentimentos dolorosos que se recusam a ser reprimidos. Sua saúde, física e mental, está em perigo.

O caso de Mary Ann é sem dúvida extremo, mas ilustra como a supressão dos sentimentos por parte de um dos integrantes da família pode ter um profundo impacto sobre o paciente, os outros parentes e sobre si mesmo. Quer o paciente seja uma criança ou um adulto, seus parentes podem ajudar muito dando-lhe forças para expressar toda a gama de sentimentos decorrentes da doença. Durante a doença de Jessica, os Mang viram o quanto era perigoso para ela reprimir seus sentimentos. Eles lhe ensinaram a expressar sua raiva, ouvindo-a e aceitando-a. Sempre que Jessica gritava "Não é justo!", seus pais imediatamente respondiam "Você tem toda a razão!". Em vez de tentar acalmá-la, eles agiam como amplificadores dos seus sentimentos. Este tipo de ajuda foi ao encontro das necessidades mais profundas de Jessica naquele momento e uma demonstração do amor forte e verdadeiro que os pais sentiam por ela. Acho que isto contribuiu para a qualidade da experiência de Jessica. Ela manteve uma excelente auto-imagem, sobretudo levando-se em consideração que se tratava de uma menina de doze anos de idade que passou por uma amputação e uma doença como o câncer.

COMO CONTAR ÀS CRIANÇAS?

Quando o paciente é uma criança, os pais enfrentam o desafio especial de ajudar a criança a expressar a raiva, o medo, a dor e a incerteza. Freqüentemente surge a dúvida: deve-se ou não contar a um paciente jovem que tem câncer? Mas o tratamento geralmente torna essa revelação necessária. No entanto, quando o paciente é um dos pais ou um avô querido, os adultos hesitam em contar às crianças, principalmente quando cada uma delas tem uma idade diferente. Muitos adultos adotam uma espécie de negação e decidem não contar às crianças o que está acontecendo. Ao fazer isso, estabelecem uma pretensa normalidade familiar que nega a verdade evidente.

Mas nos esquecemos de que as crianças são muito observadoras. Quando os adultos se tornam subitamente silenciosos e sérios, passam a se reunir em longas discussões secretas ou simplesmente desaparecem devido a um compromisso desconhecido, qualquer criança percebe que algo de importante está acontecendo. Uma criança mais velha pode descobrir a verdade de uma maneira ou de outra, ao que uma criança pequena talvez se torne extremamente ansiosa e assustada com a mudança inexplicável. Qualquer criança nessa situação é capaz de conseguir uma pista através dos adultos e negar o medo provocado pelo problema desconhecido. Mas para as crianças, como para os adultos, o desconhecido é mais assustador do que o conhecido.

Os pais cometem um grave erro quando excluem a criança de uma discussão franca sobre a doença e a impedem de expressar seus sentimentos sobre ela. Às vezes os pais insistem em manter o silêncio mesmo quando as mudanças físicas do paciente já são evidentes. A criança nessa situação pode perceber que o pai ou a mãe está doente e achar que a doença é sua culpa. "Eu faço muito barulho", ou "Eu não devia ter sido tão chato". A ironia é que, quanto mais os pais tentam proteger as crianças, mais eles se sentem responsáveis pela doença.

Dar às crianças as informações sobre a doença diminui sua ansiedade e as protege do medo irracional. Isso não significa que os pais devam lhes dar curso sobre o câncer ou jogar uma boa parte de sua própria ansiedade sobre os filhos. Mas as crianças podem receber as informações à medida que forem fazendo perguntas. Não é muito diferente da forma que satisfazemos sua curiosidade sobre o sexo. Pode-se começar por uma informação essencial, como: "Ficamos sabendo que mamãe está com câncer" e deixar que a criança faça as perguntas que quiser. Ela mesma nos dirá até que ponto está preparada para lidar com o assunto. No caso de uma criança pequena, é importante fazê-la saber que não é responsável pela doença e deixá-la expressar a raiva e o medo por ter um pai ou uma mãe doente e não disponível para ela. Isso alivia a culpa que a criança possa sentir por ter esses sentimentos.

COMO COMUNICAR SENTIMENTOS DE FORMA SAUDÁVEL

Como vimos antes, a estratégia que Mary Ann usava para dizer ao marido que estava zangada era a explosão. Como sabe a maioria das pessoas, explodir normalmente não é a maneira mais saudável de expressar sentimentos. Eles devem ser expressos de uma maneira respeitosa, para possibilitar que outras pessoas da família também comuniquem seus sentimentos. O objetivo é ser aberto e direto, mantendo ao mesmo tempo o respeito pela autonomia das outras pessoas — o direito a ter suas próprias opiniões e emoções.

O tipo de falso otimismo examinado neste capítulo é um exemplo de falta de respeito pelos sentimentos das outras pessoas e ocorre em famílias onde a autonomia individual não é incentivada. Em outras palavras, a pessoa quer modificar os sentimentos do paciente; então, quando ele diz "Estou triste", ela responde "Que bobagem! Você não pode ficar triste — olhe o que todos estão fazendo por você!". Nas famílias onde não se promove a autonomia, o mesmo tipo de desrespeito é demonstrado pelas pessoas que respondem pelos outros. Quando eu pergunto a uma paciente "Como está se sentindo hoje?", o marido responde "Ela está ótima". Essa atitude, se repetida, demonstra que as fronteiras entre os dois não estão claramente delimitadas e que eles não se permitem ser indivíduos autônomos. Uma ótima maneira de promover a boa comunicação é dar espaço para que todos expressem seus sentimentos e não permitir que ninguém tome a palavra em seu lugar.

Se existir um problema dessa natureza, as famílias podem desenvolver maneiras saudáveis de se comunicar. A família McNamara é um bom exemplo. Depois que soube que estava com câncer, Pat começou a notar que sua família, apesar de unida e carinhosa, tinha a mania de querer que cada pessoa seguisse a opinião da maioria. Enquanto aprendia a cuidar de suas necessidades e proteger sua saúde, Pat teve de confrontar esse problema. "Por exemplo", ela explica, "mesmo quando eu estava muito cansada, se a família quisesse que eu preparasse um jantar no domingo à noite para dez pessoas, era isso exatamente o que eu fazia. Para agradar a todos, e também porque eles forçavam a barra. Bom, atualmente, quando sentimos que isto está acontecendo, dizemos: Parem de forçar a barra. E todos entendem que não quero preparar um imenso jantar. Talvez nesse caso eu seja a minoria, mas eles têm de respeitar meus direitos. E a mesma regra aplica-se a meu marido e às crianças. Ninguém força mais a barra de ninguém."

Durante o aprendizado de uma melhor comunicação inevitavelmente haverá momentos em que a expressão dos sentimentos não encontra eco ou é ignorada com uma atitude excessivamente otimista ou qualquer outro tipo de reação. Se o paciente sentir que precisa expressar sentimentos penosos, mas percebe que outra pessoa da família está tentando "neutralizá-los", é importante dizer-lhe como está se sentindo, levando em consideração que talvez ela ache muito difícil prestar atenção ao que o paciente está sentindo. Uma boa maneira de fazer isso seria: "Espere aí. Dizer que não preciso me preocupar com o câncer não está me ajudando. Prefiro que você preste atenção ao que estou sentindo. Se você não puder fazer isto por enquanto, tudo bem. Mas o que você está tentando fazer não me ajuda em nada". E o paciente deve parar por aí. Nessa altura dos acontecimentos, já disse o que tinha a dizer.

O padrão básico da expressão dos sentimentos é muito simples: uma pessoa deve poder expressá-los abertamente, enquanto a outra os ouve e os aceita. Não é necessário que ninguém "conserte" um sentimento. Quando ouvem um parente dizer que está triste, muitas pessoas bem-intencionadas imediatamente respondem: "Vamos ao cinema, assistir a uma comédia!". Há um tempo e um lugar adequados para esse tipo de sugestão, mas com certeza não é o momento em que a pessoa está triste. O respeito saudável pela autonomia do outro parte do princípio de que a outra pessoa — especialmente a que está doente — pode cuidar de si mesma.

Paradoxalmente, "consertar" de verdade o sentimento de alguém significa escutar e se solidarizar com o sentimento doloroso, em vez de tentar consertar o que quer que seja. "Claro que você está apavorado — eu também estaria." Ou então: "Sei que você está muito triste". É melhor ainda quando depois a pessoa expressa seu amor e solidariedade:."Sinto muito que você esteja passando por esse momento difícil". Provavelmente, a coisa mais valiosa que pode ser dita num momento como esse é reafirmar amor e apoio. "Quero que saiba o quanto o amo e me preocupo com você. E tentarei estar à sua disposição para conversar sempre que você precisar." Esta é a melhor maneira de expressar sentimentos — a mais útil para "consertar" e aliviar sentimentos dolorosos do que qualquer outra.

8

A Família: como Sobreviver e Crescer

Cada um dos capítulos deste livro trata da maneira como a família que lida com o câncer pode sobreviver e crescer, porém este traz uma ênfase especial. Nele, convidamos as famílias a examinarem não apenas como lidar de maneira efetiva com essa longa doença, mas também como dirigir suas energias para encontrar uma vida mais satisfatória e feliz.

Essa idéia choca muitas pessoas, pois em nossa cultura acredita-se que quando surge uma crise que ameaça a vida deve-se parar de viver e concentrar-se na dor. Quando a crise em questão é uma doença grave, pode haver pressões sutis sobre os familiares para que abandonem todos os seus prazeres e se concentrem no paciente. Mas isto nem sempre traz resultados positivos. Pode até ser autodestruidor — a vida deve continuar.

A VIDA É PARA SER VIVIDA

Como já disse antes, quando a família está sob tensão, as pessoas precisam desesperadamente de espaço para o lazer e outras atividades. Infelizmente, vivemos numa sociedade que não entende bem a saúde e como ela se relaciona com o estresse. Às vezes, os familiares sofrem grande pressão para negar suas próprias necessidades, deixar de lado tudo o que os interessa e concentrar-se apenas no paciente. Um casal com quem trabalhei sentiu isto na pele. A esposa, que sofria de câncer no pulmão, concordou que o marido deveria continuar a jogar golfe, como sempre fizera, nas tardes de sábado. O marido continuou a se dedicar ao trabalho, passava as noites com a esposa e adorava relaxar jogando golfe.

Porém, assim que chegava ao campo, os conhecidos lhe diziam: "Ora, pensei que Marjorie estivesse doente!". Outras pessoas não faziam comentários, mas suas expressões eram frias e desaprovadoras. O coitado do marido, Don, que já se sentia um pouco culpado, não demorou muito a desistir de jogar golfe. A mensagem que recebera dessas pessoas traduziu-se para ele em: "Que vergonha você se divertir quando sua esposa está doente!".

A ironia disso tudo é que se deve fazer o contrário. Familiares que cuidam bem de si mesmos devem ser parabenizados. Não quero dizer com isto que a família deva se reunir após o diagnóstico e dizer: "Tudo bem, vamos fingir que nada disso aconteceu". Isto seria negar a verdadeira tensão de conviver com uma doença. Porém, dizer o contrário: "Ah, Meu Deus, mamãe está com câncer, devemos deixar tudo de lado" é muito negativo também. É mais saudável que cada um dos familiares, incluindo o paciente, encontre um ponto de equilíbrio em que cada um procure a melhor qualidade de vida possível.

Para que os familiares possam fazer isto, devem reconhecer que sua presença constante não é essencial para o paciente. O cônjuge que está sempre ao lado do paciente pode tornar-se superprotetor e controlador — e estará se preparando para um sério problema de saúde. Sei que quem sacrifica sua própria vida só o faz por amor, mas não é realista pensar que somos tão indispensáveis que não possamos dedicar um pouco de tempo às nossas próprias necessidades.

Um caso extremo é o de Mary Ann, a mãe de quem falei no capítulo anterior. Ela tirou uma licença no escritório de contabilidade onde trabalhava para levar Lisa ao cirurgião ortopédico. Quando o câncer da filha foi diagnosticado, Mary Ann adotou uma atitude de total resignação. Jamais voltou a trabalhar. Nas primeiras três semanas da doença de Lisa, tanto Mary Ann como seu marido ficaram à cabeceira da filha no hospital. Depois, Bill voltou a trabalhar, enquanto Mary Ann dormia todas as noites com Lisa. Mary Ann ficava com Lisa 24 horas por dia. Quando a menina ficou mais fraca e se deu conta de que ia morrer, sentiu-se sufocada com toda a atenção da mãe. Além de todo o medo que sentia, havia a culpa pela dor que a mãe estava sentindo. Um paciente que está nessa posição pode até sentir-se culpado por estar morrendo. Quando o marido centra sua vida na esposa, ela se sente sobrecarregada pela responsabilidade de tentar manter-se viva por ele, o que é muito diferente de manter-se viva porque realmente o deseja. Esta atitude não é saudável para nenhum dos interessados. Mary Ann, como já foi dito anteriormente, não conseguiu voltar às suas atividades desde que Lisa faleceu.

Às vezes, vejo a pessoa adotar outra atitude, também nada saudável, de cortar o paciente da sua vida após o diagnóstico. Muitos homens, por acharem que a tristeza e a dor não são sentimentos masculinos, passam a se ocupar com outras coisas para tentar distanciar-se dessas sensações. Como escapatória, entopem-se de trabalho e passam cada vez menos tempo com o paciente. À primeira vista, podem parecer insensíveis e frios. Mas na verdade estão fragilizados pelo medo. De certa forma, é como se não pudessem pensar que a esposa vai morrer; portanto, preferem abandoná-la antes da morte. "Minha mulher provavelmente vai morrer, por isso é melhor não depender mais dela." É como se, de certa maneira, aceitassem a morte antes de ela acontecer. "Quando ela morrer, não me sentirei arrasado. Sobreviverei sem ela." Sem dúvida, a longa doença é um período muito solitário para ambos. Fugir da doença, porém, é tão pouco saudável quanto o outro extremo, o do martírio.

Uma posição intermediária seria amar e apoiar o paciente e cuidar ao mesmo tempo de sua própria vida e de suas próprias satisfações, necessárias para manter a saúde e o bem-estar. Walter Greenblatt, corretor de seguros de Dallas, percebeu que o câncer ósseo de sua esposa seria uma doença longa. "Para salvaguardar minha saúde mental, precisava ficar sozinho e longe de tudo por uns tempos." Carol apoiou inteiramente a idéia, e de vez em quando Walter viajava por um ou dois dias. Durante um final de semana, no verão, ele passou dois dias fazendo montanhismo no Colorado. Walter e Carol também conversaram sobre sua necessidade de vida social. Mesmo quando ela começou a sentir-se cansada demais para sair à noite, ele manteve suas amizades. Continuou a ir ao teatro, a concertos, e a jantar fora com casais de amigos. Há muita diferença entre essas atitudes e o comportamento de negação mencionado anteriormente. Walter sempre incluía Carol. Ao voltar para casa, sentava-se e conversava com ela sobre o que tinha feito, o que acontecera durante a noite, e contava-lhe detalhes interessantes. "Conversando com ela, eu a incluía, e sentia que era como se ela tivesse ido comigo."

Quando se fala em cuidar de si mesmo e lidar com uma longa doença em geral se pensa em termos de cuidados básicos de saúde. Embora o sono, o relaxamento, os exercícios e a nutrição sejam necessários, o ingrediente básico da saúde é o lazer e o prazer. A vida é para ser vivida, não apenas tolerada. Há uma necessidde verdadeira de alegria e prazer em todas as famílias — incluindo aquelas onde há uma pessoa com câncer.

COMO LIDAR COM DESEJOS SECRETOS

Todos nós temos uma grande necessidade de manter nossa vida equilibrada e satisfazer nossos desejos básicos. Se os familiares se sacrificam, mais cedo ou mais tarde sentir-se-ão ressentidos com o paciente. Achando que não podem conversar com ninguém sobre o que sentem, guardam para si pensamentos do tipo: "Gostaria que tudo já tivesse acabado". Esses pensamentos, que chamo de "desejo secreto", é uma reação comum e natural ao auto-sacrifício exagerado. É também natural que, em seguida, a pessoa se sinta consumida pela culpa. Não há como se sentir bem carregando um tal fardo. Chega até a ser difícil sobreviver.

Mesmo que o problema do "desejo secreto" possa parecer complexo, a solução é bastante simples — não deixar de fazer aquilo que realmente é importante. Fazer com que todas as necessidades dos familiares sejam respeitadas, como foi descrito no capítulo 3, é uma boa maneira de assegurar que isto não aconteça. Se já estiver acontecendo, é porque a pessoa acredita que o paciente quer que seja assim. Neste caso, o melhor a fazer é conversar sobre o assunto.

E quando faz isso, muitas vezes a família descobre que o paciente não quer absolutamente que ninguém se sacrifique. O marido de uma das minhas pacientes estava passando todo o seu tempo livre em casa. Finalmente, reuniu coragem para dizer à esposa que estava precisando jogar golfe. Ele explicou a ela: "Judy, quero dar todo o meu apoio a você. Cheguei à conclusão de que, para fazer isto, preciso de um pouco de exercício ao ar livre, para me livrar da tensão e poder relaxar. Jogar golfe é uma boa maneira de fazer isso. Você sabe como me sinto bem após uma partida. Gosto das pessoas com quem jogo, e acho que a companhia delas é boa para mim. Acho que, se voltar a jogar uma vez por semana, terei mais para lhe dar. Como você se sente a esse respeito?".

Judy escutou atentamente e disse: "George, nunca quis que você deixasse o golfe! Você fica tão mais agradável depois de ter jogado uma partida!". É claro que George poderia ter simplesmente decidido voltar a jogar golfe, mas essa conversa permitiu que o fizesse sem culpa ou ansiedade a respeito da reação de Judy.

É verdade que nem todos os pacientes são tão receptivos no início. É importante lembrar que o objetivo é a comunicação, não a permissão. Uma de minhas pacientes foi muito difícil com o marido em relação a esse mesmo problema. Ela sofria de uma forma de leucemia que a obrigava a permanecer no hospital durante várias semanas seguidas. Apenas o marido e os filhos mais velhos podiam visitá-la. Depois de várias semanas em que dedicou praticamente todo o tempo livre a Susan, Sam começou a subir pelas paredes. Durante a sessão de terapia, ele falou sobre a sua necessidade de jogar tênis durante um final de semana ensolarado — e Susan não gostou nem um pouco da idéia. "Estou aqui presa neste quarto e você é a única companhia que tenho!"

Sam reconheceu que aquilo era muito difícil para ela, mas disse que precisava fazer exercícios físicos e se divertir — basicamente o mesmo tipo de argumento usado por George. Mas, apesar de todas as suas explicações, Susan sentiu-se ferida. Mesmo assim, Sam foi jogar tênis, e continuou a jogar nos outros finais de semana. Aos poucos, Susan começou a aceitar suas necessidades, e, como se sentia entediada, decidiu aprender a pintar para ter o que fazer nos momentos em que ele não estivesse com ela. Assim, embora Sam tenha tido dificuldades em impor sua necessidade de lazer, no final os dois saíram ganhando.

Sam ainda tinha outro problema a resolver: seus amigos. Como Susan estava hospitalizada, alguns amigos achavam que ele não devia divertir-se. Então ele lhes disse: "Susan e eu conversamos sobre como deveríamos enfrentar esse momento difícil. Descobrimos que é melhor para nós dois que eu continue a manter algumas das minhas atividades. E, do fundo do coração, estamos fazendo tudo para lidar com a doença dela". Depois disso, ele não teve mais problemas de resistência por parte dos amigos. Foi uma atitude bem mais acertada do que simplesmente evitar as críticas, pois com isso Sam manteve seu círculo de apoio.

UM NOVO EXAME DAS PRIORIDADES

A partir do diagnóstico de câncer, os pacientes e suas famílias começam a reavaliar suas prioridades. O choque súbito que sentimos ao nos darmos conta de que somos mortais dá outra perspectiva à vida quotidiana. A pessoa que está tentando sobreviver e melhorar durante esse período de crise às vezes se sente perdida. Alguns pacientes me disseram: "Nem sei o que fazer com minha vida agora. Costumava trabalhar seis dias por semana. Agora meu trabalho deixou de ser importante". Com freqüência, o paciente e sua família perdem o interesse por dinheiro e sucesso. Muitas vezes, uma nova prioridade vem substituir as que foram descartadas.

Geralmente o paciente não examina o que é importante para ele até que seja tarde demais. Um homem multimilionário disse: "Agora que estou aqui morrendo, sabe o que faria se pudesse voltar atrás? Em vez de passar tanto tempo me dedicando a ganhar dinheiro, me dedicaria a conhecer melhor meu filho..." Embora muito rico, esse homem se deu conta de que sua vida não tinha tido muito boa qualidade.

Outros pacientes e suas famílias examinam suas prioridades antes de chegar a esse ponto — e o impulso para tal é um dos efeitos positivos da doença. Uma doença grave pode ser uma mensagem forte e clara de que é preciso ir mais devagar, nem que seja porque agora o tempo deve ser dedicado à doença. Isto significa que algumas atividades terão de ser abandonadas. As prioridades terão de ser reorganizadas. Quase sempre os familiares querem passar mais tempo com o paciente — tempo que não seja apenas dedicado à doença, mas a ficarem juntos.

Da mesma forma que para algumas pessoas a prioridade é o trabalho, outras gastam seu tempo livre com coisas que não são realmente satisfatórias. Quem está tentando reorganizar sua vida descobre muitas vezes que não se importa de deixar de lado certas coisas. O marido de uma paciente, muito ativo em organizações cívicas, disse: "Há cinco anos tenho freqüentado reuniões semanais de um comitê — mas há um ano me sinto entediado. Sabia que já tinha contribuído com o que podia, mas continuei a ir assim mesmo". Então renunciou ao cargo que ocupava, ficando com mais uma noite livre na semana para passar com a esposa, que acabara de sofrer uma mastectomia.

Walter Greenblatt queria dedicar mais tempo a Carol e aos quatro filhos. Fez questão de passar regularmente um tempo a sós com cada um deles, em geral levando-os a um restaurante escolhido por ambos. Quando os filhos estavam na faculdade, que era fora da cidade, ele viajava sempre para visitá-los. "Passei a conhecê-los bem mais. Tem sido muito bom para eles e para mim."

Mesmo quando algumas novas prioridades são esclarecidas, outros pontos podem ficar confusos a partir da descoberta do câncer na família. Aos pacientes e a seus familiares que ainda não sabem bem o que mais desejam, sugiro que respondam à pergunta: "Se hoje fosse o último dia da minha vida, como me sentiria a respeito do que fiz?". Outras perguntas importantes a serem examinadas são: "O que foi importante para mim?", "O que consegui na minha vida?", "A quem amei?", "Que marcos deixei para trás?". As respostas a essas perguntas indicam o que realmente é importante, e que talvez tenha sido ignorado até então. Uma mudança de prioridades pode criar uma melhor qualidade de vida e vale a pena ser tentada, quer ainda tenhamos vinte anos pela frente ou apenas algumas semanas.

A VONTADE DE VIVER

A experiência me ensinou que a vontade de viver não é algo mágico, imprevisível. É uma energia, um desejo de lutar pela vida, porque há algo por que viver. É normal que um paciente de câncer perca temporariamente essa vontade após o diagnóstico. O choque e a incerteza podem levar a pessoa a colocar a vida em suspenso durante algumas semanas, enquanto se adapta à idéia da doença. Durante um tempo, o paciente pensa: "Não vale a pena. Para mim, tudo acabou", e pára de investir na vida. Esse comportamento comunica a todos os que o cercam que ele se sente desesperançado.

Mas isto dura pouco tempo. Quando começa a trabalhar seus sentimentos, o paciente geralmente aceita o fato de que está com câncer, se ajusta a idéia e começa a lutar para se recuperar. Este é o ponto em que podemos ver a força da sua vontade de viver. Invariavelmente, a energia e a luta serão maiores nos pacientes que acham suas vidas agradáveis, que realmente têm objetivos a atingir.

Alguns pacientes entram num período de intenso exame de suas prioridades e atividades. Acordam todos os dias, pensam no que vão fazer a seguir, e dizem: "Para que acordar? Não quero fazer nada disso. Não é interessante". Esses pacientes estão recebendo um recado importante sobre suas vidas, agora que sentiram a possibilidade da morte. Sua força de viver é fortalecida por uma procura determinada de uma melhor qualidade de vida. "De que realmente gosto? O que me daria uma sensação de ter um objetivo?"

Incentivo esses pacientes a estabelecerem objetivos para três meses, seis meses e um ano. Às vezes, eles dizem que nunca viverão tanto, e a minha resposta é que nenhum de nós sabe quanto tempo de vida nos resta. Diante da incerteza, é mais saudável ter em que pensar, e compromissos futuros podem ser muito energizantes. Já observei pacientes graves que viveram muitos meses mais para ver a formatura ou o casamento dos filhos. Um dos meus pacientes viveu até terminar de escrever o original no qual trabalhara durante anos. Era como se não se desse permissão para morrer até que tivesse terminado de escrever. Este tipo de comportamento demonstra o poder interior que ganhamos quando temos objetivos.

A família não pode estabelecer objetivos para o paciente, mas pode incentivar planos para o futuro. Pacientes que simplesmente se recusam a fazer isto podem estar desistindo da vida. Vi pessoas que, a partir do momento em que recebem o diagnóstico, começam a dizer: "Para que comprar outro vestido? Não vou ter oportunidade de usá-lo". O marido de uma paciente queria planejar uma longa viagem à Europa dentro de um ano a partir do diagnóstico, porém ela lhe disse: "Ora, você sabe que não posso fazer planos com tanta antecedência". O paciente que tem esta atitude pode estar inconscientemente decidido de que tudo está acabado e precisa antes de mais nada encontrar um objetivo e um prazer pelos quais valha a pena se levantar da cama.

Em estudos feitos sobre os campos de concentração, Victor Frankl descobriu que os que sobreviviam tinham uma determinação forte e definida em suas vidas. A vontade de viver é fortalecida pela determinação.

O câncer é uma crise séria — mas o propósito da vida não é adaptar-se a uma mudança após a outra? Acredito que devamos sempre nos adaptar para sobreviver, e, à medida que a vida continua, podemos nos desenvolver. Não há razão para não manter uma boa qualidade de vida durante uma crise que ameaça a vida. O diagnóstico de câncer não é uma sentença automática de morte que exige que o paciente e sua família deixem de viver.

9

Apoio à Mudança Emocional do Paciente

Como disse o filósofo grego Heráclito, "Nada é permanente, a não ser a mudança". Durante toda a nossa vida vivemos mudanças, tanto ao nosso redor quanto em nossos próprios pensamentos e sentimentos. Qualquer acontecimento significativo causa algum tipo de mudança dentro de nós — é pois razoável prever que um acontecimento tão importante quanto o diagnóstico de câncer mudará o paciente e sua família, às vezes de maneira dramática. Em muitos casos, esta será a primeira vez que a família enfrenta a possibilidade de morte de um dos seus membros, e isto traz uma série de conseqüências. Qualquer que seja o resultado final, mudanças ocorrerão inevitavelmente, tanto para o paciente como para seus familiares. A família que se dispõe à mudança estará emocionalmente preparada para enfrentá-la.

À medida que a família trabalha para criar um ambiente propício à cura, cria-se uma mudança dentro dela. E, o que é mais importante, o paciente sente-se incentivado a crescer de forma positiva. Pacientes que reagem a esse ambiente decidindo participar do processo de cura assumem mais responsabilidade por sua vida e podem mudar muito. A família pode ajudar o paciente durante esse período de crescimento demonstrando compreensão pelo que ele está passando.

A NECESSIDADE DE MUDANÇA DO PACIENTE

No Centro de Pesquisa e Aconselhamento do Câncer, trabalhamos com pacientes que decidiram mudar de uma forma positiva, por acreditarem que isto vai ajudá-los na sua luta pela recuperação da saúde. Decidiram modificar um comportamento que faz parte de um padrão histórico associado ao câncer. Querem quebrar o hábito de reprimir sentimentos como mágoa, raiva e vulnerabilidade e aprender a prestar atenção a suas necessidades — e começar a erradicar a depressão crônica e a baixa auto-estima que há muito os acompanhavam. São pacientes que reagiram a seus diagnósticos com a determinação de fazer o possível para aumentar suas chances de recuperação e melhorar a qualidade de vida no tempo que ainda lhes resta. Outros pacientes decidem continuar um trabalho terapêutico em suas cidades de origem, geralmente com profissionais formados por nós. Outros ainda, mesmo quando não estão fazendo terapia, descobrem que suas prioridades se transformam rapidamente agora que têm uma percepção maior de sua própria mortalidade. Querem ter mais satisfação em suas vidas e começam a lutar por ela.

No centro, tentamos facilitar a mudança dos pacientes incentivando uma atitude que inicialmente incomoda alguns familiares, que a julgam "egoísta". Insistimos com os pacientes na necessidade de prestar atenção a suas próprias vidas, em vez de tentar sempre agradar os outros. O paciente que consegue fazer esta mudança ganha mais auto-estima e sente-se menos deprimido. Na realidade, não acreditamos em egoísmo, mas em assertividade e em estar em contato com os próprios sentimentos e necessidades. Aprender todas essas coisas exige do paciente um alto grau de comprometimento e muito trabalho. E o processo fica muito mais fácil com o apoio de familiares e amigos receptivos.

EFEITO DA MUDANÇA DO PACIENTE SOBRE A FAMÍLIA

Quando um de seus membros muda, toda a família é afetada, já que ela é um sistema. Não é de admirar que algumas famílias se assustem ao ver a mãe expressar pela primeira sua raiva, ou dizer não, ou insistir em que precisa do carro! Ao mesmo tempo, porém, quando os familiares compreendem o que ela está tentando conseguir, sentem vontade de cooperar e dar apoio. Mesmo assim, não é fácil reagir adequadamente às mudanças do paciente.

Em primeiro lugar, desconcerta saber que o paciente tem uma gama de sentimentos, passados e presentes, que talvez jamais tenha expressado. (Um adolescente disse sobre seu pai, o paciente: "Quem é esse homem?") Além do mais, esses sentimentos são muitas vezes expressados inicialmente com certa energia já que o paciente está derrubando barreiras há muito criadas e deixando fluir muitos dos seus sentimentos. Para a família, parece que uma represa foi rompida e a água está inundando tudo. Levado pela crença de que tem de aprender a liberar seus sentimentos se quiser melhorar, o paciente explode com problemas que parecem triviais. Afinal, já que ele tem sido delicado, generoso, e tem se sacrificado todos esses anos, tem muita pressão para deixar escapar.

É muito mais fácil para a família lidar com esse processo quando compreende como isto ajuda o paciente. Recapitulando o mecanismo, os sentimentos reprimidos podem provocar depressão, que, por sua vez, afeta negativamente o sistema imunológico. Ainda assim, como decidiu o adolescente já citado: "É melhor ter um pai zangado e vivo". Além da questão da saúde física, o paciente que se torna mais expressivo e assertivo começa a ter uma qualidade de vida melhor.

A família que reage de forma positiva às mudanças do paciente também sai ganhando. Quando um dos membros da família está com a saúde psicológica abalada, isso muitas vezes é um sintoma dos problemas existentes dentro do sistema familiar. É pouco provável que apenas um dos membros da família esteja sofrendo. Assim, pode acontecer que quando a mãe desenvolve a assertividade de que tanto necessita, outras pessoas da família possam se permitir tornar-se mais assertivas também. Quando um de seus membros fica mais saudável, toda a família recebe os benefícios.

COMO SE APRENDE A LIDAR COM A RAIVA

Quando começamos a expressar nossos sentimentos, uma das emoções mais importantes e óbvias é provavelmente a raiva. A pessoa com câncer geralmente nunca conseguiu sentir e expressar sua raiva, de forma que isso será algo novo e diferente — para ele e sua família. Sua raiva provavelmente surpreenderá a todos, e como ela está passando por um processo de aprendizagem, cometerá erros no início e talvez não consiga expressar-se de maneira apropriada. Às vezes, as famílias não sabem como reagir a esse novo comportamento.

Um erro comum que ocorre quando começamos a expressar nossa raiva é jogar a culpa nos outros. O paciente que está entrando em contato com sua raiva pode acusar e culpar os outros por tudo o que lhe aconteceu ou lhe acontece. Às vezes, faz isto em alto e bom som, aos berros, e pode se tornar uma companhia bastante desagradável. Mas as acusações podem ser mais sutis, do tipo "*Você* me chateia", em vez de dizer: "Eu estou chateado". No início, a família tenta fazer concessões, mas chega um momento em que todos querem expressar seus sentimentos — porém o que se espera é que o façam sem retornar simplesmente às acusações. Respondendo a uma acusação forte e zangada, um dos familiares poderia dizer: "Olhe, o que você acabou de dizer me machucou de verdade. Quero que saiba que compreendo que está aprendendo a expressar sua raiva, e que possa estar com raiva de mim — mas acho que sua raiva é um tanto exagerada. E isto fere meus sentimentos. Mas desejo que continue a expressar seus sentimentos". Ao dizer isto, a pessoa estará apoiando os esforços do paciente, enquanto reivindica suas próprias necessidades.

Quando o paciente expressa uma emoção de maneira muito intensa e parece estar reagindo de forma excessiva, é importante que a família leve em consideração que parte dessa raiva relaciona-se a acontecimentos passados que não haviam sido tratados pelo paciente até então. É importante não tomar como pessoal a raiva excessiva, mas aceitá-la como parte do processo de aprendizado do paciente. Essa perspectiva ajuda muito a se ter mais paciência e compaixão com a luta que o paciente está travando. Ele precisa dessa compreensão. Na maior parte das vezes, está assustado com o que está fazendo e com muito medo de que, liberando seus sentimentos hostis, possa ser rejeitado pelas pessoas. Às vezes os familiares ficam realmente ofendidos e dizem: "Isto já passou dos limites! Esta foi a gota d'água. Pare de se comportar assim". Isto só faz confirmar o receio profundo do paciente, e ele pensa: "Bem que eu sabia! Não é seguro expressar minha raiva. Não vou fazer mais isso". E assim volta à estaca zero: reprime seus sentimentos, não presta atenção a suas necessidades, fica deprimido e passa a esconder suas emoções. A família precisa aprender a expressar seus sentimentos sobre a reação excessiva de forma a incentivar o paciente a continuar lidando com a raiva.

O PACIENTE QUE COMEÇA A SE IMPOR

Um outro ponto que o paciente começa a trabalhar é sua assertividade. Uma pessoa que sempre foi "boazinha", que sempre fez tudo pelos outros e raramente disse "não" será forçada a examinar de que maneira isto afetou sua vida e sua saúde. Agora está na hora de aprender a exigir mais para si mesma. A mulher que costumava dizer: "Você escolhe o filme que vamos assistir, querido — para mim, tanto faz", passa a dizer "Prefiro assistir a este filme e não àquele". O homem que comia tudo o que a mulher lhe servia começa a dizer "Quero comer frango no jantar", escolhendo pela primeira vez em trinta anos sua refeição. Pode ser que ele comece a dar ordens do tipo "Quer apanhar meu terno na tinturaria?", quando em geral era ele quem sempre o fazia. É possível que ele também comece a pedir coisas mais íntimas, como "Você pode esfregar as minhas costas?".

Tudo isso talvez pareça irrelevante, mas quando a família se acostumou a uma pessoa meiga e condescendente, pode ficar irritada com esse novo estilo de ser. Em algumas famílias chega-se a dizer ao paciente: "Ora, não seja tão exigente o tempo todo!". Em outras, as reclamações são do estilo: "O que aconteceu com a mulher doce e adorável com quem me casei? Você está mudando tudo o que eu gostava em você". Ser assertivo também significa expressar o seu lado mais "suave" e vulnerável, o que também pode assustar a família. Como me disse uma senhora: "É esquisito. Joe sempre foi tão forte, nada o chateava. E agora ele até chora! É como se ele estivesse desmoronando". Em nossa cultura, o choro dos homens é com freqüência considerado um tabu — é pouco "masculino". Mas Joe nem está deixando de ser masculino nem está desmoronando, está apenas expressando seu medo e afirmando sua necessidade de ser confortado. É natural que nos sintamos confusos e chateados quando um parente começa a agir de forma diferente. É importante refletir muito antes de dizer simplesmente ao paciente que abandone seu novo comportamento. Conversar com um amigo sobre esses sentimentos pode ajudar a dissipá-los.

Da mesma forma que os familiares podem se ressentir com o novo comportamento do paciente, outras vezes o aceitam sem restrição alguma, o que pode se tornar um fardo. Quando alguém se sentir incomodado com uma exigência do paciente, é perfeitamente possível dizer não. Não se deve aceitar tudo só porque o pedido foi feito por uma pessoa com câncer. Dizer não a alguém que está aprendendo a se impor faz parte do processo, pois ser assertivo também significa aceitar uma resposta negativa. Sempre que se pede algo é possível receber um não. Porém acho importante salientar que, por várias razões, o paciente pode ser muito sensível à rejeição. Talvez porque não tenha o hábito de pedir alguma coisa, a não ser que esteja muito necessitado ou desesperado. Nesse caso, um não dói muito. Outros pacientes têm por hábito pedir as coisas a apenas uma pessoa — geralmente o marido ou a mulher. Por exemplo, se a mulher se recusar a esfregar as costas do marido porque está muito cansada, talvez ele não tenha mais a quem pedir (ou acha que não tem), e fica difícil para ele aceitar a rejeição. Como seu sistema de apoio ainda não é amplo o suficiente, mesmo que tenha filhos mais velhos que possam esfregar suas costas, ele não se sente capaz de pedir. No caso de pessoas com grande sensibilidade à rejeição, a família pode dizer: "Queremos que seja mais assertivo — continue a pedir. Porém entenda que nem sempre vamos dizer sim".

Dizer não com delicadeza é importante quando se está lidando com alguém que começa a se impor. Por um lado, evita que haja ressentimento por parte de familiares excessivamente complacentes. Por outro, significa que o resto da família também está levando em consideração suas próprias necessidades, o que sem dúvida pode e deve fazer. Se suas necessidades forem negligenciadas, as pessoas começam a se sentir exploradas e não conseguem ser receptivas às necessidades dos outros. No final, quem sofre é o paciente. É bom que o marido que está ressentido com a maneira assertiva como sua mulher está se impondo converse com ela. "Estou ficando chateado com você por me pedir tantas coisas. Acho que estou querendo algo e não estou conseguindo. Pergunto-me o que poderia ser." Este tipo de comunicação por parte dos outros familiares ajuda o paciente a manter uma posição de participação ativa, o que é benéfico para sua auto-estima.

MUDANÇAS NO EQUILÍBRIO DE PODER DA FAMÍLIA

Esse conjunto de mudanças pelas quais o paciente está passando afeta toda a família. Um de seus possíveis efeitos, que vale a pena examinar, é a mudança no equilíbrio de poder. O marido que se acostumou a dar ordens e ser obedecido sente-se ameaçado no momento em que sua mulher, a paciente, começa a se tornar menos submissa e mais assertiva. Porém, mesmo que pareça ameaçador, isso pode ser mais saudável também para ele. Quando um membro da família carrega em seus ombros toda a responsabilidade, o fardo é pesado, e ele pode ficar agradavelmente surpreso em dividir um pouco desse fardo com outras pessoas. Além do mais, a desigualdade de poder entre marido e mulher pode ser prejudicial para seu relacionamento íntimo. Se o marido examinar seus sentimentos, descobrirá que houve momentos em que não respeitou a mulher porque ela se deixava dominar. Essa falta de respeito é uma barreira contra a intimidade. Outra barreira é a culpa que ele talvez sinta por causa disso. Isso também pode contribuir para distanciá-lo emocionalmente das pessoas, de maneira totalmente inconsciente.

Quando uma pessoa se torna mais assertiva, a homeostase da família se modifica, geralmente afetando também o equilíbrio de poder. Isto pode parecer ameaçador e cansativo para os familiares — mas será bom para todo mundo. Se a família conseguir enfrentar e lidar com os sentimentos provocadas pela mudança, poderá se tornar uma família mais saudável. Quando há uma mudança significativa no equilíbrio de poder entre marido e mulher, o marido terá de se perguntar se está disposto a aceitar uma mulher que não é mais submissa, mas que está bem — e está *presente*.

Mudanças, mesmo que positivas, criam problemas e confusão na família. É necessário enxergar a mudança a longo prazo para se dar conta dos ganhos positivos. Em termos de mudanças criadas pelo diagnóstico e pelo tratamento, pode ser muito difícil lidar diretamente com os sentimentos em questão, mas promover uma boa saúde emocional não é uma tarefa fácil. Os familiares podem achar difícil viver com um paciente que decidiu mudar sua atitude, já que isto implica que eles também mudem.

O processo de mudança é parecido com o processo pelo que passamos quando decidimos iniciar um programa de exercícios físicos. Nas primeiras semanas, os músculos ficam doloridos e nos perguntamos: "Para que estou fazendo isso?". Achamos que a dor não nos parece nada saudável. Mas quem suporta o difícil período inicial e continua a fazer os exercícios está se fixando num objetivo positivo e saudável no futuro. E, para atingir aquele objetivo, está disposto a suportar a dor. Da mesma forma, a mudança psicológica é difícil no princípio, porém se torna mais fácil se pensarmos no objetivo final de uma vida mais rica e mais saudável, tanto para o paciente como para o resto da família.

10

Como Fazer um Inventário Familiar

Quanto mais a família for saudável emocionalmente, melhor poderá lidar com o diagnóstico de câncer de um dos seus integrantes. Esta premissa encontra-se nos nove primeiros capítulos deste livro. Com isto em mente, este capítulo tentará dar uma definição da família ideal, mas o leitor não precisa ficar preocupado se sua família não se enquadrar nessa definição. Como está implícito na própria palavra "ideal", a família perfeita e o ambiente familiar ideal são objetivos eternamente inatingíveis. Mesmo as melhores famílias falham em certas áreas. Minha intenção não é sugerir que as famílias tentem atingir o ideal descrito neste capítulo, mas oferecer diretrizes pelas quais se possam comparar as forças e fraquezas de cada família. Ao fazer isso, é provável que você descubra uma ou duas áreas que necessitem de mais atenção que outras. É importante lembrar que a solução dos problemas de uma área melhora a qualidade da vida familiar para todos.

O material exposto neste capítulo baseia-se em estudos de famílias saudáveis dirigidos pelos drs. Beavers e Lewis, do Hospital Psiquiátrico Timberlane, em Dallas. Esses estudos identificaram as principais características específicas que examinaremos a seguir. Grande parte dessas explicações concentram-se na forma doentia como as famílias funcionam, pois é muito importante identificar claramente padrões doentios de relacionamento. É bom lembrar que a maioria das famílias enquadra-se em pelo menos uma das áreas, mas o que importa é o grau do problema. Também é importante e saudável para a família conhecer seus pontos fortes.

As nove categorias enumeradas a seguir não seguem nenhuma ordem específica. Cada uma delas é uma parte significativa do funcionamento global da família.

RESPONSABILIDADE INDIVIDUAL

O grau de responsabilidade que cada pessoa assume por suas ações e seus sentimentos é um fator importante da saúde familiar. A negação das próprias responsabilidades se reflete na linguagem. A mulher que diz "Você nunca me leva a lugar nenhum" está jogando a responsabilidade do seu lazer nas costas do marido. Quem diz "Gostaria de ir domingo à tarde passear no parque" está assumindo a responsabilidade de suas necessidades de maneira mais direta. O uso do pronome "você" em afirmações acusatórias indica que os membros da família estão culpando outras pessoas, em vez de resolverem seus problemas ou comunicarem seus sentimentos e necessidades. Às vezes, isto acontece porque a pessoa não se permite ser direta e dizer: "Não gosto do que está acontecendo". Em vez disso, o que diz é: "Você está me magoando".

Em síntese, o uso do pronome "você" geralmente indica que consideramos os outros responsáveis por nossa felicidade. É como se entregássemos a outras pessoas a responsabilidade de conhecer e satisfazer nossas necessidades. O outro fica responsável pelas nossas escolhas — e se algo der errado a culpa é dele. Num ambiente familiar saudável, usa-se o pronome "eu" para expressar necessidades, sentimentos, gostos e desgostos. Numa família em que há apoio mútuo, fica claro para todos que cada um é responsável por sua vida.

LIDERANÇA FAMILIAR

Na família ideal as fronteiras entre gerações estão bem delimitadas. Todo mundo sabe que a responsabilidade da família cabe aos pais e que eles trabalham juntos, em equipe. Ser o responsável pela família não significa dominar ou ter atitudes autoritárias. Significa que a autoridade dos pais é tão respeitada que eles pouco têm que exercê-la.

Nas famílias saudáveis, os pais partilham a liderança, respeitam-se e tomam decisões em conjunto. Em outras palavras, não existe um parceiro dominador e outro submisso, como a mãe que nunca enfrenta o pai quando ele diz: "É assim que eu quero que seja". Os pais trabalham em equipe, embora possam definir áreas nas quais um dos dois é o responsável. O pai pode cuidar do carro e do jardim, enquanto a mãe prepara as refeições e cuida da casa. Mas, apesar dessa divisão de tarefas, os pais partilham a responsabilidade das decisões, e os filhos sabem disso.

COMO REAGIR AO MUNDO EXTERIOR

Em uma família saudável as fronteiras ficam abertas. Seus integrantes sabem que é seguro aventurar-se no mundo. Ao contrário, existem famílias que acham que o mundo exterior é inseguro. Nelas, as pessoas dependem apenas uma da outra e não podem se ligar a ninguém de fora. Fazem afirmações do tipo: "Tomamos conta da nossa gente" e "Não se deve confiar em ninguém que não faça parte da família".

Uma família saudável acredita na fidelidade familiar, mas reconhece o valor de outros relacionamentos. Os pais não se sentem ameaçados quando os filhos desenvolvem amizades com professores, tios, tias, vizinhos e outros adultos. A amizade com outras crianças também é incentivada. Algumas famílias consideram essas amizades desleais, e seus integrantes temem os perigos desconhecidos do mundo exterior. Ao enfrentar uma crise como o diagnóstico do câncer, esse tipo de família espera que a necessidade de afeto continue a ser satisfeita internamente e não procura ajuda de fora. Isto cria uma pressão enorme sobre todos. A família saudável continua unida durante a crise, porém seus integrantes já estão acostumados a ter um círculo maior de apoio fora da família.

AUTONOMIA

Quando a autonomia é prezada dentro da família, as pessoas conhecem-se bem e podem expressar seus pensamentos e sentimentos. Quando a autonomia não é prezada, não é de bom-tom expressar certos sentimentos e idéias. Se alguém diz: "Estou me sentindo triste", outro responde: "Por que você está triste? Que horror! Não há razão para ficar triste — anime-se". Mas as famílias que pregam a autonomia respeitam os sentimentos de cada um e fazem perguntas diretas, como "Como você se sente sobre isso?".

As famílias que desprezam a autonomia impõem sistemas de desempenho aos seus integrantes. No exemplo acima, é dito à pessoa que expressa sua tristeza que não se sinta assim. É possível que lhe digam: "Por que não é feliz como Johnny?", o que é o mesmo que dizer: "Não seja você — seja outra pessoa". Mensagens dessa natureza fazem com que a pessoa deixe de se concentrar no que ela é e em como se sente. Uma resposta mais saudável à expressão de tristeza seria: "Você está triste? Com o quê? Converse comigo". Desse modo, estaremos incentivando a pessoa a sentir e expressar seus sentimentos, que é a base do autoconhecimento. Somente num ambiente familiar que respeite as diferenças individuais as pessoas podem ser incentivadas a se expressar livremente e a desenvolver maior autoconhecimento e autodeterminação.

COMO EXPRESSAR OPINIÕES

Outra característica das famílias saudáveis é que nelas a expressão sincera de opiniões próprias é incentivada. Não existe uma "opinião comum" a ser partilhada por todos. Em famílias menos íntegras, as pessoas são ignoradas e mesmo ridicularizadas quando expressam opiniões próprias. Outras famílias são tão severas nesse sentido que seus integrantes aprendem a não expressar praticamente nenhuma opinião. Nessas famílias perturbadas, a simples pergunta a respeito de uma preferência encontra uma resposta apática. Se alguém pergunta: "Você prefere sorvete de chocolate ou de baunilha?", todos murmuram: "Não sei... Qualquer um está bom para mim..."

Em outro tipo de ambiente familiar, menos perturbado, mas ainda limitado, a expressão de opiniões é permitida, porém a atitude geral é de que existe uma maneira certa e errada de pensar. Se uma pessoa disser: "Acho que seria gostoso fazer um piquenique no sábado à tarde", a resposta será: "Que idéia idiota! Aos sábados devemos arrumar a casa". Em famílias desse tipo não há lugar para diferenças de opinião. Mesmo que cada um tenha sua opinião, o ambiente exige que todos concordem. Não existe um meio-termo.

Em famílias mais saudáveis, as diferenças de opinião podem ser expressas. Pode haver discordância, porém o direito de discordar é respeitado. Além disso, não se exige que todos cheguem a um acordo. Compreende-se que é possível existir duas opiniões opostas válidas. O respeito por pontos de vista diferentes promove a autodeterminação e a auto-estima de todos.

COMO EXPRESSAR SENTIMENTOS

Outro sinal de receptividade da família à autonomia individual é a vontade de permitir que todos expressem livremente seus sentimentos. Algumas famílias chegam a eliminar qualquer tipo de manifestação de sentimentos. Seus membros trocam informações sobre o que aconteceu durante o dia, e às vezes opiniões. Mas quase nunca expressam sentimentos de tristeza, medo, raiva ou mesmo alegria e ternura. A atmosfera é emocionalmente estéril. Outras famílias limitam a expressão de seus sentimentos a um certo nível. A alegria é permitida, e até mesmo a tristeza ou medo, mas a raiva não é tolerada. Se alguém sair dos limites, o resto da família fica muito chateada e demonstra enfado ou indiferença. E assim a pessoa que expressou sua raiva entende a mensagem: é melhor guardar esse sentimento para si. Outras famílias permitem e incentivam a raiva a tal ponto que os membros demonstram raiva contra os outros o tempo todo. Mas essas famílias raramente expressam ternura. Talvez porque a achem íntima demais. Dessa forma, evita-se ficar "ligado demais" nos outros. Essa mesma família pode proibir expressões de medo e usar a raiva para encobri-lo. Nesse tipo de família, todos têm de parecer fortes e duros, nunca medrosos ou ternos.

As famílias que restringem a expressão de sentimentos o fazem de várias maneiras. O ambiente mais saudável não impõe limites, e tristeza, alegria, medo, raiva e amor são expressos de maneira livre e freqüente.

CAPACIDADE DE RESOLVER CONFLITOS

Famílias saudáveis não apenas toleram diferenças de opiniões, como também são capazes de resolver conflitos quando uma decisão precisa ser tomada. Famílias mais limitadas podem ter tanta dificuldade em resolver conflitos que diferenças de opinião jamais são expressas. Por exemplo: todo mundo sabe que papai tem opiniões definidas a respeito de algo, e mesmo que todos discordem dele, nunca se toca no assunto para evitar discussões. Outras famílias permitem que seus integrantes expressem opiniões fortes e definidas, porém cada pessoa pensa que "A minha opinião é a certa e há algo de errado com quem pensa diferente". Neste tipo de família, há um conflito eterno, pois quando um diz: "Eu tenho razão", o outro responde: "Não senhor. Quem está certo sou eu". Ninguém reconhece a realidade subjetiva do outro e todos acreditam que existe uma verdade universal. Portanto, o conflito acaba em briga e nada é resolvido, porque ninguém está disposto a abandonar sua posição ou reconhecer a opinião dos outros.

Nesses dois tipos de famílias, ou bem ninguém expressa uma opinião discordante, ou bem as pessoas expressam suas opiniões diversas, mas sem escutar a dos outros. Famílias saudáveis permitem que seus integrantes manifestem suas opiniões, inclusive as totalmente opostas, e desencorajam atitudes do tipo "Eu estou certo e você está errado!". Nas famílias saudáveis, pode-se dizer: "É assim que eu penso. Posso estar errado, mas esta é a minha opinião. Você tem uma opinião diferente e estou disposto a escutá-lo". Neste tipo de família, a mãe pode ser do Partido Democrata e o pai do Partido Republicano, e todos sabem disso. Eles têm opiniões diferentes e podem discutir, mas respeitam o direito de cada um ter sua opinião.

A resolução de conflitos pode ser primordial para a família que enfrenta um caso de câncer. Em uma família saudável, o casal visita vários médicos para fazer uma escolha, e no final pode ser que o paciente prefira o dr. Smith, enquanto sua esposa prefere o dr. Jones. Apesar de terem certeza de sua escolha, cada um entende que a opinião do outro baseia-se no que ele acredita ser importante num médico. O marido expressa claramente sua preferência e o casal debate o problema longamente, mas nenhum dos dois diz: "Estou certo e você está errado — deve fazer o que digo". Talvez o paciente decida manter sua escolha, pois os dois sabem que a decisão deve ser tomada pelo paciente. A mulher mostra o respeito que tem pela opinião do marido: "Bom, eu escolheria o dr. Jones, mas compreendo que o dr. Smith seja melhor para você, considerando o que você acha importante. Quero que saiba que apoiarei sua escolha, embora tenha outra opinião".

Os pacientes cancerosos e suas famílias podem ter conflitos em várias áreas, como por exemplo a dieta a ser seguida. O paciente talvez decida seguir uma dieta rígida, com muitos suplementos vitamínicos, enquanto outro integrante da família julga isto inútil. Mas ele não diria: "É ridículo pensar que vitaminas podem ajudá-lo". Talvez diga: "Você sabe que penso diferente, mas respeito sua opinião e sua escolha. Se você acha isto importante, então deve ir em frente".

EMPATIA

Outro ponto importante para o paciente canceroso é a capacidade que tem a família de entender seus sentimentos e aceitá-los com compreensão. Há famílias que permitem a expressão dos sentimentos, mas não conseguem responder com empatia. Se o paciente disser, por exemplo: "Estou com muito medo", não será muito útil responder: "Por que está com medo? Você sabe que tudo vai dar certo". Isto pode parecer ao paciente uma rejeição dos seus sentimentos. Outras vezes os sentimentos são descartados de maneira rude. Como quando o marido diz: "Você está com medo? Que bobagem!". Existem ainda famílias nas quais os sentimentos não são diretamente rejeitados, mas não há receptividade. Se a paciente diz: "Às vezes, tenho muito medo de morrer", o marido responde: "Ah, é?" e continua a ler o jornal. Ou ainda não responde e levanta-se e sai da sala sem dizer uma palavra. Em outro tipo de família, a resposta pode ser: "Entendo que você esteja com medo", mas sem expressar simpatia ou afeição.

Nas famílias saudáveis, a resposta a expressões de sentimentos revela empatia. No exemplo acima, o marido da paciente escuta-a com atenção e responde: "Entendo como se sente. Deve ser difícil para você. Queria muito poder ajudá-la. Detesto vê-la com tanto medo". E pode expressar ainda mais sua solidariedade através do contato físico, sentando-se ao seu lado e abraçando-a.

INTIMIDADE

A empatia ajuda a criar intimidade na família. A maioria das famílias não conversa sobre o que sente e, ao contrário do que se pensa, não consegue criar intimidade porque seus integrantes não se expressam emocionalmente e não são solidários. Às vezes, os integrantes da família são ligados a seus amigos, mas não conseguem tolerar intimidade em casa — porque estão fisicamente próximos demais.

No pior dos casos, as famílias não dividem nada, nem mesmo valores. Vivem desligadas e distantes, embora morem na mesma casa. Em outras famílias, embora todos acreditem nos mesmos valores e "regras de comportamento", numa ética que deve ser obedecida, não existe intimidade.

Numa família saudável, todos estão ligados por uma intimidade respeitosa. Expressam a vontade de estarem juntos e fazem com que isso seja possível. Ao mesmo tempo, os limites das pessoas são respeitados. Isto significa que o paciente pode dizer à esposa: "Ontem, aconteceu uma coisa muito triste comigo", sem que ela se sinta obrigada a escutá-lo. Em vez disso, ela pode responder: "Gostaria muito de conversar com você sobre isso, querido, mas tenho tanta coisa na minha cabeça neste momento que não conseguiria prestar atenção em mais nada''. O respeito que o paciente sente pela esposa leva-o, por sua vez, a responder: ''Tudo bem, eu compreendo'', e a ir procurar outra pessoa com quem conversar, talvez um amigo. Com o correr do tempo, esse respeito pelas necessidades do outro cria a sensação de intimidade. Se sentimos que temos obrigação de escutar o outro sempre que isso nos é pedido, no final ficamos ressentidos, o que faz com que se torne difícil dar um verdadeiro apoio emocional.

Da mesma maneira, os integrantes da família saudável respeitam a privacidade dos outros. Quando o paciente chega da terapia sentindo-se visivelmente mal e a esposa lhe pergunta ''O que aconteceu?'', ele pode responder: ''Estou refletindo sobre algo que aconteceu durante a sessão, mas não quero falar sobre isso agora''. Em vez de tentar saber do que se trata, ela abraça o marido e diz: ''Entendo, meu bem'', sem forçar uma resposta.

Sem dúvida, quando alguém diz ''Não quero falar sobre isso agora'', é que existe um problema. Mas, em geral, os integrantes de famílias saudáveis têm o direito de decidir partilhar ou não seus sentimentos e pensamentos com outras pessoas. São pessoas calorosas, carinhosas e respeitosas, e isto cria intimidade. (No capítulo 16, ''Intimidade e carinho'', examinaremos esse assunto mais detalhadamente.)

COMO IDENTIFICAR UMA FAMÍLIA SAUDÁVEL

Ao fazer o inventário da saúde familiar em diferentes áreas, o terapeuta familiar geralmente pede aos seus integrantes que trabalhem em equipe em algum projeto durante um período específico, cerca de quinze minutos talvez, enquanto os observa. O projeto pode ser o planejamento das férias. Em uma família saudável, a conversa pode começar assim:

''Bem, o que vocês preferem fazer?''

''Não sei. Ainda quero ir ao Grand Canyon.''

''Eu não. Prefiro as Bermudas, com sol e praia.''

''Se a gente escolher ir para a praia, gostaria que fôssemos a Cape Cod.''

No início, cada uma das pessoas pode expressar seus desejos, sem deixar de escutar os desejos dos outros. Se a família conseguir chegar à pergunta: ''O que podemos fazer que satisfaça a todo mundo?'', está no caminho certo. A capacidade de negociar e chegar a uma decisão baseia-se na possibilidade de que, enquanto grupo familiar, todos possam promover a autonomia, respeitar os sentimentos dos outros e responder de forma solidária. A autonomia só existe quando cada pessoa tem suas próprias necessidades, e mesmo que no início isso possa parecer um empecilho a um trabalho de equipe harmonioso, na verdade não o é. Em qualquer time, as pessoas funcionam como indivíduos. Se todos os jogadores de um time de basquete fossem atacantes, a equipe não funcionaria bem. A família saudável funciona como uma equipe, enquanto cada pessoa mantém sua individualidade.

Concluindo, é importante lembrar que poucas pessoas aprenderam a se comunicar bem e a fazer parte de uma família. Muitos de nós, ao formarmos nossa própria família, trazemos maus hábitos aprendidos na infância. Sendo assim, se o resultado do inventário da sua família não for muito bom, não fique desanimado — a maioria das famílias nem chega perto do ideal, e nenhuma consegue ser perfeita. A família que quer mudar a partir de um diagnóstico de câncer descobrirá que o momento é mais do que oportuno. Crises tiram as pessoas de seus casulos, criando uma oportunidade de mudança. E, ainda assim, ninguém deve esperar a perfeição imediata. É importante que a pessoa ou grupo familiar que esteja se esforçando para mudar se lembre de que a mudança é um processo que leva tempo. Quando os pacientes começam a fazer terapia conosco, dizemos a eles que se lembrem de que mudanças não acontecem de uma só vez. Da mesma forma, a família que está crescendo e se tornando mais saudável verá que se trata de um longo processo — porém muito compensador.

11

Como Administrar o Estresse

A ligação entre estresse e doença está bem demonstrada. Muitos estudos confirmam que a reação emocional ao estresse pode disparar um processo fisiológico que aumenta de forma direta nossa susceptibilidade às doenças. Como já observei antes, saber disso é muito importante para quem tem câncer. Como o estresse está relacionado à diminuição das defesas naturais do corpo, aprender a lidar com ele é vital para o processo de cura.

Em pesquisa realizada na Universidade de Washington, as informações colhidas pelos drs. Holmes e Rahe indicam que as enfermidades aparecem mais durante ou imediatamente depois de acontecimentos altamente estressantes. Não somente o câncer, mas também úlceras, pressão alta, doenças cardíacas, enxaquecas, doenças infecciosas e dores lombares aparecem com mais freqüência em pessoas que estão enfrentando uma carga excepcionalmente alta de mudança e estresse. É sabido que certas experiências dolorosas são estressantes, a morte de um parente, por exemplo, o divórcio ou a perda de emprego, mas Holmes e Rahe revelaram que acontecimentos felizes — casamento, gravidez e aposentadoria, entre outros — também geram uma quantidade considerável de estresse. O que podemos deduzir dessas informações é que a mudança em si, seja positiva ou negativa, faz com que conflitos emocionais venham à tona, podendo ter um efeito psicológico adverso. Em outras palavras, quando falamos de estresse, estamos nos referindo ao efeito que qualquer mudança importante tem em nossa vida.

Há diferentes maneiras de se adaptar a acontecimentos estressantes. As mudanças que surgem com a aposentadoria podem ser empolgantes e positivas para uns e desastrosas para outros. Alguns aposentados recentes saboreiam o tempo livre, enquanto outros se sentem entediados e inúteis. A maioria das pessoas acha que vai gostar da mudança, mas, se observarmos as pessoas que acabaram de se aposentar, veremos que algumas delas tiveram sua saúde abalada assim que deixaram de trabalhar. Outra mudança importante, o divórcio, pode ser amarga e perturbadora para uns e calma e amigável para outros. Como podemos ver, é difícil adivinhar o quanto uma experiência será estressante.

Sabemos que o alto nível de estresse aumenta a possibilidade de doenças. E também sabemos que o diagnóstico de câncer traz grandes mudanças à vida do paciente — portanto, uma enorme quantidade de estresse. Com isto em mente, dedicarei o resto deste capítulo a examinar alguns métodos de "auto-ajuda" para lidar com o estresse. Esses métodos são ensinados no Centro de Aconselhamento e Pesquisa do Câncer e já ajudaram muitos pacientes a atravessar tempos difíceis de tensão.

RELAXAMENTO

É desnecessário dizer que o diagnóstico de câncer cria muito medo e tensão. De maneira geral, o paciente começa a ter visões de uma morte dolorosa e longa e teme tornar-se um fardo para a família. Essa terrível ansiedade pode causar noites de insônia, que prejudicam a saúde. Sem um bom sono, as pessoas ficam fisicamente exaustas e gastam uma quantidade enorme de energia nervosa, de que precisam para combater a enfermidade. Para contrabalançar o estresse, o paciente pode aprender a relaxar durante alguns minutos diariamente, o que aliviará sua preocupação constante e negativa com o câncer. Os pacientes que aprenderam o processo de relaxamento e criaram o hábito de relaxar diariamente afirmam que adquiriram uma perspectiva de vida diferente e mais energia. É com se suas baterias tivessem sido recarregadas.

Antes de continuar, gostaria de explicar que o tipo de relaxamento de que estou falando não é o proporcionado por atividades agradáveis, como ver televisão, tomar uns drinques com os amigos, ou jogar bridge. O lazer é uma forma diferente de relaxamento. O esforço físico do relaxamento completo é explicado no livro do dr. Herbert Benson, da Universidade de Harvard, A *reação do relaxamento*, que mostra que os benefícios físicos específicos e positivos criados por certas técnicas de relaxamento podem ser superiores às maneiras convencionais de relaxar.

Em resumo, o dr. Benson aconselha que se dedique de dez a vinte minutos, pelo menos uma vez, e de preferência duas vezes ao dia, a relaxar em um lugar tranqüilo. O objetivo é desligar-se dos estímulos externos. Algumas pessoas dormem, mas se atingirmos um estado meditativo o resultado será melhor. Eu recomendo a visualização como uma forma de se atingir esse estado. Se fecharmos os olhos, relaxarmos o corpo e concentrarmos nossas mentes numa imagem tranqüila, como estarmos descansando em uma praia, ou perto de um córrego nas montanhas, chegaremos gradativamente a uma "zona de crepúsculo", longe de nossas vidas cotidianas. É necessário treinar bastante: sentir o calor do sol no corpo, escutar as ondas do mar ou o barulho da água do córrego, lembrando a sensação de bem-estar e saúde que sentimos quando estivemos lá. Depois de dez ou vinte minutos, durante os quais nosso corpo tirou umas curtas férias, podemos nos levantar e continuar nossas ocupações.

Esse processo simples e rápido tem um efeito positivo e profundo sobre o corpo, diminuindo sua reação excessiva ao estresse. Algumas das dificuldades que temos atualmente com o estresse vêm do sistema de reação primitivo do corpo. O sistema nervoso humano existe há milhares de anos e apenas há pouco tempo tem tido de lidar com o estresse da civilização. Para os homens primitivos, a sobrevivência dependia de uma reação fisiológica quase instantânea que os levava a fugir ou lutar quando confrontados com uma ameaça. O sistema nervoso ajudava a criar energia com um aumento da carga de adrenalina e outros endócrinos. Atualmente, nosso corpo ainda reage da mesma maneira, mas não precisamos mais liberar essa energia em lutas ou fugas para salvar nossa vida; temos apenas que ficar no mesmo lugar e enfrentar o que nos ameaça.

Como raramente liberamos fisicamente a energia causada pelo estresse, o processo endócrino-hormonal pode causar vários danos fisiológicos. Os vasos sanguíneos se contraem, causando um aumento de pressão — a hipertensão. O alto grau de acidez do estômago pode causar úlceras. Esses e outros problemas de saúde podem aparecer quando os efeitos fisiológicos do estresse se acumulam. Para proteger a saúde, é necessário eliminar regularmente os resultados da reação do corpo ao estresse. Acredita-se que essa "eliminação" ocorre quando entramos em um estado de profundo repouso.

As técnicas de meditação vêm sendo usadas há muitos anos na cultura oriental, mas não se sabe muito bem de que forma elas agem sobre o corpo. Parece que o efeito está relacionado à atividade mais lenta das ondas cerebrais durante o relaxamento mental e se assemelha ao processo como o corpo relaxa e volta ao normal durante o sono. Mais curioso ainda é que o efeito do relaxamento torna-se mais profundo a cada sessão, apesar de sua curta duração. Isto porque os níveis hormonais e endócrinos realmente se modificam, se ajustam e voltam à taxa normal. E é por isso que os profissionais recomendam o relaxamento diário como uma forma de manter a saúde.

No centro, recomendo este processo a todos os nossos pacientes. Sem dúvida, a decisão de praticar o relaxamento depende inteiramente do paciente. Se a decisão for positiva, a família pode ajudar. Em primeiro lugar, a necessidade de estar em um lugar calmo, sem ser interrompido, deve ser respeitada. Em segundo lugar, ele deve ser incentivado a dedicar algum tempo a si mesmo. Em terceiro lugar, a família pode ajudar fazendo com que o paciente saiba que sua decisão foi positiva. "Quero dar todo o meu apoio à sua decisão de fazer isto por você. O que posso fazer para ajudar?" Uma boa forma de ajudar é praticar o relaxamento junto com o paciente. A família com certeza também está sob um nível anormal de estresse e precisa relaxar e deixar que o corpo rejuvenesça.

Apesar do lado positivo do relaxamento, nem todo mundo consegue praticá-lo diariamente. É necessária uma certa dose de autodisciplina, sobretudo para quem tem por hábito ser muito ativo e ocupado o tempo todo. Os familiares que tentarem pelo menos uma vez o relaxamento se sentirão mais solidários com o paciente se ele tiver dificuldades em torná-lo uma prática diária. O que não ajuda é brigar com o paciente, como se ele fosse uma criança, se ele não conseguir manter o compromisso diário. O que se pode fazer é expressar preocupação e perguntar se há algo que se possa fazer para ajudá-lo a praticar. Quando o relaxamento é praticado todos os dias à mesma hora, pode se tornar um hábito como o de escovar os dentes.

EXERCÍCIOS FÍSICOS

Outra maneira excelente de se livrar do estresse é através da prática de exercícios físicos. Desde que estudiosos começaram a examinar os efeitos dos exercícios físicos, ficou demonstrada uma relação significativa entre eles e a saúde. Em 1921, estudando o histórico de 86.000 mortes, Silversten e Dahlstrom descobriram que a incidência de morte por câncer era superior em pessoas que faziam pouco exercício físico, e inferior em pessoas cuja ocupação incluía algum tipo de atividade física. Este e outros dados, que demonstram que o câncer é menos freqüente nos povos considerados menos "civilizados", sugerem que se trata de uma doença da era industrial.

Estudos posteriores demonstraram que a correspondência entre a atividade física e a baixa incidência de câncer pode estar relacionada ao fato de que a atividade física parece dissipar o estresse e ajuda o corpo a voltar ao seu nível normal. Pesquisas feitas com animais expostos a alto nível de estresse indicam que aqueles que podem extravasar o estresse através de uma atividade física qualquer ficam expostos a menos doenças. Vários outros estudos também sugerem que o exercício físico vigoroso estimula o sistema imunológico e canalisa os efeitos fisiológicos do estresse. Uma pessoa que faça aeróbica durante vinte minutos ou meia hora, aumentando assim seus batimentos cardíacos e a ingestão de oxigênio, passa por um processo físico que limpa efetivamente o organismo de problemas hormonais que possam ter sido causados pelo estresse.

O que ainda não se compreende bem é o mecanismo da "limpeza" psicológica que ocorre simultaneamente. Apesar disso, está provado que as pessoas que têm uma atividade física regular são menos propensas à depressão e à ansiedade. Elas também têm uma sensação mais profunda de calma e uma auto-estima mais bem desenvolvida.

Por essas razões, o exercício físico é um fator importante para a recuperação do paciente. Apesar das diferenças de aptidão física de um paciente para outro, é quase sempre possível praticar exercícios. Já pude observar parentes que ajudavam pacientes a fazerem exercícios simples com os braços e as pernas alguns dias apenas após intervenções cirúrgicas importantes. Muitos pacientes começam fazendo pequenas caminhadas, aumentando pouco a pouco a distância e o ritmo. Conheci outros que começam a correr e terminam participando de maratonas. Um dos meus pacientes queria tanto voltar logo a jogar tênis que começou por atirar desajeitadamente a bola contra um quadro-negro por vários períodos de alguns minutos. Atualmente, ele joga tênis diariamente e adora saber que isso, além de agradável, é bom para a sua saúde.

Este paciente, como devem fazer todos os outros, consultou seu médico antes de recomeçar a jogar. Durante o processo da enfermidade é necessário contar com uma supervisão médica antes de voltar a ter uma atividade física plena. Por outro lado, não se deve partir do princípio de que a atividade física está fora de questão. Com a ajuda de um médico, e também, se for possível, de um professor de educação física, o paciente canceroso poderá fazer muitos exercícios físicos.

LAZER

Embora não produzam tanta descarga de estresse quanto o relaxamento, as atividades de lazer têm muito valor. Recomendo aos meus pacientes, e aos seus cônjuges também, que dediquem uma hora por dia ao lazer, quer seja a prática de um esporte, como jogar tênis, ou jogar cartas, ir ao cinema ou jantar fora. O que é importante é quebrar a rotina normal, fazendo algo pura e simplesmente por prazer. O simples fato de fazer algo para si mesmo já é uma boa terapia. Isto não significa ser "egoísta", como algumas pessoas podem crer, mas uma forma de cuidarmos bem de nós mesmos.

Embora seja necessário que o paciente estabeleça um tipo de lazer somente seu, é benéfico para toda a família participar de algum tipo de divertimento em conjunto. Todos sairão ganhando.

COMO EXPRESSAR OS SENTIMENTOS

Expressar sentimentos é tão importante para a saúde, que insisto neste ponto no decorrer deste livro e reservei o capítulo 7 a esse assunto. Como a expressação das emoções está diretamente ligada ao estresse, acho importante incluí-la aqui também.

Como já expliquei, nosso corpo está preparado para uma atitude de "luta ou fuga" sempre que há uma situação de estresse. No entanto, muitas vezes não podemos tomar nenhuma dessas atitudes. Mesmo que fiquemos muito chateados com nossos chefes, não podemos dar-lhes um soco, sair correndo ou revidar. Somos obrigados a ouvir e reprimir nossos sentimentos. Esse tipo de repressão dos sentimentos é essencial para a sobrevivência social. O problema é que as emoções continuam ali, em turbilhão, até que possamos expressá-las de alguma forma. Se passarmos o dia sem comentar o que nos aconteceu com ninguém, ao nos prepararmos para ler os jornais, antes do jantar, provavelmente reviveremos a situação. E se mais uma vez não liberarmos nossos sentimentos, continuaremos a repassar o incidente, e cada vez que o fizermos estaremos criando mais estresse. Assim, estaremos sentindo o mecanismo do estresse causado pela situação, não somente uma, mas várias vezes.

Falando sobre nossos sentimentos com outras pessoas, nos permitimos senti-los plenamente e podemos liberá-los. Quando chegamos em casa, contamos ao nosso companheiro: "Você nem sabe o que meu chefe me fez passar! Ele disse... e então eu disse...". Expressando nossa raiva dessa forma, deixaremos de rever o incidente de forma obsessiva, o que nos deixaria cada vez mais chateados. É bom falar sobre o que nos aconteceu. No entanto, colocar o que aconteceu de forma calma e racional não é o mesmo que expressar a raiva ou outro sentimento qualquer. Uma afirmação direta dos sentimentos é muito mais útil. Quando o paciente com câncer consegue dizer "Estou com tanto medo!" e sentir verdadeiramente o medo, a emoção pode ser descarregada com mais facilidade. O resultado é que a carga hormonal causada pelo sentimento estressante pode voltar ao normal.

O medo é uma emoção muito estressante se for suprimida. É natural que a família de um doente com câncer tenha esse sentimento. A esposa do paciente certamente aumentará seu nível de estresse se tentar "ser forte" e não dividir seus medos com alguém. O que ela pode fazer é confidenciar a uma pessoa amiga: "É terrível pensar que Jack está com câncer. Tenho medo que ele morra, não sei o que será de nós se isto acontecer. Fico apavorada, pensando em como fazer face às nossas despesas". O fato de expressar seus sentimentos não significa que a pessoa não esteja agindo de forma corajosa. E isto a ajudará a reduzir a carga de estresse que está sentindo nesse período.

Muita gente pensa que expressar raiva significa ter um ataque. Não acho que a raiva precise ser expressa dessa maneira. Quando a raiva não é reprimida ou acumulada, pode ser expressada de maneira calma e tranqüila — sem muito barulho. A pessoa pode dizer: "Estou muito zangada com o que você acabou de dizer...". As pessoas que explodem o fazem porque vêm acumulando raiva há muito tempo. Em geral, alguém que tem um mau humor constante vem carregando uma enorme carga de raiva acumulada, às vezes desde a infância. Quando se sente provocado por alguém, tem então a desculpa ideal para liberar a raiva que vem acumulando contra o pai desde os dez anos de idade! Alguém que libera os sentimentos dessa forma pode estar precisando de psicoterapia.

Em geral, quando os pacientes e suas famílias se sentem muito ansiosos e estressados, devem-se lembrar que liberar os sentimentos nos períodos de crise é importante para reduzir os efeitos do estresse e criar uma sensação de intimidade e apoio mútuo.

Quando a questão do estresse torna-se primordial, como após um diagnóstico de câncer, o relaxamento, os exercícios físicos, o lazer e a expressão dos sentimentos tornam-se meios importantes de liberação do estresse. Além disso, outros pontos importantes são abordados neste livro, como a criação de um sistema amplo de apoio entre amigos. Se os esforços na luta contra o estresse não estiverem dando resultados e se a expressão dos sentimentos não estiver sendo controlada, é interessante procurar um terapeuta. Esses profissionais são treinados para ajudar os pacientes a lidar de forma produtiva com sentimentos difíceis e com o estresse.

Ao analisarmos a questão do estresse, o ponto mais importante é saber que se está passando por um período de estresse. Se não reconhecermos este fato, não poderemos achar maneiras de lidar com ele. O diagnóstico de câncer significa para todos os familiares um aumento do nível de estresse — maior do que os criados normalmente pelos problemas cotidianos. Mesmo quando achamos que estamos conseguindo nos sair bem, é importante avaliar o que estamos fazendo para aliviar o estresse e como estamos nos adaptando a novas prioridades e responsabilidades. Acima de tudo, é o momento de evitar novas responsabilidades — o objetivo é diminuir a carga de tensão, e não aumentá-la.

12

Como Lidar com o Medo

Às vezes descrito como a lepra dos tempos atuais, o câncer é sem dúvida a doença mais temida da nossa cultura. O fato de estar associado à morte talvez seja a razão principal desse medo. Para os pacientes cancerosos, o medo se revela em visões de uma morte longa e dolorosa, que acabará por arruinar a família emocionalmente e financeiramente. Muitos pacientes ficam obcecados por esse medo e com freqüência o reprimem. Alguns descobrem que, se expressam o medo, os parentes o evitam, dizendo: "Pare de falar assim! Você não vai morrer".

Claro que todos nós morreremos um dia: a questão é saber quando e como. Não quero dizer que a pessoa com câncer não esteja numa posição geradora de ansiedade, mas a verdade é que ninguém sabe exatamente quanto tempo lhe resta de vida. Uma boa parte da angústia dos pacientes vem do fato de que é a primeira vez que se deparam com a própria mortalidade. Os que podem conversar a respeito disso com a família chegam a um bom termo com a incerteza do futuro. Um dos meus pacientes conseguiu expressar bem essa sensação durante uma sessão de terapia de grupo: "É verdade, tenho uma doença potencialmente terminal e não sei quanto tempo ainda vou viver. Mas quem sabe? *A vida é uma doença terminal*".

Uma vez ultrapassado o medo inicial diante da possibilidade da morte, os pacientes e suas famílias passam a ter medo do processo em si. A maior parte dos pacientes teme o efeito da doença sobre eles. "Será que vou ter dor? Será que vou emagrecer? Será que isto vai afetar minha aparência? Será que ficarei semiconsciente, sem controle?" O temor da família nasce do pensamento angustiante de ver o ente querido sofrer, sem poder fazer nada para ajudá-lo. Maridos e mulheres me dizem que não sabem se vão conseguir agüentar. Eles se imaginam sem forças para suportar a dor e ainda dar forças ao doente, quando nem mesmo conseguem solucionar a crise.

A HERANÇA DO MEDO

Apesar de normais e naturais, esses medos são às vezes exagerados pela herança que o câncer carrega. Muitas pessoas ainda crêem que o câncer é incurável. Outras ficam assustadas com os rumores ocasionais de que o câncer pode ser causado por um vírus. Esses boatos sem fundamento, aliados a antigas superstições, já fizeram com que famílias escaldassem os pratos após as refeições e evitassem qualquer tipo de contato físico com o paciente. Isto é muito triste, sobretudo diante da necessidade maior que tem o paciente de ser abraçado e de receber demonstrações de carinho através do contato físico e da amizade.

Há ainda outro medo que assalta as famílias. Do momento que o câncer é diagnosticado, todos os interessados começam a traçar o histórico de câncer da família. A doença é tão comum que rara é a família que não tenha pelo menos uma morte causada por câncer, e uma grande família pode ter várias. Uma boa maneira de adquirir um outro ponto de vista é, ao examinar o histórico familiar, aproveitar para ver quantos parentes tiveram outras doenças, como por exemplo uma doença cardíaca. Um certo grau de incidência de câncer na família não é anormal, mas muitas vezes as pessoas passam a se preocupar com a saúde e ficam obcecadas com a possibilidade de também terem câncer.

Talvez o câncer cause tanto medo porque ainda não compreendemos sua natureza nem podemos predizer sua evolução. Mesmo uma doença séria provoca menos ansiedade quando podemos compreendê-la e, portanto, de certa forma controlá-la. As doenças cardíacas, por exemplo, são um problema mecânico num músculo que é uma espécie de bomba e cujo mecanismo compreendemos. O diabetes, que também pode ser fatal, ainda não é totalmente compreendido (não se sabe por que o pâncreas do diabético não consegue produzir insulina), mas temos meios de intervir e controlá-lo. O câncer, porém, é menos compreendido, menos previsível e mais difícil de ser controlado. O paciente em processo de remissão está permanentemente consciente de que a doença pode ficar adormecida por longos períodos para, de repente, reaparecer. Tudo que é tão misterioso quanto o câncer gera insegurança. Queremos, mais que tudo, poder reverter a situação. Como não conseguimos, ficamos terrivelmente frustrados. Em alguns casos, infelizmente, a família fica tão abalada por não poder curar o paciente que passa a evitá-lo. Em outros casos, o diagnóstico de câncer torna necessário enfrentar pela primeira vez um dos maiores problemas da humanidade — não podemos controlar todos os elementos do ambiente em que vivemos. Quando nos damos conta disso, é normal sentirmos uma onda de medo e ansiedade.

Por causa do medo que rodeia o câncer, até há pouco tempo os pacientes não permitiam que os outros soubessem que estavam doentes. De grande ajuda foi a franqueza de Betty Ford e Happy Rockefeller, que de maneira corajosa tornaram públicas as cirurgias de câncer a que foram submetidas. Sua franqueza sobre o que até então era considerado algo muito particular e pessoal ajudou outras pessoas a deixarem de se esconder. Atualmente, os anúncios públicos da American Cancer Society mostram pessoas curadas que dizem "Eu tive câncer e o venci". Isto fez com que o medo em relação ao câncer diminuísse um pouco. As pessoas com câncer não precisam se sentir isoladas como antigamente agora que tantas personalidades públicas falaram sobre sua própria doença.

No entanto, a herança do medo do câncer ainda é maior do que deveria ser. Sabemos que há centenas de formas de câncer, muitas delas com taxas favoráveis de sobrevida. Muitas formas de câncer são menos debilitantes e menos dolorosas do que outras doenças fatais. Modernos estudos sobre a dor deram-nos meios de cuidar desse aspecto da doença. Resumindo, embora o câncer continue a ser uma doença séria, que não deve ser levada na brincadeira, sua reputação de assassino temeroso não é mais verdadeira.

O PREÇO DE REPRIMIR O MEDO

No entanto, é natural que o paciente canceroso e sua família sintam um certo medo. Porém, é pior quando não o enfrentam. Quanto mais a pessoa tenta evitar o medo, maior ele se tornará. E se conseguir negá-lo totalmente, sua ansiedade atingirá níveis tão absurdos que seu comportamento pode tornar-se irracional. A tentativa de esconder um sentimento tão poderoso e real quanto o medo leva a uma sensação de alienação em relação às outras pessoas.

Negar o medo exige um enorme dispêndio de energia pessoal. A pessoa que faz tudo para esconder o medo gasta todas as suas energias e mal consegue manter suas atividades cotidianas. E, apesar de tudo isso, o medo reprimido não desaparece. Se não for enfrentado, torna-se crônico, acabando com a energia. Isto pode se transformar num perigo real para a saúde, pois o estresse crônico causado pelo medo reprimido gera uma revolução fisiológica, aumentando a adrenalina e criando desequilíbrios endócrinos. Mesmo ainda não conhecendo tudo a respeito dos processos endócrinos, sabemos que quando o sistema endócrino sofre uma ruptura torna-se cada vez mais difícil para o corpo funcionar de maneira saudável. Há indícios de que essa ruptura faça com que a doença progrida ainda mais rapidamente.

Os riscos para a saúde física e emocional são aumentados pelo fato de que o medo reprimido freqüentemente interrompe o padrão de sono. A pessoa leva cada vez mais tempo para adormecer, ou então consegue adormecer rapidamente, mas acorda no meio da noite, apavorada. Essa perda de sono deve ser encarada com seriedade. Quem não consegue dormir o suficiente durante muitos dias ou semanas fatalmente terá problemas físicos e emocionais. A razão disso é a necessidade que temos de um movimento ocular rápido (REM) adequado. O sono REM ocorre no último estágio do ciclo do sono e é importante tanto para o processo psicológico como para o processo fisiológico do corpo. Os sintomas iniciais dessa privação são um comportamento aéreo e irritabilidade. Após várias noites sem sono, a pessoa pode até ficar psicótica. Qualquer pessoa privada de sono durante muito tempo terá distúrbios psicológicos sérios. Filmes de guerra, que mostram prisioneiros torturados pela privação do sono, descrevem bem os sintomas. A teoria que originou essa forma de tortura rezava que, no final, o prisioneiro teria um esgotamento psicológico, o que é verdade — qualquer pessoa que fica muito tempo sem dormir adequadamente provavelmente terá um esgotamento nervoso.

Além dos maus hábitos de sono, há outros sinais de que o paciente ou alguém da família esteja sofrendo com a repressão do medo. Em geral, a pessoa sente mais medo do que o que seria apropriado na situação. Pode ficar hiperativa, trabalhando longas horas. Pode começar a ter um comportamento ou pensamentos obsessivos sobre assuntos variados. Pode se isolar emocionalmente do resto da família. Tudo isto é nocivo para qualquer pessoa, mas sobretudo para o paciente, que precisa de todas as suas forças e energia para combater a doença.

Um antídoto a todos esses problemas causados pelo medo reprimido é expressá-lo e receber ajuda. Às vezes, o paciente amedrontado ou alguém da família faz isso, ou tenta fazê-lo, na esperança de que os outros digam: "Não se preocupe! Tudo vai dar certo!". Certamente, ninguém pode afirmar que alguém com câncer vai se curar, mas nenhum benefício haverá se se for pressionado a reprimir o medo.

Os parentes podem ser receptivos às expressões mútuas de medo. Se o paciente não consegue expressar seu medo, as técnicas do capítulo 7, "Como expressar sentimentos", podem ser úteis. O contato físico também ajuda as pessoas a entrarem em contato com seus sentimentos. Pode-se dizer ao paciente: "Isso deve estar sendo muito assustador para você", e abraçá-lo. A pessoa descobrirá que o contato físico dá coragem ao paciente, que assim se sentirá mais preparado para enfrentar o medo.

O medo é uma reação natural a uma doença que pode ser fatal. Infelizmente, nossa cultura nos incentiva a ter medo de ter medo. Estamos tão condicionados a pensar de forma "positiva" que muitas pessoas pensam secretamente que, se sentirem medo e o revelarem a alguém, serão engolidos por ele e jamais poderão se recuperar. É claro que isso não é verdade. Do momento que reconhecemos e expressamos nosso medo, ele se dissipa. É útil lembrar que o medo é uma reação natural à incerteza. Os seres humanos temem o desconhecido, e muitos acontecimentos em nossas vidas têm resultados desconhecidos, seja quando entramos na faculdade, quando começamos um novo negócio ou nos casamos. É normal sentir um certo grau de ansiedade. Este medo não é nocivo. Sendo uma doença que tem um resultado final incerto, o câncer naturalmente provoca um certo medo no paciente e naqueles que com ele se preocupam. Esse medo não é perigoso em si. Conheci pacientes que pareciam consumidos pelo medo após o diagnóstico e que, depois que reconheceram e expressaram seus sentimentos, estão bem. O único perigo do medo é negá-lo.

CONHECIMENTO: O ANTÍDOTO PARA O MEDO

Depois que o medo é expressado e reconhecido, um excelente antídoto para ele é o conhecimento. Quanto mais a pessoa souber, menos incerteza sentirá. As muitas linhas diretas de informação sobre o câncer existentes em diferentes localidades do país, que informam o paciente sobre a sua forma específica de câncer, baseiam-se em parte nesse princípio. Outras organizações concentram-se em oferecer às pessoas uma oportunidade de encontrar outros pacientes com quem possam trocar informações e compartilhar sentimentos. Esses grupos oferecem um tipo de informação importante e são uma fonte de inspiração para o paciente, organizando palestras com pessoas que se recuperaram e agora vivem uma vida plena e saudável. Os pacientes que têm oportunidade de estar com outros pacientes deixam de sentir tanto medo. Muitas vezes, eles jamais tinham conhecido alguém com câncer que tivesse conseguido sobreviver.

Conhecer outras pessoas com câncer traz inúmeros benefícios positivos. Muitos pacientes disseram que, apesar do apoio das respectivas famílias, ainda se sentiam muito sós com a doença. É uma experiência que só conseguem comunicar a alguém que tem, ou teve, câncer. Como Bob Gilley disse à sua esposa, BJ: "Eu sei que você me ama, mas você está aí e eu estou aqui, neste corpo, com o câncer". O paciente que está deprimido com os efeitos colaterais do tratamento ficará reconfortado ao ouvir outro paciente contar: "Foi horrível quando meu cabelo caiu", ou "Eu me sentia muito enfraquecido e deprimido quando estava tomando esse remédio". Aqueles que se recuperaram podem compartilhar sua alegria e servir de inspiração para o paciente que está deprimido e inseguro quanto ao futuro. As mulheres que fazem parte da Reach for Recovery fazem questão de estar bem dispostas e com boa aparência quando visitam pacientes que sofreram uma mastectomia. A paciente em geral fica mais esperançosa quando passa algum tempo com uma mulher saudável e cheia de vida, que lhe diz: "Sei como você se sente. Eu também fiquei apavorada depois da operação". E quando a visitante sai para uma partida de tênis, a paciente fica com um exemplo positivo que nenhuma outra pessoa pode lhe dar. É importante para ela descobrir que não é a única a se sentir assim.

O conhecimento sobre os procedimentos médicos é um antídoto específico e importante contra o medo. Muita gente tem certo pavor de tratamentos em geral, talvez devido a algum trauma de infância. Às vezes, temos medo de um determinado tratamento por razões que não chegamos a compreender. Eu mesma tive essa experiência anos atrás, quando precisei ser examinada após uma infecção nos rins. A radiografia exigia uma injeção de uma substância de contraste que raramente causa reações anafiláticas, com tonturas, desmaios, náusea e batimentos cardíacos irregulares. Apesar de saber que esse tipo de reação raramente ocorre, fiquei tão assustada que não consegui dormir na noite anterior ao exame. Insisti para falar com o médico antes do exame e pedi a ele que me dissesse exatamente o que poderia acontecer. Depois, como estava assustada demais, tive um colapso nervoso e comecei a chorar.

"Qual é o problema?", o médico perguntou. "Você está ansiosa demais." Percebi de repente o que estava por trás do meu medo. Quando trabalhava num projeto sobre o câncer em um hospital, uma paciente teve uma grave reação anafilática e morreu. Era um caso extremamente raro, mas até aquele momento eu não tinha a mínima idéia do que estava por trás do medo que sentia.

O médico foi bastante atencioso. Passou a me explicar que aquilo jamais poderia acontecer comigo, mostrou o equipamento de ressuscitamento que havia na sala de exames e me disse que ficaria o tempo todo ao meu lado. "Não há como isso acontecer com você. Se eu visse a mais leve reação, veja o que eu faria", e começou a me explicar o procedimento de emergência. Depois que compreendi perfeitamente como tudo funcionava, consegui relaxar e fazer o exame sem maiores problemas.

Com freqüência, o medo em relação a um procedimento médico é causado por um preconceito, como o que eu tinha, que não é exatamente correto. É necessário bastante conhecimento para eliminar esse tipo de medo. Alguns pacientes já ouviram terríveis histórias sobre a quimioterapia. Conheci pessoas que estavam tão assustadas ao chegarem à clínica que desmaiavam ou ficavam com náusea antes mesmo de começar o tratamento. Da mesma maneira, certas pessoas têm muito medo de procedimentos de rotina, como tirar sangue ou tomar soro. Muitas vezes o medo está calcado numa lembrança da infância ou numa falsa idéia do que pode acontecer. Em tais casos, a melhor abordagem é conversar de antemão com o médico e reunir o máximo de informações sobre o procedimento que nos assusta.

Ao mesmo tempo, é útil examinar os seguintes pontos: o que realmente nos assusta no que diz respeito à medicina? Será a impressão que o controle nos escapa das mãos? Falta de confiança nos médicos? Alguém na família teve uma má experiência? O medo geralmente tem um fundamento. Um dos meus clientes perdeu o irmão porque o médico não fez o tratamento adequado. Seu irmão provavelmente não teria morrido se tivesse recebido a medicação correta. Depois que conversamos a esse respeito, meu cliente decidiu falar com o médico sobre o seu medo. Ele lhe explicou: "Tive uma má experiência com médicos e preciso ter mais segurança e apoio do que o normal. Meu irmão tomou o remédio errado e morreu em conseqüência disso. Preciso ter certeza que o senhor não me dará nenhum remédio sem conversar comigo antes''. A partir daí, o médico ficou bastante disposto a conversar com ele sobre o tratamento. Nesses casos, o conhecimento e a compreensão do próprio medo possibilitam ao paciente conseguir ajuda.

Quando procuram saber mais junto aos médicos, os pacientes geralmente descobrem que tinham um medo excessivo em relação a algo que jamais podia acontecer. Os efeitos colaterais do tratamento são um bom exemplo. Muitos pacientes têm medo dos possíveis efeitos colaterais do tratamento, e alguns crêem que todo mundo sente todos os efeitos colaterais possíveis. Na realidade, isto está bem longe da verdade. Se dez pessoas tomarem a mesma medicação, poderão ter dez reações diferentes. Algumas sentirão náuseas com a quimioterapia, enquanto outras nada sentirão. Da mesma forma, os limites da dor são diferentes de pessoa para pessoa. O paciente que está preocupado com os efeitos colaterais extremos pode estar assustado com algo que nunca vai acontecer. Como essas preocupações são universais, acredito que o paciente só tem a ganhar conversando com o médico antes de iniciar o tratamento. Ele deve perguntar a respeito dos possíveis efeitos colaterais e esclarecer o que o médico pode fazer para diminuí-los.

Conhecer o próprio corpo é a parte final importante do antídoto contra o medo. Os pacientes que conseguem ficar bons vivem sob o medo constante da recidiva. Infelizmente, não se trata de um medo irracional. Simples dores como uma torção no braço, uma dor nas costas, ou uma gripe, fazem essas pessoas pensarem, alarmadas: ''É o câncer novamente''. As pessoas que lidam diariamente com o câncer conhecem bem esse fenômeno porque têm a mesma reação. Os pacientes que vivem torturados por esse medo fariam bem em consultar um médico. Vale a pena, para se livrar de uma vez da ansiedade.

COMO SUPERAR O MEDO

Quando Franklin D. Roosevelt advertiu o país, durante a Depressão, ''que a única coisa que devemos temer é o medo'', seu conselho pode ter sido apropriado para evitar o pânico no campo da economia, mas não o recomendo para pessoas que estejam com câncer. Temer o medo é a mesma coisa que negá-lo, e o medo não pode ser vencido se não o reconhecermos. Quando encaramos o medo surgem várias maneiras de diminuí-lo, ou pelo menos de conviver com ele de maneira confortável.

Uma das mais antigas técnicas de lidar com o medo é o processo de desensibilização. A pessoa entra em um estado de relaxamento e imagina o evento que ele teme se realizando da melhor maneira possível. Isto é diferente da negação, na medida em que o paciente reconhece o medo através da visualização. O simples fato de fazer isso ajuda a reduzir a ansiedade. O paciente pode usar esta técnica e imaginar-se recebendo todo o tipo de apoio durante o tratamento: a família ao seu lado, a ajuda e a compreensão por parte da equipe médica, e assim por diante. Essa visualização pode incluir as sensações durante o tratamento, tornando-o o mais confortável possível. Em seguida, deve visualizar a própria imagem livre de efeitos colaterais.

O medo de que a doença possa piorar faz com que alguns pacientes pratiquem o que pode ser chamado de "visualização ao contrário". Se o pescoço começa a doer, o paciente logo pensa: "E se o câncer estiver se alastrando?". E então passa a visualizar essa sensação, criando uma imagem negativa que pode ser aterrorizadora. Sugiro que o paciente que se pegue pensando assim tente se conscientizar a cada vez que isso acontece, e, durante trinta segundos, neutralize a imagem negativa. Mesmo que não saiba se a dor é causada por um câncer ou por um endurecimento do pescoço, pode visualizar suas células brancas se dirigindo ao local numa missão de busca e destruição. Ao mesmo tempo, pode se dizer: "Tudo bem, estou com medo e tenho essa imagem em minha mente. Mas há outra possibilidade que posso explorar". Muitos dos meus pacientes disseram que esta técnica os ajudou a superar o medo de que o câncer estivesse retornando. Ela também pode ser usada com sucesso com outros tipos de medo.

A visualização total pode também ser usada para combater o medo e, conseqüentemente, controlar os efeitos colaterais. Se o sistema imunológico pode ser influenciado pela mente, ela também pode afetar outros processos corporais, como a náusea, por exemplo. Um dos meus pacientes que sentia muitas náuseas causadas pela medicação oral que tomava usou a visualização para diminuir esse efeito colateral com muito sucesso. Ele começou a visualizar a medicação descendo pelo esôfago em direção ao estômago. No estômago, ele formava a imagem de um pequeno centro, que denominou "o centro da náusea". Então, visualizava a quimioterapia passando ao lado do centro da náusea, de forma a não se sentir enjoado. A partir de então, passou a sentir muito menos náusea. Outros pacientes usaram a visualização para outros efeitos colaterais. Alguns, que estavam preocupados com possibilidade de perder muita energia, visualizaram a quimioterapia evitando o tecido sadio. Essa é uma boa forma de neutralizar a tendência de ver a quimioterapia, que funciona como um veneno, afetando todos os tecidos que encontra à sua frente. Na realidade, alguns biólogos celulares acreditam que a célula normal tende a absorver menos o tratamento químico do que a célula maligna.

Há maneiras ilimitadas de usar a visualização para combater o medo. Outros exemplos foram dados no capítulo 11, "Como administrar o estresse", e no capítulo 19, "Como lidar com a dor". Se o paciente usar a visualização para diminuir seus medos, a família deve apoiar seus esforços e estar receptiva para conversar sobre seus sentimentos.

Para muitas pessoas, as crenças religiosas ou espirituais trazem grande alívio ao medo. Sem dúvida, qualquer tipo de situação que ameace a vida levanta questões do tipo: "Qual o propósito da vida?", "Existe alguma coisa depois da morte?". Essas perguntas são feitas desde o início da humanidade. Até hoje, não existem respostas absolutas. Mas muitas pessoas têm um sistema de crenças que solucionam essas questões. Como a morte envolve tanta incerteza, é possível sentir-se mais tranqüilo do ponto de vista psicológico se as crenças a respeito desse assunto forem examinadas e desenvolvidas. Como no caso do câncer, podemos decidir esperar o melhor ou o pior.

Examinar a questão da morte pode trazer um significado importante à vida. Alguns pacientes encontram conforto nas religiões tradicionais às quais pertencem. Outros, pela primeira vez na vida, querem entender como funciona o universo e qual a sua função dentro dele. Talvez não se preocupem em crer ou não em Deus, ou com vida após a morte, e façam perguntas do tipo "Será que a minha essência vai sobreviver?". Conheço pessoas que atingiram uma profunda paz ao aceitarem a idéia da própria imortalidade, a crença de que continuarão a viver na lembrança das outras pessoas que as amam. Quer acreditemos ou não na face da morte, a vida tem outro significado quando dizemos: "O que importa é que eu estive aqui e que algo de mim vai sobreviver". A crença de que nossas vidas tiveram sentido parece diminuir o medo da morte.

A qualidade de vida também tem um verdadeiro impacto em nossa capacidade de lidar com o medo. O paciente que é ativo e leva uma vida agradável tem menos tempo de ficar remoendo seu medo, criando imagens negativas. Nesse caso, distrair-se e prestar atenção às boas coisas da vida pode ser útil. Levado ao extremo, porém, esse comportamento torna-se uma negação. Em geral, o corpo do paciente mostrará o que ele está fazendo. O paciente que está em contato com seus sentimentos descobrirá que os exercícios físicos ajudam-no a se sentir mais forte e direcionado. Porém, se ele está correndo para evitar enfrentar seus sentimentos, não poderá correr durante muito tempo. Da mesma forma, o paciente que está com medo do tratamento que terá de seguir decide ir ao cinema para arejar a cabeça. Isto pode ser uma boa idéia. Mas, se o que ele está tentando fazer é fugir e negar seus sentimentos, assistirá ao filme cheio de ansiedade e medo. A pessoa pode perceber se uma atividade é saudável ou não pela paz e alívio que consegue com ela. Se o medo estiver atrapalhando o prazer e a boa participação, enfrentar o medo poderá tornar possível recuperar o prazer.

Há pessoas que ficam constantemente paralisadas, com medo de praticamente tudo. Uma das minhas pacientes descobriu que o diagnóstico do câncer a abalou duplamente por causa de um medo que a perseguia desde sempre — mas, ironicamente, o câncer fez com que lutasse para vencer o medo. Ela e o marido planejavam tirar férias no Havaí, onde ela queria fazer pesca submarina. Mas ela começou a se preocupar com um problema que estava tendo no ouvido, apesar de o médico ter-lhe dito que a pesca submarina não seria nociva. Era uma pessoa que se sentia ansiosa com qualquer tipo de dor física e deixava que a ansiedade a impedisse de fazer várias coisas. Mas sua atitude em relação ao medo mudou quando ela começou a tratar seu câncer. Após pensar bastante, ela decidiu: "Já que posso morrer dessa doença — o que não acho que vá acontecer —, quero poder fazer pesca submarina antes. O médico diz que é seguro, e estou cuidando bem do meu ouvido. Além do que, quero poder fazer coisas novas! Se o pior acontecer, e eu morrer de câncer, quero pelo menos ter tido esse prazer."

Essa paciente livrou-se do medo em várias etapas. A primeira, conscientizando-se do medo. A segunda, expressando-o e pedindo apoio a outras pessoas. A terceira, reunindo todas as informações disponíveis que poderiam ajudá-la a entender o medo e controlá-lo, caso em que o médico pode ajudar. E a quarta, depois de ter seguido as etapas anteriores, estando disposta a se dizer: "Basta. É hora de continuar e gozar a vida". Quando a pessoa já resolveu todos seus sentimentos, sente-se capaz de seguir em frente e fazer o que quer.

Quando o paciente está lutando contra o medo, a família pode querer ajudá-lo protegendo-o de tudo o que possa provocar ansiedade. Isto pode incluir artigos de jornais e revistas sobre o câncer, programas de televisão sobre o assunto, que provoquem um alto grau de emoção, e visitantes pessimistas. A família quer proteger o paciente quando ele diz: "Sally tem tanto medo de câncer! Sempre que ela vem me visitar fico assustado de novo. Quando ela vai embora, estou um bagaço". Então, sentindo-se arrasada, a família evita os artigos considerados perigosos, distraindo o paciente para que não assista o filme sentimental sobre o câncer e impedindo a visita de Sally.

Porém tudo isso representa um perigo real — pois pode abalar a confiança do paciente. Vamos imaginar que ele pegue o jornal de onde foi tirado o artigo sobre o câncer. Ele pode pensar: "Minha família me acha muito frágil. Eles acham que eu não agüentaria nem ler o que foi publicado no jornal. Deve estar acontecendo algo terrível, que estão me escondendo". Essa experiência pode ser infantilizadora e assustadora.

A melhor maneira de ajudar o paciente a se livrar do medo é ajudá-lo a decidir do que precisa. Se o paciente disser: "Esse artigo me assusta", sua esposa pode responder: "Quando leio esses artigos sobre pessoas que morreram de câncer, me pergunto o impacto que teriam sobre você, se os lesse. Você prefere que eu faça algo para evitar que você os leia?". Esse tipo de pergunta deixa ao paciente o controle da situação. Essa abordagem também pode ser usada para os programas de televisão. O marido pode perguntar de maneira direta à esposa: "Li na revista de programas de tevê que esse filme é sobre um jovem que morre de câncer. Você gostaria de assisti-lo?". Qualquer que seja a decisão da esposa, ele a estará ajudando se apoiar a sua decisão. Resumindo, a família deve proteger o paciente de situações que suscitem medo, se ele assim o desejar.

Uma maneira importante de ajudar é estar presente fisicamente e dar apoio emocional durante situações que possam provocar ansiedade, como visitas ao médico e horas marcadas para o tratamento. Saber que alguém que o ama estará por perto ajuda o paciente a se sentir menos ansioso. Na verdade, é uma das melhores maneiras que conheço de ajudá-lo a superar o medo do tratamento. Quando o paciente estiver agitado com a proximidade do tratamento ou da cirurgia, a família poderá ser útil se aceitar o seu medo. "Claro que você está receoso. Eu vou estar perto de você. O que posso fazer para ajudar?" Às vezes, é útil perguntar: "O que posso fazer para diminuir o seu medo?", uma vez que o medo é geralmente um sinal de que o paciente precisa de algo — de uma comunicação melhor com o médico, de mais informação sobre a cirurgia, ou apenas de alguém que o abrace.

Resumindo, a família pode ajudar o paciente a resolver o medo de duas maneiras. A primeira, dando o apoio necessário para que ele possa se expressar. A segunda, perguntando de que maneira pode ajudar. Se a ansiedade continuar, outras perguntas às vezes ajudam: "Você tem idéia do que mais precisa agora? — se não de mim, talvez de outra pessoa?". Apenas o paciente pode resolver de maneira eficiente seus medos, e essa abordagem o mantém no controle da situação, oferecendo-lhe carinho e apoio ao mesmo tempo.

O medo nunca é fácil de ser resolvido, pois nos faz lembrar da nossa vulnerabilidade. Queremos enfrentar o medo porque acreditamos que isso nos fará fortes e invulneráveis. No entanto, todos nós, quer estejamos ou não com câncer, somos vulneráveis. Isto quer dizer que durante toda a nossa vida teremos que lidar com o medo. Apenas quando o reconhecemos e confrontamos podemos agir com coragem e decisão para vencê-lo. A partir do momento que aceitamos nossos medos como naturais, podemos aprender a conviver com eles.

13

Sentimentos Ambivalentes

Todos nós temos sentimentos opostos sobre praticamente tudo. Como seres humanos, somos por natureza ambivalentes e experimentamos sentimentos conflitantes em quase todas as áreas da nossa vida. Às vezes amamos nossos companheiros e outras vezes não podemos suportá-los. Ficamos felizes quando nossos filhos se casam, mas de certa forma também ficamos tristes. Mesmo quando gostamos do nosso trabalho, há dias em que nos sentimos tão frustrados que queremos largar tudo e ir embora. Essas emoções contraditórias sobre uma mesma pessoa ou acontecimento são chamadas de sentimentos ambivalentes.

Embora a ambivalência seja natural no ser humano, nem sempre é fácil lidar com ela. No campo da psicologia, a saúde emocional é definida às vezes como a capacidade de reconhecer sentimentos conflitantes e resolvê-los de maneira satisfatória.

AMBIVALÊNCIA DUPLA

A capacidade de uma pessoa resolver o conflito entre emoções contraditórias é formada, basicamente, por sua família. Se nossos pais não conseguiam resolver bem seus conflitos, fica difícil para nós aprender a resolver nossos próprios sentimentos contraditórios. É comum que as pessoas não consigam resolver suas emoções ambivalentes. Algumas tentam resolver seus conflitos internos negando completamente um dos lados da ambivalência. Como já vimos antes, essa negação pode ter conseqüências graves, como a depressão e a ansiedade e aparecer de maneira destrutiva no relacionamento matrimonial.

Suponhamos, por exemplo, que uma mulher adulta que cresceu numa família que não lidava bem com os conflitos ainda tenha dificuldades nesse sentido. Em seu casamento, ela tem sentimentos ambivalente em relação ao seu relacionamento íntimo com o marido e, apesar de querer ter mais intimidade emocional com ele e sentir-se mais próxima a ele, fica assustada com isso. Talvez tema que essa maior intimidade a obrigue abdicar de si mesma ou a impeça de estabelecer limites no relacionamento. Por isso, sente-se dividida. Um lado seu quer mais intimidade, enquanto o outro quer distância. Sentindo-se pouco à vontade ao lidar com os dois sentimentos contraditórios, talvez ela passe a negar um deles, nesse caso, sua necessidade de se distanciar. Então, passa a ter consciência apenas da sua necessidade de estar mais próxima do marido, expressando-se da seguinte forma: "Quero ter mais intimidade com meu marido. Não quero que sejamos frios um com o outro".

O marido talvez reaja de uma maneira que pode parecer estranha à primeira vista, mas que é bastante comum: assumindo o sentimento que foi negado. No exemplo que estamos dando, ele imediatamente decide: "Preciso de mais espaço, não quero tanta proximidade". E passa a negar sua ambivalência e concentra-se em apenas um dos seus sentimentos. É como se cada um deles "tomasse partido" por uns dos lados da questão, em vez de reconhecer que ambos compartilham os dois sentimentos de vez em quando. Essa reação observada nos casais é chamada de ambivalência dupla.

Sem dúvida alguma, a ambivalência dupla cria problemas de relacionamento. A mulher, que agora é responsável pela necessidade de maior intimidade, passa a forçar de tal maneira essa intimidade que o marido se aborrece e se afasta ainda mais. Como ele é o responsável pela necessidade de privacidade, toma a iniciativa do distanciamento e, fazendo isso, obriga-a a esforçar-se mais para aumentar a intimidade entre os dois. E quando esse casal decide procurar um terapeuta, os dois já se encontram envolvidos em luta e acusações mútuas. Durante a sessão de terapia, é possível que ele diga: "Ela quer intimidade demais", enquanto ela rebate: "Ele é muito distante". A solução do problema exigiria que ambos examinassem os sentimentos que estão ignorando e reconhecessem sua ambivalência. Qualquer um deles pode começar o processo — é necessário apenas que um dos dois o deseje. Se a mulher, por exemplo, conseguir dizer: "É verdade, quero mais intimidade, mas sempre tive receio de que, se fôssemos realmente mais íntimos, eu pudesse perder minha individualidade", isto eliminaria o círculo vicioso. Ela passaria a enxergar os dois lados da ambivalência e o resultado seria benéfico para ambos. No momento em que a mulher expressar sua necessidade de privacidade, o marido se sentirá à vontade para expressar sua vontade de se aproximar. É como se ele não precisasse mais manter a distância pelos dois.

Da mesma forma que é necessário que cada um reconheça e sinta os dois sentimentos para solucionar a ambivalência, ambos precisam entender que é natural ter sentimentos contraditórios. A partir do momento em que percebem que têm sentimentos conflitantes, poderão chegar a um meio-termo, no qual se sentirão bem. No exemplo que acabei de citar, o marido e a mulher encontrariam um grau de intimidade e de afastamento no qual ambos se sentiriam à vontade e satisfeitos.

Quando um casal está lidando com uma crise da dimensão do câncer, os inúmeros sentimentos contraditórios podem facilmente criar uma ambivalência dupla. Um exemplo comum é o que chamo de ruptura esperança-desesperança. Esse conflito surge da incerteza que cerca toda doença grave. É muito normal que alguém com câncer tenha sentimentos duplos sobre a incerteza de morrer ou continuar vivo. Uma hora a pessoa tem esperanças de se recuperar e em seguida sente-se desesperançada e sobrecarregada com visões de morte. Essas ambivalência é muito comum e natural. O paciente, porém, pode ter dificuldade em lidar com essa falta de esperança e recear que a aceitação desse sentimento o deixe tão abatido a ponto de nunca mais se recuperar. Assim, começa a negar o seu lado pessimista e passa a dizer: "Vou ficar bom. Vou ficar bom!". Mas essa desesperança que ele nega pode ser sentida pela esposa, que reagirá com muito pessimismo em relação à recuperação. O paciente, revoltado, pode dizer: "Ela não me dá apoio no meu esforço para me curar. Sei que ela não acredita que vou ficar bom. Acho que ela quer que eu morra".

Na verdade, o paciente nega a sua falta de esperança e a esposa carrega a desesperança por ambos. Quando trabalho com pacientes assim, incentivo-os a serem mais honestos consigo mesmos a respeito dos seus sentimentos. No fundo, é como se eu lhes desse permissão para vivenciar seus sentimentos. É possível que o paciente diga: "Ainda tenho muitas esperanças de ficar bom, mas às vezes acordo no meio da noite pensando que não vou conseguir". Do momento em que ele diz isso à esposa, ela pode lhe dar muito mais apoio e ter mais esperanças. Recentemente, vi isto acontecer de maneira muito rápida durante uma sessão de terapia. Depois que o paciente admitiu sentir-se pessimista de vez em quando, a esposa lhe disse: "Se fizermos o que está ao nosso alcance, talvez tudo dê certo. Vamos nos esforçar o mais que pudermos". Sempre fico maravilhada ao ver que um segue o exemplo do outro assim que a ambivalência é expressa.

OUTRAS AMBIVALÊNCIAS DUPLAS COMUNS

Os casais criam ambivalências duplas de várias maneiras. Algumas delas são mais comuns entre os pacientes cancerosos e seus cônjuges. A divisão bonzinho-zangado é tão comum quanto a esperança-desesperança. Esse tipo de pessoa em geral vem de uma família onde a raiva não é aceitável e, ao chegar à idade adulta, tem muita dificuldade em expressar esse sentimento. Talvez inconscientemente acredite que a raiva é terrível e ache que sempre que a expressar as outras pessoas a rejeitarão. Ao chegar à idade adulta, pode continuar a negar a raiva. O cônjuge, por outro lado, é do tipo que expressa a raiva. Muitas vezes vi pacientes começarem o tratamento em profunda depressão por causa da raiva reprimida. Às vezes, ele é acompanhado pela mulher, que expressa a raiva de forma inadequada e anormal. E, a cada vez que isso acontece, a crença do paciente é confirmada: "A raiva é um sentimento terrível. Nunca sentirei raiva dessa maneira".

Um paciente como esse substitui a raiva crescente por ressentimento ou depressão e se isola. E, quando se isola, torna-se à inacessível à esposa, o que a faz ficar com mais raiva e se intrometer mais ainda, num esforço para chegar até ele. Esse tipo de paciente geralmente começa por negar que esteja com raiva. Então faço a seguinte pergunta: "O que faz com sua raiva quando começa a senti-la ?". Assim que ele começa a se examinar, percebe que seu ressentimento ou sua depressão são uma forma de raiva — só que menos direta. Quando ele começar a expressar sua raiva, a esposa provavelmente ficará menos zangada. E, mais uma vez, em vez de um movimento de pêndulo entre um extremo e outro, há um equilíbrio no centro.

Da mesma forma, a divisão positivo-negativo acontece quando um dos esposos tem uma atitude positiva e o outro uma atitude negativa. Essa ambivalência geralmente está ligada aos esforços de recuperação do paciente. O marido chega ao centro e diz: "Li a respeito da abordagem Simonton e tenho certeza absoluta de que funciona, mas minha família acha que sou louco em acreditar que posso participar do processo de cura". Na verdade, tenho quase certeza de que a maioria dos pacientes chega aqui com segundas intenções — sente-se otimista sobre o que fazemos, mas não tem certeza de como pode funcionar. Como aqueles que estão determinados a negar seu desespero, o que esses pacientes querem é se convencer, repetindo o tempo todo: "Sei que isto vai funcionar comigo. Estou totalmente convencido". Como o paciente está negando sua emoção contrária, o pessimismo, a esposa passa a demonstrar o outro lado da questão: "Você é um bobo em acreditar nisso".

Esta situação desconfortável é muitas vezes resolvida quando o paciente aceita seus pensamentos negativos e decide enfrentar suas dúvidas. Uma das maneiras de expressar isto seria: "Esse processo nada tem a ver com tudo que eu sabia sobre o corpo humano. Por outro lado, faz sentido para mim. Por isso, estou disposto a tentar. Não vejo como poderia me fazer mal". Quando ele admite ter sentimentos contraditórios, a esposa pode admitir os dela, tornando-se mais receptiva e ajudando-o mais em seus esforços.

A divisão positivo-negativo pode fomentar o pessimismo e o estado depressivo do paciente. Há dias em que ele se sente tão deprimido que diz à esposa: "Estou me sentindo tão para baixo hoje que nem tenho vontade de sair da cama". A esposa, que adotou o lado positivo da divisão, começa a animá-lo (ver capítulo 7): "Como assim, não tem vontade de sair da cama? Pensamento positivo! Vamos, levante-se!". Quando a esposa diz isso, é provável que a depressão do paciente aumente, já que os sentimentos positivos e alegres estão sendo expressos exclusivamente pela esposa. E então ele se torna ainda mais passivo e negativo. Ele pensa: "Não consigo ser tão otimista quanto ela! O que há de errado comigo?" Seu negativismo continua a crescer até que se torna insuportável.

Alguns casais criam a mesma ambivalência com a coragem e o medo e obtêm os mesmos resultados. Uma das pessoas adota uma atitude muito corajosa, enquanto a outra expressa um medo imenso. A paciente chega tremendo de ansiedade, sem conseguir dormir e perturbada emocionalmente. Então, o marido diz: "Não sei o que há de errado com ela. De que tem tanto medo? Ela tem de adotar uma atitude positiva — só assim vai melhorar". Nesse momento, o marido está negando seu próprio medo, enquanto a mulher está negando sua coragem. Se o marido conseguir admitir: "É verdade, estou com esperança e coragem — mas, sem dúvida, tenho medo", a mulher certamente dirá: "Está tudo bem, meu querido. Sei que você está com medo, mas acho que vou conseguir". Agora que ele admitiu seu medo, ela pode admitir sua coragem. Mais uma vez, a mudança em direção a uma condição emocional mais saudável pode começar no momento em que um dos dois admite a própria ambivalência.

Outra divisão bastante comum é a agressividade-passividade. Nela, o marido assume inteiramente a responsabilidade pelo tratamento da esposa. A paciente, por sua vez, deixa de assumir sua parte da responsabilidade. Os cuidados com a saúde ficam por conta do marido, enquanto a esposa se omite inteiramente. Ela deixa de fazer o relaxamento e a visualização. Não come direito. Não faz os exercícios. Talvez esteja até bebendo em excesso. O marido está sempre atrás dela para que faça isto ou aquilo. A paciente jamais se sentirá responsável enquanto o marido assumir obrigações que cabem a ela. Ao contrário, ela adotará uma atitude cada vez mais passiva, a não ser que ele lhe permita assumir suas próprias responsabilidades.

Quando um dos esposos tem câncer, é possível ocorrer uma divisão doente-saudável. O paciente diz: "Sou eu o doente", enquanto o cônjuge diz: "Sou a pessoa saudável — não sei o que há de errado com você. Por que não fica bem?". Na verdade, é raro que o cônjuge esteja bem de saúde. Em casais como esse, muitas vezes observo que o cônjuge "saudável" tem algum tipo de problema físico, como úlceras ou pressão alta, além de conflitos emocionais mal resolvidos. A verdade é que ambos têm problemas, embora a divisão se traduza em geral da seguinte forma: "Quem tem problemas é ele — eu não tenho nenhum problema". A insistência de um dos cônjuges de que está muito bem pode aumentar o sentimento de alienação do outro, que então começa a se diminuir: "Como é possível que eu não esteja tão bem de saúde quanto ela?". E mais: "Como é possível que eu tenha tantos problemas e ela não tenha nenhum?". Para incentivar o paciente a se sentir menos isolado e desgastado, o cônjuge deve admitir: "Quem tem câncer é ele, mas eu também tenho meus problemas".

Como todo sentimento tem o seu oposto, existem muitas e muitas maneiras de se criar a ambivalência. Os casais podem dividir-se em feliz-infeliz, ou introvertido-extrovertido. E por aí vai. O casal pode também ter simultaneamente várias ambivalências duplas. Apesar de não serem desejáveis, essas divisões são comuns. Nenhum de nós consegue lidar de maneira perfeita com nossos sentimentos. A ambivalência dupla existe nas melhores famílias.

COMO IDENTIFICAR A AMBIVALÊNCIA DUPLA

Quase todos os casais têm ambivalências duplas, porém, como nem sempre elas aparecem, é possível que o problema continue indefinidamente. Se as ambivalências já são problemáticas no relacionamento entre casais saudáveis, torna-se ainda mais prejudicial quando uma das duas pessoas sofre de câncer, pois podem ser nocivas ao paciente. Por exemplo, o paciente pode ter pouca auto-estima e ser uma daquelas pessoas boazinhas e apagadas que não expressa sua raiva com medo de chatear os outros. Pode ser que ele negue constantemente suas necessidades. "Não se preocupe comigo. Não estou precisando de nada." Como o paciente é tão apagado e tem tão pouca auto-estima, a esposa talvez seja insensível e pouco compreensiva com ele. O paciente tem necessidade de que cuidem dele, mas a esposa não consegue perceber isso e não lhe dá a atenção e o carinho necessários. Assim, como resultado da divisão, as necessidades profundas do paciente jamais serão atendidas. Como veremos no capítulo 16, "Intimidade e afeição", todos nós precisamos de afeição para criar e manter um nível ideal de saúde.

Esses casais não se dão conta, porém, de que há uma divisão. Como é possível perceber que há uma ambivalência dupla nos sentimentos? Uma das maneiras é observar se há diferenças profundas entre os familiares. Um deles está sempre alegre, enquanto o outro está sempre triste? Um é sempre pessimista, enquanto o outro é sempre otimista? Um está sempre zangado, de péssimo humor, enquanto o outro é sempre delicado e raramente perde o bom humor? Esses extremos quase sempre são sinais de ambivalência dupla.

Outro indício é a linguagem usada pelas pessoas. A freqüência de termos como "com certeza", "nunca", "sempre" e "sem dúvida" pode indicar que a pessoa está negando seus sentimentos. As pessoas não sentem sempre a mesma coisa, e é raro que alguém nunca tenha um sentimento qualquer. Alguns pacientes, por exemplo, insistem em afirmar que estão sempre otimistas. E comentam que o cônjuge está sempre com uma nuvem negra em volta de si. Além dos termos absolutos que sempre usam, esses pacientes sentem uma enorme necessidade de demonstrar o quanto são otimistas, o que é outro sinal de que podem estar negando sua ambivalência.

Também podemos detectar a ambivalência fazendo perguntas sobre nossos sentimentos. Uma pessoa que nunca está zangada pode perguntar: ''Existe algum sentimento que estou negando?''. A pessoa que nunca sente medo poderá se perguntar: ''Por que estou acordando no meio da noite?, Será que estou tendo pensamentos aterrorizadores?''. Em outras palavras: ''Será que estou negando o meu medo?''. O cônjuge excessivamente otimista pode perguntar-se: ''Será que tenho pensamentos fugazes de que minha mulher pode morrer?, E se os tenho, como reajo?, Será que não os estou negando, mergulhando no trabalho?''. Descobri que as pessoas que tentam saber o que está acontecendo no seu íntimo conseguem desenvolver uma percepção maior de seus sentimentos. E também começam a prestar atenção ao outro lado — como seu companheiro está se sentindo.

A ambivalência dupla é importante porque, como tenho insistido neste livro, a negação dos sentimentos leva à depressão, que por sua vez diminui potencialmente a resistência do corpo às doenças. Mas essas divisões podem ser reconhecidas e, quando o são, o casal poderá começar a resolver seus problemas de relacionamento. Pode se tornar mais íntimo e ajudar-se mais.

14

Ajudar em vez de Salvar

Sabemos que as intenções das pessoas são as melhores possíveis — elas querem ajudar o paciente. Se não fosse esse o caso, você, leitor, não estaria lendo este livro! Mas ajudar um paciente que sofre de uma doença fatal é algo que poucas pessoas nascem sabendo, e por isso não podem fazer simplesmente o que lhes vêm à cabeça. Certas formas de ajuda são mais eficientes do que outras, e o bom senso nem sempre traz os melhores resultados, por melhor que sejam as intenções. Não é nada simples ajudar a pessoa que está com câncer. É preciso aprender como ajudar.

Existe uma diferença básica entre ajudar e salvar. O comportamento que tenta salvar o paciente parte do ponto de vista de que ele é uma vítima — uma vítima desesperada e desamparada. Uma vítima não tem influência sobre a situação em que se encontra. Como não podemos controlar completamente a trajetória do câncer, muitas pessoas acham que o paciente não tem controle nem pode influenciar seu destino, mas isso nem sempre é verdadeiro. Apesar de não conseguirmos controlar tudo em nossas vidas, podemos ser participantes ativos e influenciar o que acontece conosco. Aquele que tenta salvar, porém, trata o paciente como se ele não tivesse influência sobre si mesmo. E sem acreditar que pode influenciar, a pessoa se sente desamparada. Essa sensação de desamparo pode aumentar de forma significativa o medo, a ansiedade e a depressão. A pessoa que se sente vítima fica cheia de autopiedade e pensa: "Não há nada que eu possa fazer para mudar essa situação. A vida me traiu". É comum ouvir a pessoa que se acha vítima dizer que alguma coisa ou alguém "fez isso comigo". Como se sentem desamparados, os pacientes que se acham vítimas ficam ressentidos com o médico, com o mundo e até mesmo com Deus. O paciente que sente tal desamparo e falta de controle em sua vida não consegue ter coragem para lutar e pode perder a vontade de viver.

Vítimas e salvadores aprenderam essas atitudes a partir do conceito cultural que vê no câncer uma doença que ataca da noite para o dia, assumindo totalmente o controle sobre a pessoa. Por outro lado, tratamos tradicionalmente as pessoas enfermas como se elas tivessem se tornado repentinamente crianças. Quando uma pessoa da família está de cama com gripe, as outras têm cuidado em não fazer barulho para que ela possa descansar. Talvez as refeições passem a ser servidas na cama, incluindo a famosa canja de galinha. O marido fica excessivamente solícito: "Quer que eu pegue alguma coisa para você, querida?", ou então "Não saia da cama, vou buscar para você". Vemos que até o paciente que sofre de uma doença sem importância é quase sempre tratado como se estivesse desamparado. Em outras palavras, tentamos socorrê-lo. Em nossa cultura, essa atitude prevalece de tal maneira que é muito difícil não tentar socorrer alguém que está doente — ainda mais se se tratar de um câncer. Fomos condicionados a acreditar que as pessoas doentes são vítimas. No caso de uma doença crônica e longa, é importante reverter essa situação.

É importante observar, contudo, que qualquer paciente pode se sentir vítima *de vez em quando*, o que é perfeitamente compreensível. Do mesmo modo que a família — às vezes — pode vê-lo como tal. O paciente sente-se desamparado e deprimido de quando em quando. Mas é importante lembrar que há uma grande diferença entre se sentir vítima ocasionalmente e quase o tempo todo. A situação é preocupante quando o paciente se vê freqüentemente no papel de vítima. A família pode ajudar o paciente aprendendo a não querer salvá-lo.

POR QUE TENTAMOS SALVAR OS OUTROS

Não há dúvida que é muito difícil ver uma pessoa de quem gostamos com câncer. Muitas famílias ficam a tal ponto sem ação que não sabem o que fazer. Querem consertar a situação, mas, incapazes de fazê-lo, sentem-se impotentes e desamparadas. Algumas pessoas tentam evitar essa sensação salvando a pobre vítima indefesa. Fazem tudo para ajudar o paciente, fugindo dos seus próprios sentimentos de desamparo. Infelizmente, o salvamento não é necessariamente útil, pois prende o paciente ao papel de vítima.

O paciente a quem se tenta salvar perde a noção da sua responsabilidade e até mesmo sua capacidade de reagir e participar. O comportamento do salvador faz com que haja uma ruptura nos sentimentos ambivalentes, de forma que o paciente se vê confinado ao desamparo. E isto é justamente o que o salvador não quer que aconteça, mas é o resultado normal das suas tentativas de assumir a responsabilidade pelo paciente. Por exemplo, a esposa pode achar que é responsável pelo humor do paciente agora que ele está com câncer. Então, se chega em casa, depois do trabalho, e o encontra sentado na sala escura, visivelmente deprimido, a primeira coisa que lhe vem à cabeça é: "Coitado, está se sentindo péssimo. Deixe-me ver se consigo animá-lo". Ela acende as luzes, dá um grande sorriso e diz: "Você gostaria de ir ao cinema e depois jantar fora?". Ou então começa a contar uma história engraçada que aconteceu no trabalho. Imediatamente começa a tentar dar um jeito no humor do marido, distraindo-o do que está sentindo. Infelizmente, assumir uma atitude positiva e divertida pode levá-lo a uma depressão ainda maior. No salvamento, quase sempre o salvador assume a polaridade oposta. Se o paciente estiver assustado, o salvador tenta minimizar o medo: "Bem, todos nós temos que morrer um dia. Não sei por que com você seria diferente". Quando o paciente está zangado com Deus por causa da doença, o salvador começa a argumentar contra a raiva: "Não adianta nada ficar zangado com Ele. Isto só vai piorar as coisas". Enquanto a solidariedade ajuda a expressar e a dissipar os sentimentos, esse tipo de polaridade só faz piorar a situação.

Uma forma bastante comum de tentar salvar o paciente com câncer é infantilizá-lo. A família vê o paciente como uma vítima que depende dos outros — uma criança. Cria-se então um tipo de relação extremamente protetora, controladora e crítica. A superproteção pode surgir em relação à medicação do paciente. No momento em que o paciente tem de tomar seus remédios, a esposa dá um pulo e diz: "Querido, são nove horas. Está na hora do remédio". Isto faz com que o paciente se sinta uma criança e assuma uma atitude passiva em relação ao tratamento. A esposa, por sua vez, fica sobrecarregada de responsabilidades, preocupada em verificar se o paciente tomou o remédio na hora certa.

Por fim, a pessoa que assume esse tipo de responsabilidade pelo paciente durante muito tempo ficará cada vez mais ressentida com isso e pode até começar a rejeitá-lo. Um belo dia, ela se cansa de ficar brincando de pai de uma criança grande. Quando um adulto trata outro adulto como se fosse criança durante muito tempo, começa a se sentir sobrecarregado com a responsabilidade. E então o papel de salvador é deixado de lado e ele assume o papel de perseguidor. Em vez de tentar "dar um jeito" na vítima, sendo carinhoso e paternalista, o salvador torna-se extremamente crítico. No papel de perseguidor, ele diz: "Por que não toma o seu remédio? Não entendo o que há de errado com você! É uma coisa tão simples!". Quando encontra o paciente deprimido, numa sala escura, reage dizendo: "Olhe só esse lugar, parece um velório!". E então acende as luzes todas de uma vez. O salvador chegava em casa todas as noites e perguntava à esposa: "Você fez suas três visualizações?". Mas, ao assumir o papel de perseguidor, se ela disser "Só fiz duas", imediatamente começa a acusá-la. Seu comportamento nasce com freqüência de sua própria impotência.

Esse sentimento de impotência pode levar a outro tipo de reação violenta, a sensação de abandono. Em nossa cultura, as pessoas aprendem a acreditar que quando amamos profundamente alguém, devemos demonstrar o quanto podemos fazer por ele. Assim, quando o marido não pode fazer com que a esposa se sinta bem, passa a acreditar que é um mau marido. Tenta evitar essa sensação de fracasso culpando o paciente ou evitando-o e abandonando-o. Isto não quer necessariamente dizer que ele vá morar em outro lugar. Ele pode, por exemplo, recomeçar a beber. Ou então passar longas horas extras no escritório. No caso da mulher, ela pode começar a se envolver em inúmeras obras de caridade — qualquer coisa que a ocupe e a mantenha longe da casa e do marido doente. As pessoas que têm essa atitude continuam em casa, mas é como se tivessem abandonado seus companheiros.

MÉDICOS E HOSPITAIS — OS SALVADORES

Como vimos no capítulo 6, "Como se relacionar com o médico", os médicos tradicionalmente assumem um papel orientador. O relacionamento médico-paciente de antigamente era muito semelhante à relação entre pais e filhos ou professor e aluno. O médico simplesmente dizia ao paciente o que fazer. Mesmo que as receitas não sejam mais escritas em latim, existem muitos reminiscentes dessa antiga atitude. Os pacientes são muitas vezes tratados como se fossem crianças. Por sua vez, muitos pacientes vêem seus médicos como se fossem seus pais, em vez de profissionais remunerados. Acho que é importante para o paciente manter a autonomia, inclusive no que diz respeito ao seu relacionamento com o médico.

O ambiente do hospital pode criar no paciente a sensação de infantilidade e passividade, fazendo com que ele assuma o papel de vítima. A atmosfera estéril e impessoal dos grandes hospitais pode criar a ilusão de que o paciente não pode decidir nada e tem de aceitar todas as regras e regulamentos internos. Muitos pacientes acham que quando estão hospitalizados não podem opinar sobre a hora de dormir e de acordar. Nem sobre o que comer. Alguns pacientes se sentem vítimas por terem de obedecer aos horários de outras pessoas. A equipe médica geralmente determina os horários dos exames, do banho etc., sem pedir a opinião do paciente.

Como o ambiente hospitalar pode levar o paciente a se sentir passivo, e daí surgir a depressão, acho que é muito importante que o paciente se esforce para manter sua autonomia. Uma forma de fazer isso é pedir informações, para saber, por exemplo, seus horários. O paciente pode perguntar à enfermeira: "A que horas são dados os remédios?", "A que horas são servidas as refeições?", "A que horas são feitas as coletas de sangue?". O paciente deve expressar suas necessidades. Por exemplo, se os laboratoristas vierem fazer a coleta de sangue no momento em que o pastor da sua igreja está conversando com o paciente, este poderá dizer: "É muito importante essa conversa com o meu pastor. Vocês podem voltar mais tarde?". Quando o paciente estiver discutindo algum assunto importante com a família e a enfermeira chegar para tirar sua temperatura, ele pode pedir que ela volte mais tarde. Alguns hospitais não incentivam esse tipo de pedido. As enfermeiras em geral ficam surpresas, e mesmo um pouco chateadas, quando o paciente expressa sua vontade dessa forma. Mas temos observado que, quanto mais assertivo é o paciente, mas rápido se recupera, provavelmente porque não se sente uma vítima no hospital. Ele não se vê desamparado, levado de um lado para outro, à vontade do hospital. Ao contrário, vê no sistema e no programa hospitalar instrumentos que existem para serem usados e ajudá-lo. O paciente que tem esse referencial sente-se à vontade para reivindicar seus direitos e pedir ao hospital que leve em conta suas necessidades.

Conheci vários pacientes que quiseram manter sua autonomia durante sua passagem pelo hospital e personalizavam seus quartos. Uma de minhas pacientes trazia de casa seus lençóis e fronhas, bem coloridos. Outros pacientes acertaram com seus médicos para que sua família pudesse trazer comida de fora. Uma mulher colocou fotografias dos parentes no quarto. Bob Gilley também trazia fotografias sempre que era hospitalizado — fotos suas da época em que estava com boa saúde, o que lhe fazia lembrar como se sentia quando estava bem.

Trazer a própria roupa de cama e decorar o quarto pode ser muito útil, mas nem todos os pacientes podem se dar esse luxo. Mesmo em quartos particulares os regulamentos internos do hospital devem ser respeitados. Principalmente nas enfermarias. Porém, mesmo numa enfermaria, onde não há uma parede onde colocar as fotos de família, o paciente pode trazer um álbum para se lembrar dos momentos felizes.

Alguns pacientes sentem quanto é benéfico ter atividades extra-hospitalares. O paciente pode, por exemplo, continuar tendo massagens com sua massagista particular, mesmo quando está hospitalizado. Outros pacientes, acostumados a fazer exercícios regularmente, caminham diariamente pelos corredores do hospital. Uma senhora tinha por hábito conversar com sua vizinha todas as manhãs, enquanto tomavam café. Nos dias em que a vizinha não podia visitá-la no hospital, elas mantinham o ritual conversando pelo telefone no horário habitual. Alguns pacientes transformaram seus quartos em escritórios, onde podiam cuidar de certos documentos e fazer negócios pelo telefone.

Os pacientes que mantêm algumas de suas atividades durante a hospitalização geralmente se recuperam melhor do que aqueles que adotam uma atitude de vítima passiva. Há porém uma diferença importante entre ser tratado como vítima e ser tratado com cuidado e carinho. Às vezes, o paciente hospitalizado se sente mal e não quer assumir a responsabilidade por tudo nem manter suas atividades normais — se for esse o caso, não se deve forçá-lo a essa atitude. Todo mundo precisa relaxar e ser mimado de vez em quando, deixando que outras pessoas temporariamente assumam a responsabilidade. Se o hospital puder assumir essa função, o paciente sairá ganhando. Ele pode até querer que as pessoas cuidem totalmente dele por enquanto. Nesse caso, pode dizer à esposa: "Estou me sentindo sem forças. Você se importa de falar com as enfermeiras por mim?". Ou então ao médico: "Sinto-me péssimo. Não quero atender telefonemas do escritório. Não quero fazer nada enquanto estiver no hospital, a não ser descansar, tomar os remédios e melhorar. O senhor pode pedir que os telefonemas sejam transferidos apenas entre 11 da manhã e 3 da tarde?". O paciente que pede que sua parte vulnerável seja reconhecida está se responsabilizando por suas próprias necessidades, já que o pedido parte dele. Dessa forma, ele continua no comando e mantém sua autonomia, o que é bem diferente de ser infantilizado pela instituição por ter *pedido* para que cuidassem dele e o protegessem.

COMO AJUDAR — SEM TENTAR SALVAR

Gostaria de colocar quatro questões que podem indicar se a pessoa está tentando salvar alguém — às vezes sem se dar conta disso. (1) Você decidiu que sabe o que está acontecendo com o paciente, em vez de deixar que ele se expresse? (2) Você acha que sabe como mudar o humor do paciente, por isso diz o que ele deve fazer, em vez de dar seu apoio e deixá-lo decidir do que precisa? (3) Você está tão certo de que sabe qual é o melhor caminho a seguir a ponto de forçar o paciente a fazer o que acha correto? (4) Ao examinar seus motivos, você descobre que está agindo assim com o paciente para evitar seus próprios sentimentos? (Isto acontece se você percebe que freqüentemente se zanga com o paciente. A raiva é mais fácil de ser enfrentada do que a sensação de inutilidade, medo ou tristeza.)

Enumerei esses quatro pontos porque, muitas vezes, os parentes bem-intencionados, na tentativa de ajudar o paciente, estão na realidade tentando salvá-lo, e essa atitude, ao invés de positiva, é nociva. Os parentes que percebem que estão tentando salvar o paciente podem adotar uma atitude positiva se examinarem seus sentimentos e necessidades. Muitas vezes, as pessoas que adotam atitudes salvadoras não cuidam de suas necessidades e canalizam toda a energia para o paciente. Após algumas semanas de autonegligência, começam a se sentir tão abandonadas que passam a ficar zangadas. Uma das melhores maneiras de evitar salvar o paciente é privilegiar suas próprias necessidades.

Às vezes, as pessoas que cuidam do paciente hesitam em pedir-lhe ajuda, o que é uma pena, pois o paciente precisa sentir-se útil e necessário também. Mesmo que o paciente esteja muito debilitado, há maneiras de se sentir útil. A esposa pode dizer: "Querido, estou precisando que você me abrace. Estou me sentindo meio pra baixo hoje". Ao visitar a esposa no hospital, o marido pode dizer: "Lynn, tive um péssimo dia no escritório! Posso lhe contar o que aconteceu? Você está se sentindo bem para ouvir o que aconteceu comigo hoje?". Insisto no fato de que esse tipo de pedido é bom para o paciente. Um dos fatores que contribuem para a infantilização do paciente é que ele se sente culpado por não estar dando sua contribuição à família. O resultado é que ele passa a se isolar, deixa de pedir aquilo de que precisa, o que leva a família a adotar uma atitude ainda mais salvadora. É um círculo vicioso. Uma maneira de quebrar esse círculo é pedir ao paciente que participe. Quando a família passa a cuidar das suas necessidades, deixando de tentar salvar o paciente, ele pode começar a expressar os seus desejos. Esse tipo de reivindicação faz com que ele se sinta responsável por si mesmo, com que se sinta útil e, dessa forma, capaz de pedir aos outros que respeitem suas necessidades.

O doente de câncer pode achar que sua doença está ferindo as pessoas que ama e ficar corroído de remorsos. Ele pode expressar esse sentimento de várias maneiras: "Não mereço o trabalho que estou dando nem a atenção que estou recebendo". Ou ainda, de forma mais direta: "Estou chateado em ver como isso é difícil para você. Sinto-me mal de ver o quanto minha doença complicou sua vida". O paciente que diz isso esquece que os riscos de se amar alguém incluem bons e maus momentos. O paciente e sua família precisam lembrar que, quando amamos alguém, não há garantias de que essa pessoa vá estar sempre bem, física e emocionalmente. Quando o paciente demonstrar que se sente culpado, a pessoa que está cuidando dele pode confortá-lo, dizendo: "Está sendo difícil, é verdade. Mas eu também já fiquei doente, não é? Lembra como você cuidou de mim quando tive aquele problema nas costas há três anos? Quero que saiba que quero fazer o mesmo por você, meu bem".

Às vezes, o paciente julga que cuidar da sua doença é mais difícil do que na verdade é. A esposa pode reconfortá-lo dizendo: "É inconveniente, sim, e bastante difícil — mas não sou eu quem está com câncer. Não é tão difícil para mim como você pensa. Eu e as crianças podemos cuidar de nós mesmos. Vamos nos sair bem".

A família pode inadvertivamente tentar salvar o paciente achando que ele não pode continuar suas atividades normais. É possível ajudar — em vez de tentar salvar — deixando que seja o paciente a dizer: "Não estou com vontade de fazer isso agora", em vez de falar por ele: "Meu marido não vai poder participar dessa reunião", ou "John não vai poder jogar golfe, então é melhor nem telefonar". Normalmente, assim que o diagnóstico é conhecido, a família passa a limitar as atividades do paciente, achando que ele não pode fazer mais nada. Isto faz com que ele seja infantilizado e aumenta a sua sensação de inutilidade. É bom deixar que ele mesmo decida o que pode ou não fazer. É bem provável que ele consiga fazer mais do que a família imagina.

Também é comum a tendência de adotar uma atitude salvadora quando o paciente está deprimido. Talvez ele reprima o medo por vários dias, o que o deixa cada vez mais passivo e deprimido. A pessoa que está ao seu lado pode desesperadamente querer ajudá-lo a sair da depressão e às vezes fica muito assustada. Se esse medo se transformar em raiva contra o paciente, é porque a pessoa está adotando uma atitude salvadora. Uma abordagem mais útil seria verbalizar a sensação de que o paciente está sendo passivo. Talvez seja apropriado dizer: "Nossa, você está me parecendo passivo e deprimido! Fico muito assustada quando você fica assim durante muito tempo". É melhor não dizer mais nada além disso. O simples fato de a pessoa ter expressado seus sentimentos já é, por si só, bastante útil.

Pode-se ajudar a pessoa deprimida solidarizando-se com seus sentimentos. Para tanto, é necessário reconhecê-los. Quando o paciente está sentado, olhando tristemente pela janela, a esposa pode chegar, segurar sua mão e lhe dizer: "Deve ter sido um dia duro, não é?". Ela está sendo solidária e reconhecendo que ele está passando por uma fase ruim. Isso lhe dará oportunidade de se abrir e conversar sobre o que está sentindo. "Fui ao médico hoje. Ele disse que não estou progredindo como eu desejava. Fico tão chateado por não melhorar!" A esposa pode aceitar esses sentimentos, escutá-lo e responder que entende como deve ter sido ruim para ele. Essa forma de solidariedade dá abertura para que o paciente expresse sua frustração e seus sentimentos negativos. Se a esposa for capaz de escutá-lo e lhe dar apoio, ele conseguirá melhorar seu humor.

Há momentos em que, apesar de toda a atenção e solidariedade, o paciente continua deprimido por vários dias. É tão duro ver alguém que se ama deprimido e abatido, que a esposa pode querer fazer algumas sugestões. Mais uma vez, é importante respeitar a autonomia do paciente. Em vez de tomar a decisão de ajudar o paciente, é melhor perguntar o que se pode fazer. "Quer que eu faça alguma coisa para ajudar você?" Isto permite ao paciente decidir se quer ou não receber ajuda, e que tipo de ajuda, se for o caso. Ele continua dominando a situação, e o fato de ter o controle faz com que se mantenha independente.

Talvez ele decida não receber ajuda alguma — e esse seu direito deve ser respeitado. É sem dúvida muito difícil ficar olhando um ente querido que está sofrendo sem fazer nada, mas a pessoa deve tomar muito cuidado para evitar a tentação de socorrer o paciente. O desejo de tentar tirar o paciente da depressão, dando-lhe uma série de informações que ele não pediu e dizendo o que deve fazer para ficar melhor, é muito forte. A pessoa que esá ao lado do paciente pode estar aflita para dar esse tipo de ajuda, mas ela não é útil, pois o menospreza. Se, após algum tempo, a pessoa sente que deve fazer alguma coisa, pode novamente dizer ao paciente o que está sentindo: "Percebo que você está meio triste há muito tempo. Isto está me preocupando". Pode ser difícil evitar dizer ao paciente o que fazer, mas esta é a melhor atitude a tomar.

Talvez a pessoa tenha alguma informação que considere útil para o paciente. Em vez de impingir sua opinião, é melhor perguntar-lhe se ele deseja ouvir o que ela tem a dizer: "Tenho umas informações que talvez tenham a ver com o que você está sentindo. Talvez elas possam ser úteis. Você gostaria de saber?''. Ao abordar o paciente dessa forma, a pessoa estará *pedindo* permissão para lhe dar apoio ou opinião. O paciente tem o direto de recusar e dizer: ''Não, não quero saber nada a esse respeito''. Mesmo que ele se recuse a ouvir, ou fique chateado e saia porta afora, a oferta ficou registrada. Muitas vezes, uma pessoa que se recusa a ouvir uma opinião volta algum tempo depois e diz: ''Estive pensando a respeito daquilo que você disse. O que você queria me dizer?''.

Concluindo, acredito que é importante que a pessoa que está ao lado do paciente compreenda a diferença entre ajudá-lo e tentar oferecer-lhe uma tábua de salvação. É natural querer ajudar. Mas quando esse desejo leva a querer salvar a pessoa, mesmo que as intenções sejam as melhores possíveis, os resultados podem ser nocivos. Pode até impedir que o paciente melhore. A família que oferece o seu apoio e respeita a autonomia do paciente estará tendo uma função muito positiva e essencial.

15

Como Vencer a Depressão

Há boas razões para se crer que a depressão esteja intimamente associada ao câncer. Em primeiro lugar, como já afirmei anteriormente, o peril de personalidade demonstra que, mesmo antes que aparecesse o câncer, já havia uma tendência a reprimir emoções como a raiva, a tristeza e o medo, o que pode levar à depressão. Portanto, é provável que a pessoa com câncer já estivesse deprimida mesmo antes do diagnóstico. O diagnóstico de câncer muito provavelmente induz depressão no doente e em sua família. No caso do paciente, tanto a doença como os efeitos colaterais do tratamento causam geralmente cansaço físico e estresse emocional, contribuindo também para a depressão. No caso de pessoas fisicamente doentes, as reações fisiológicas e químicas são responsáveis pelo aparecimento da depressão. A própria natureza do câncer, com seus altos e baixos, sua incerteza quanto ao futuro e a possibilidade da morte cria períodos de depressão.

Muitos estudos realizados nos últimos anos relacionaram o câncer à depressão. R.W. Bartrop, de New South Wales, na Austrália, fez uma pesquisa interessante sobre o assunto: partiu da hipótese de que a depressão resultante da repressão da tristeza pode ser realmente nociva à saúde. Bartrop concentrou-se nos viúvos e viúvas. No ano que se segue à morte do cônjuge, essas pessoas estão mais sujeitas à incidência de câncer e de outras doenças graves. O pesquisador procurou estabelecer a ligação fisiológica que explicaria essa informação. E o fez através de um estudo do sistema imunológico de um grupo de pessoas cujos companheiros haviam falecido recentemente. Foram feitas coletas de sangue logo após o falecimento e, em seguida, outros exames de sangue. Ele descobriu que a atividade imunológica dos viúvos era bem mais baixa do que a dos que não haviam sofrido nenhuma perda familiar há pelo menos dois anos. Porém, é importante observar que a perda em si mesma não faz baixar a atividade imunológica. Os estudiosos descobriram que a depressão decorrente da repressão da tristeza causada pela morte do cônjuge era a chave do problema. Embora vários fatores possam levar à depressão, a negação dos sentimentos é um dos mais comuns e talvez deva ser considerado o fator principal.

COMO RECONHECER A DEPRESSÃO

É surpreendente que, na maior parte dos casos, a depressão não seja reconhecida nem pelo paciente nem por sua família. Mas, já que a depressão tem tanto poder de interferir na atividade imunológica — sem falar na qualidade de vida da pessoa —, é muito importante reconhecê-la. Além do mais, as pessoas sentem muita dificuldade em lidar com a depressão quando não estão conscientes da sua existência. É possível que de vez em quando sintamos uma leve depressão por estarmos reprimindo sentimentos. Trata-se de uma conseqüência de séculos e séculos de aprendizado, em que somos obrigados a reprimir nossos instintos e impulsos naturais de forma a poder viver em sociedade. Por exemplo, na sociedade atual não é apropriado seguir o impulso de dar uma marretada na cabeça de alguém quando se está com raiva. Controlamos não só essa, mas muitas outras reações espontâneas, pois sentimos que é necessário fazê-lo. O problema acontece quando também reprimimos e restringimos as emoções que acompanham os impulsos. Às vezes, chegamos ao ponto de reprimir tão bem nossos sentimentos que nem mais percebemos quando estamos agindo assim.

A negação de sentimentos decorrentes de um incidente qualquer pode resultar em depressão rápida e profunda. Todo mundo se sente assim de vez em quando. Pode ser o caso do vendedor que passa o dia tentando fechar três vendas importantes e ouve três rejeições. Ele chega em casa deprimido e chateado. Porém, no dia seguinte, ergue a cabeça e diz: "Nada de ficar deprimido. Vou à luta de novo!". E sua depressão desaparece assim que ele consegue fechar uma venda.

A depressão aguda é rotineira, e todos nòs a sentimos de vez em quando. Mas a depressão crônica não se resolve da noite para o dia, pois tende a aumentar. Esse tipo de depressão a longo prazo pode ser nociva tanto ao doente canceroso como à sua família. O paciente deprimido talvez nem se dê conta do que está sentindo, por várias razões. Uma delas é que em nossa cultura muita gente considera a depressão um tabu. As pessoas têm medo da depressão e também do que os outros vão pensar delas, e por isso negam seus sentimentos. Há também o medo do efeito que a depressão possa ter sobre a família. A família geralmente não sabe como expressar seus sentimentos sobre a depressão e acha melhor não expressá-los. Quando alguém nega sua depressão ao ponto de não ter a mínima consciência dela, torna-se difícil curá-la. A depressão reprimida é a mais perigosa, pois consome continuamente energia física e emocional.

Ao negar sua depressão, a pessoa pode perder a perspectiva de si mesma, e às vezes é outra pessoa quem descobre o problema. Levando isto em consideração, gostaria de indicar alguns sintomas comuns que indicam que alguém está deprimido, sem que, às vezes, ele mesmo perceba. (1) Uma atitude pessimista, desesperançada, em relação a tudo, com afirmações do tipo "Para que fazer isto?" (2) Perda de perspectiva do futuro, como se houvesse uma nuvem sobre sua cabeça, impedindo-a de enxergar adiante. Surge uma incapacidade de fazer planos para as próximas férias ou uma falta de interesse no casamento próximo da filha, por exemplo. Como a pessoa se sente sobrecarregada com os acontecimentos do dia-a-dia, não consegue fazer planos a longo prazo. (3) A percepção emocional pode desaparecer. No caso do paciente canceroso, isto pode acontecer por ele não desejar enfrentar a ansiedade diante da possibilidade da morte. (4) Uma atitude de indiferença emocional. A pessoa deixa de demonstrar suas emoções. Sua aparência é apática, seus olhos não têm brilho e seu rosto não tem cor nem expressão. Seu nível de atividade diminui significativamente e a pessoa parece estar funcionando em câmera lenta e mostra-se permanentemente cansada. (5) O sono fica perturbado. A pessoa passa a dormir muito mais, chegando a dez, doze ou mesmo catorze horas por dia, ou então acorda no meio da noite e não consegue voltar a dormir. (6) Há uma diminuição do interesse sexual.

Os sintomas acima são típicos da depressão crônica. Há ainda uma outra forma de depressão, que tem sintomas distintos e pode ser facilmente identificada pela família. É a chamada depressão agitada. Enquanto o paciente que sofre de depressão típica fica letárgico, aquele que tem uma depressão agitada demonstra atividade fora do normal. Para não ter de enfrentar a depressão, a pessoa se mantém ocupada o tempo todo. Está sempre se movimentando, sempre fazendo algo e sempre rodeada de outras pessoas. Quase nunca diminui seu ritmo. Sua aparência não indica tristeza, mas otimismo e alegria. A pessoa tenta dessa forma negar sua depressão — o que é perigoso. A negação é tão profunda que quando alguém lhe diz: "Você me parece deprimido", sua reação é "Eu! Você deve estar sonhando!".

A negação contínua dos sentimentos durante a depressão, agitada ou crônica, pode diminuir a eficiência do sistema imunológico. Além do problema físico dela decorrente, há ainda a possibilidade de alienação dentro da família, pois a pessoa deprimida fecha-se e não consegue comunicar suas emoções. Em geral, não é o paciente que percebe sua depressão, e sim a pessoa que está mais próxima a ele.

COMO LIDAR COM A DEPRESSÃO

Caso surja a desconfiança de que o paciente está deprimido, é bom perguntar-lhe diretamente o que está sentindo. Isto é mais eficaz do que tentar definir a depressão. Se o paciente não percebe que está negando seus sentimentos e alguém lhe diz: "Parece-me que você está deprimido'', ele negará ainda mais seus sentimentos e rejeitará o que lhe foi dito. A pessoa mais ligada ao paciente deve colocar seus próprios sentimentos, dizendo, por exemplo: ''Você não está me parecendo à vontade''. Assim, estará dando ao paciente a oportunidade de expressar seus sentimentos. ''Estou preocupado com você, John. Está acontecendo alguma coisa? Quer me contar o que é?'' Isto reflete o que a pessoa observou e não o que ela acha que o paciente está sentindo. Por outro lado, uma observação do tipo ''Acho que você está deprimido'' parece uma intromissão e pode ter o efeito de aumentar o estado depressivo do paciente.

É importante permitir ao paciente que ele próprio identifique sua depressão. Se fizer isto, ele estará dando o primeiro passo para se libertar dela. O processo de cura começa quando o paciente, e não outra pessoa, descobre o que está acontecendo. Pode-se estimular a percepção através de perguntas do tipo: ''John, estou preocupado. Você parece cansado e letárgico. Quer me contar o que está havendo? O que você está sentindo?''. A essência deste tipo de comunicação é perguntar ao paciente, e não dizer a ele, o que ele está sentindo.

É possível que, mesmo estando deprimido, o paciente responda: ''Está tudo bem''. Se isto acontecer, é importante respeitar seu silêncio. Talvez ele esteja rejeitando a pergunta por não querer que outras pessoas saibam como ele está se sentindo. Se o paciente estiver negando sua depressão, qualquer que seja a razão, ele talvez precise de tempo para refletir sobre o que lhe foi perguntado e sobre seus próprios sentimentos. Se não forçarmos uma resposta, estaremos incentivando-o a pensar no assunto. É importante entender que, mesmo que o paciente não nos responda imediatamente, isto não significa que a mensagem não foi registrada. A simples demonstração de interesse e do desejo de ajudá-lo dá ao paciente a oportunidade de identificar seus sentimentos.

Também é possível que o paciente responda, às vezes de maneira enfática: ''Estou me sentindo péssimo! Às vezes, tenho vontade de jogar tudo para o alto e desaparecer!''. Ao ouvir isso, geralmente entramos em pânico e ficamos tão sem graça que tentamos levantar o moral do paciente, dizendo: ''Ei, o que é isso! Use seu pensamento positivo!'', ou então: ''As coisas não são tão ruins quanto parecem''. Mas isto é como se disséssemos: ''Não perceba seus sentimentos''. Essa atitude implica dizer que é errado sentir-se deprimido, e o paciente pode reagir negando ainda mais sua depressão.

Quando o paciente exterioriza sua tristeza e depressão, é mais útil afirmar: ''Sinto muito que esteja tão deprimido — posso entender como se sente''. Podemos também manifestar nosso apoio pelo que o paciente disse: ''Ainda bem que disse isto, porque estava muito preocupado com você''. Este tipo de resposta reconhece e aceita os sentimentos do paciente sem infantizá-lo, sem tentar bobamente animá-lo. Podemos também oferecer nosso apoio perguntando: ''Há alguma coisa que eu possa fazer para ajudar?" Se a resposta for negativa, podemos ainda dizer: "Tudo bem, mas, se mais tarde você achar que sim, saiba que pode contar comigo".

Talvez o paciente realmente não consiga pensar em nada, e então é possível mostrar-lhe algumas maneiras de ajudar. Esta é uma questão bastante delicada. A linha entre ajuda e salvamento é muito tênue — deve-se evitar definir as necessidades do paciente. É melhor esperar que o paciente descubra do que precisa e o que podemos fazer para ajudá-lo. Se ele não conseguir fazer isso, podemos dar-lhe algumas opções: "Posso abraçar você, se quiser", ou ainda: "Posso cuidar das crianças, se precisar".

A pessoa que sofre de uma depressão agitada será receptiva a uma abordagem diferente. Como ela está sempre agitada, podemos dizer-lhe: "John, estou preocupada com o que acontece quando você está sozinho. O que acontece nessas horas?". Esta pessoa raramente fica sozinha, pois teme enfrentar seus sentimentos. Porém, mais cedo ou mais tarde, terá de ficar sozinha. Ninguém consegue ficar ocupado e cercado de pessoas o tempo todo. E então essa pergunta começa a fazer sentido e ajuda o paciente a definir como está se sentindo.

Dar ao paciente uma oportunidade de reconhecer sua depressão é uma boa maneira de oferecer apoio. Outra seria expressar nossos sentimentos. Este é, muitas vezes, o melhor apoio possível, pois incentiva o paciente a sentir-se útil e necessário. É também uma forma de incluí-lo na família, o que sem dúvida é muito importante. Se a família não partilhar os bons e maus momentos com o paciente, estará inadvertidamente excluindo-o. Muita gente acha difícil falar sobre problemas com alguém que está doente. "Não posso sobrecarregar meu marido com meus problemas no trabalho. Ele já tem tantos problemas de doença!", diria a esposa preocupada. O fato é que conversar sobre nossos problemas não sobrecarrega o paciente. Ao contrário, ele se sentirá mais necessário. É útil dizer: "Meu bem, estou tão chateada! Não estou indo muito bem no meu trabalho atualmente. Estou me sentindo mal porque gostaria de ajudá-lo mais e às vezes sinto que não consigo". Ao fazer isto, a esposa estará compartilhando seus sentimentos e permitindo ao paciente ajudar alguém de quem ele gosta. E, por sua vez, ele se sentirá à vontade para comunicar seus sentimentos.

Às vezes os parentes hesitam em contar más notícias ao paciente por não terem certeza de que ele tenha condições de agüentar. Neste caso também é melhor deixar a decisão ao paciente. Podemos perguntar: "Estou me sentindo triste e deprimido — posso lhe contar o que aconteceu?". Isto dá ao paciente a possibilidade de responder: "Não, estou me sentindo abatido e com dor. Não quero ouvir nada deprimente". Se esta for a resposta, perfeito. Não há mal em se perguntar. O que é ruim é a decisão que algumas famílias tomam de sempre parecerem otimistas e alegres perto do paciente. Este comportamento cria uma atmosfera irreal, que só faz aumentar seu sentimento de alienação. Ele pode até começar a pensar que é a única pessoa que se sente assim — que é diferente e que portanto algo deve estar errado com ele.

AJUDA NÃO-VERBAL CONTRA A DEPRESSÃO

Até agora vimos as possíveis maneiras de ajudar o paciente deprimido através da comunicação verbal, mas existem maneiras não-verbais de lidar com a depressão. Uma delas é o exercício físico. Quando a pessoa se sente deprimida, o programa de exercícios torna-se duplamente importante. Os parentes podem demonstrar seu apoio participando junto com o paciente — se ele o desejar. Talvez ele diga, por exemplo: "Sinto-me muito deprimido hoje, e não estou com vontade de caminhar, mas sei que me sentiria melhor se o fizesse. Você gostaria de vir comigo?". Muitos pacientes usam a caminhada como um antídoto para a depressão. Como diz Marge Deacon: "Acho que o exercício físico é um dos melhores tratamentos para a depressão. Quando me sinto desanimada, faço uma caminhada de uns cinco quilômetros e sinto-me melhor. Após o primeiro quilômetro, já ingeri uma boa quantidade de oxigênio, prestei atenção às árvores e flores, escutei os pássaros, e sinto-me bem melhor. No fim do terceiro quilômetro, já saí da depressão".

Outro antidepressivo excelente é o contato físico. Muitas pessoas fogem do contato físico quando estão deprimidas, mas um dos melhores remédios contra a depressão é justamente fazer o contrário. Alguns pacientes simplesmente pedem a alguém da família ou a um amigo que os abrace. Porém, mesmo quando o paciente não pede carinho diretamente, seus parentes podem lhe oferecer afeto físico. Há muito conforto num abraço, que parece comunicar coisas que as palavras não conseguem. Além do mais, quando sentimentos reprimidos são expressos, a depressão é aliviada e a pessoa que está sendo abraçada consegue expressar com mais facilidade esses sentimentos. Em alguns casos, a pessoa pode até começar a chorar nos braços do outro. No próximo capítulo, "Intimidade e carinho", discutiremos esse assunto mais detalhadamente.

Existem expressões de amor triviais e atenciosas que podem fazer com que a pessoa se sinta necessária. Levar uma rosa para um paciente deprimido pode melhorar o seu humor. "Vi esta rosa no jardim e pensei em você, meu bem." E também: "Mal podia esperar chegar do trabalho para lhe dar um abraço apertado". Música suave pode ser confortador. As possibilidades só encontram limite na imaginação de cada um. Porém é bom lembrar que, embora atos de carinho sejam acalentadores, tentar criar uma atmosfera alegre para "levantar o moral do paciente" não ajuda. Quando o paciente está triste, colocar uma música agitada na vitrola, dar uma grande festa ou sugerir-lhe que assista a um filme cômico na televisão podem ser maneiras de descartar seus sentimentos. É muito importante ajudar o paciente a enfrentar sua depressão. Tentar animá-lo apenas o leva a evitar seus sentimentos.

Alguns remédios causam depressão ou contribuem para piorá-la. O tratamento do câncer tem uma grande variedade de efeitos colaterais, mas alguns pacientes ficam deprimidos quando ele inclui um certo tipo de remédios. Por outro lado, o paciente que está sob forte medicação pode ficar deprimido. Quando surge a desconfiança de que a depressão pode estar sendo causada pelo tratamento, o paciente e sua família devem conversar com o médico. Caso contrário, o médico não poderá saber do grau de depressão. Quando a qualidade de vida do paciente estiver sendo prejudicada por uma depressão associada aos remédios, os médicos deverão ajustar o quadro de medicamentos.

É claro que o nível de tolerância varia de pessoa a pessoa, mas uma depressão prolongada pode tornar-se insuportável para o paciente e afetar sua qualidade de vida. Se isto acontecer, talvez seja a hora de procurar ajuda. Às vezes, todos os familiares estão tão perturbados com a enfermidade que surge um sentimento geral de desespero. Quando isto acontece, como os familiares estão mergulhados na situação que provocou esse sentimento, é quase impossível eliminá-lo sem ajuda profissional.

Normalmente, o medo da depressão é tão forte que as pessoas tentam ignorar sua existência. É como se achassem que, reconhecendo que ela existe, piorariam a situação. Na realidade, o que acontece é o oposto. Quando reconhecemos a depressão, falamos sobre ela com outra pessoa e sentimos que nossos sentimentos são aceitos, começamos a sair dela. Embora muitas pessoas pensem o contrário, não é verdade que reconhecer a depressão nos leve fatalmente a afundar nela e à morte. Quando aceitamos que estamos deprimidos, reunimos forças para vencê-la. Além do mais, a depressão e alguns sentimentos de desespero são normais no decorrer da enfermidade. É apenas uma questão de grau. A depressão muito profunda ou muito duradoura pode abalar seriamente a qualidade de vida da pessoa, e por isso não deve ser ignorada. Quando o paciente reconhece seus sentimentos e recebe o apoio da família, a depressão diminui de maneira significativa.

16

Intimidade e Carinho

Qualquer que seja o estado da nossa saúde, todos nós precisamos de amor e cuidados. Quando estamos doentes, mais fragilizados portanto, em geral essa necessidade aumenta. A intimidade e o carinho podem ter um papel significativo no processo de cura. E é por isso que receito grandes quantidades de ambos aos meus pacientes.

Estudos recentes demonstraram o papel que o carinho e o amor exercem no processo de cura. Na Universidade da Califórnia, em San Francisco, pesquisas demonstraram que pacientes cardíacos que têm animais de estimação melhoram mais rápido do que os que não têm. Outro estudo dividiu os pacientes que estavam se recuperando de ataques cardíacos em três grupos. Nos quartos dos pacientes do primeiro grupo foram colocadas plantas para que eles cuidassem delas. Os do segundo grupo também ganharam plantas, mas não deveriam cuidar delas pessoalmente. Sua responsabilidade limitava-se a informar à enfermeira quando a planta precisava de cuidados. Os pacientes do terceiro grupo não ganharam nenhuma planta. Os pacientes do primeiro grupo precisaram de menos cuidados e de menor tempo de hospitalização. Os do segundo grupo reagiram menos bem e os do terceiro grupo tiveram o pior desempenho.

Esses e outros estudos realizados na mesma área parecem indicar que um paciente que tem algo ou alguém de quem cuidar tem mais sentido em sua vida, que, segundo creio, relaciona-se com a vontade de viver. Se uma planta ou um animal de estimação pode dar mais sentido à vida do paciente, então podemos imaginar quanto a vontade de viver pode ser fortalecida por relacionamentos significativos com outras pessoas — através da intimidade e do carinho.

Ao mesmo tempo que dar amor é importante, todos nós também precisamos receber amor. Isto foi mostrado de maneira surpreendente alguns anos atrás em estudos realizados com crianças em orfanatos. As crianças que eram tocadas fisicamente e amadas tinham um ótimo desenvolvimento. Porém aquelas que tinham pouco carinho e contato físico tiveram um desempenho ruim, tanto física como emocionalmente. Essas descobertas confirmam a importância do carinho para a sobrevivência.

Temos observado um aumento significativo de doenças crônicas degenerativas nos últimos cem anos. Esse aumento corresponde a mudanças que levaram à perda de uma fonte importante de carinho — o núcleo familiar extenso. Antigamente, as pessoas em geral nasciam, cresciam e morriam em um raio de alguns quilômetros e durante toda a vida contavam com um círculo amplo e íntimo de familiares e amigos. Eram pessoas que se podia procurar em momentos de desespero, com quem era possível se abrir, com quem se podia contar. Em nossa cultura atual, urbanizada e móvel, ao contrário, muitas pessoas vivem a milhares de quilômetros do lugar onde nasceram e poucas conseguem substituir de maneira apropriada o núcleo familiar extenso. A alienação e o isolamento crescentes sem dúvida têm seu preço, e há indícios de que estão relacionados a um aumento da incidência de doenças.

É impressionante a falta de intimidade na vida urbana moderna. Imaginemos nossos avós caminhando pelas ruas da cidade pequena onde viveram. Com certeza seriam cumprimentados por um parente, pelo pároco da igreja local, por um amigo de infância e por outras pessoas que conheciam desde pequenos. Como esses relacionamentos têm raízes profundas, os cumprimentos eram sem dúvida acompanhados de apertos de mão e abraços honestos e calorosos. Sabemos que a sensação geral de carinho e segurança comunicada por esses círculos de apoio tem um efeito positivo sobre a saúde. Hoje em dia, nosso estilo de vida é tão frenético que ficamos ocupados demais para sequer reconhecer a falta de aconchego que sentimos no meio em que vivemos. Mas ela existe e significa que a maioria das pessoas precisa de carinho e aconchego, que não são mais fornecidos pelo tipo de núcleo familiar que existia antigamente. Mas há maneiras de resolver este problema. Uma delas seria criar um círculo de apoio, como examinamos no capítulo 5. Outra maneira é construí-lo a partir do amor e carinho que já existem dentro de nossa família e de nosso círculo de amizades.

ACARICIAR E ABRAÇAR

A importância do contato físico já foi demonstrada em experiências com coelhos. Um grupo de coelhos era tocado e acariciado por um estudante universitário. Um outro grupo não o era. Os coelhos que recebiam essa demonstração de amor estavam menos sujeitos à incidência de doenças das coronárias, ao contrário daqueles que não as receberam. O contato físico transmite um tipo de amor de que nós, seres humanos, também podemos precisar para o processo de cura.

Grande parte deste livro concentra-se na forma verbal de comunicação e expressão dos sentimentos. Não há dúvida de que a expressão verbal é importante, mas a comunicação não-verbal é às vezes mais eficiente e profunda. Descobri o quanto isto era verdadeiro ao visitar um dos meus pacientes no hospital. Algumas vezes, quando eu entrava em seu quarto, encontrava-o tenso, tentando esconder da família o quanto estava sofrendo. Eu me sentava na cama e simplesmente segurava sua mão, às vezes acariciando-a suavemente, outras vezes sem dizer uma palavra. Alguns dos meus pacientes mais "duros" deixavam cair a máscara e choravam. O contato físico fazia com que relaxassem e conseguissem um pouco de alívio para seus sentimentos reprimidos.

Esses pacientes podem não ser receptivos à comunicação verbal, e se fecham quando alguém que gosta deles tenta lhes falar sobre seus sentimentos. Talvez o paciente não consiga lidar com o medo de morrer e não fale sobre ele até que sua mulher ou companheira o abrace firmemente. Então ele pode começar a chorar e a dizer o quanto está com medo. Às vezes confrontamos os sentimentos dolorosos mais facilmente quando recebemos conforto físico de alguém a quem amamos.

De certo modo, o abraço é a maneira melhor e mais pura de expressar amor. O ato de abraçar transmite um calor e uma sinceridade especiais que comunicam diretamente o sentimento à pessoa, sem qualquer tipo de censura. Enquanto nem todo mundo consegue se comunicar bem com palavras, que às vezes falham quando queremos dizer realmente o que sentimos, um abraço carinhoso passa uma mensagem clara. Mesmo quando conseguimos nos expressar claramente, as palavras podem não ser tão fortes quanto o contato físico. "Eu gosto de você" é bem diferente de um abraço forte e caloroso. É uma pena que a nossa cultura não nos permita uma maior proximidade física. As pessoas com certeza apreciariam o calor humano e o conforto.

A pessoa que está doente tem uma necessidade maior de ser acariciada e amada. Nesse caso, é até mesmo adequado comparar o paciente seriamente doente a uma criança pequena, pois ambos sentem-se vulneráveis e desamparados. Tanto a criança como a pessoa doente estão assustados porque não conseguem controlar o que lhes está acontecendo. E os dois precisam de muito carinho. Em certa medida, todo mundo precisa de carinho, embora tente negar isso. Dentro de cada um de nós há uma criança que necessita de compreensão, carinho. Queremos ser aceitos pelo que somos, e não pela maneira como agimos no nosso dia-a-dia. O ideal seria que a mãe desse esse amor incondicional a seu filho, pois permitiria que ele se sentisse seguro no mundo e desenvolvesse uma autoestima saudável. Seria maravilhoso que pudéssemos ser amados dessa maneira — apenas porque existimos. A necessidade de aceitação incondicional aumenta quando o paciente está sob grande estresse. A afeição física é uma das melhores maneiras de comunicar aceitação e amor ao paciente que não se sente bem fisicamente. E milagres acontecem quando se dá esse tipo de conforto ao paciente que não está em seus melhores dias.

Mas nem todos os pacientes aceitam de início a afeição física. Quando o paciente rejeita o contato físico, é importante respeitar os seus desejos. Ele pode ter boas razões para se sentir assim. O contato físico é algo tão íntimo que é importante respeitar a rejeição do paciente e manter um limite psicológico. Às vezes o contato físico não é aceito por estar associado a experiências ruins da infância, como o abuso sexual. Pode ser que a pessoa se sinta mal e com dores e ache que o contato físico não lhe fará bem.

Há quem recuse a afeição por ter um nível baixo de auto-estima e achar que não tem o direito de ser amado. Outros aprenderam na infância que têm de fazer algo para merecer amor. Como a aceitação dos pais era condicional, essas pessoas crescem acreditando que têm de agir de certa maneira para serem merecedoras de amor. Essa atitude pode ser adotada por toda a família — paciente, esposo ou filho. Quando o paciente recusa ser tocado é necessário aceitar sua decisão e assegurar-lhe que ele continua sendo amado e indispensável. Podemos dizer-lhe: "Acho que compreendo por que você não quer ser tocado nesse momento, mas quero que saiba que o amo e me preocupo com você. Quero abraçá-lo e expressar meus sentimentos profundos mesmo quando você se sente tão mal. Você não precisa fazer nada para merecer o meu amor". Algumas pessoas precisam de tempo para aceitar esse amor incondicional, mas no final ganham confiança e conseguem aceitar a afeição que lhes está sendo oferecida.

Sem dúvida, haverá momentos em que a pessoa de quem o paciente depende sente necessidade de ser tocada — afinal, todos nós precisamos de cuidados e carinho. Quando isto acontecer, devemos comunicar essa necessidade ao paciente. A esposa pode dizer: "Gostaria que me abraçasse". Quando a pessoa faz esse tipo de pedido, o paciente se sente útil, o que é ótimo para sua auto-estima. É importante lembrar que a auto-estima do paciente pode ser prejudicada pelos sentimentos de fraqueza e vulnerabilidade próprios da doença.

Da mesma maneira que a comunicação verbal pode não ser clara, o contato físico pode passar uma mensagem errônea. É importante que a pessoa que está ao lado do paciente conheça seus próprios sentimentos quando o está confortando e perceba o que está lhe comunicando. Se a pessoa que está amparando o paciente estiver, por exemplo, zangada porque ele está triste, a raiva pode ser comunicada de forma sutil durante o abraço. Sugiro que a pessoa lide com sua reação de raiva à tristeza antes de confortar o paciente. Outra reação possível à tristeza é dar afeição física para bloquear os sentimentos do paciente ou negá-los não-verbalmente. Quando o paciente estiver chorando, é preciso ter cuidado para que o conforto físico não seja condescendente. Ele pode transmitir uma mensagem subjacente: "Não se preocupe, vou fazer você melhorar". Embora necessite de afeição física, o paciente não precisa ser infantilizado nem tratado como uma vítima desamparada.

Muitas vezes as pessoas que querem ajudar o paciente me perguntam qual a melhor maneira de acariciá-lo. Sempre respondo que não há uma maneira correta. O próprio paciente deve definir do que gosta. Alguns gostam de ser abraçados, outros preferem um beijo no rosto, e outros ainda gostam que se lhes toque o cabelo. Aquilo que nos agrada como adultos geralmente está ligado a lembranças agradáveis de carinho físico da infância. É importante lembrar que nem sempre o que nos parece bom é bom para o paciente. Duas pessoas podem gostar que lhes esfreguem as costas, mas a uma agrada uma maneira suave, enquanto a outra prefere uma maneira mais vigorosa. Por isso é interessante indagar do paciente o que ele acha mais confortável: "Como você se sente?", "Você está gostando?".

Não devemos nos esquecer de que a família também precisa de carinho e contato físico. Todos os familiares, inclusive o paciente, sairão ganhando se tiverem um círculo de amigos que possam dar carinho físico. É arriscado contar com apenas uma ou duas pessoas, pois pode haver momentos em que não haja ninguém por perto. Bons amigos podem nos acariciar, esfregar nossas costas ou simplesmente segurar nossa mão. Em nossa sociedade, esse tipo de carinho físico é mais fácil para as mulheres do que para os homens. Infelizmente, nossa homofobia cultural não permite aos homens expressarem seus sentimentos ou se abraçarem da maneira como as mulheres fazem. Porém os homens também precisam desse tipo de alimento — tanto de outros homens quanto de mulheres.

INTIMIDADE, CARINHO E A PESSOA SOLTEIRA

Não há dúvida de que a pessoa doente que vive sozinha também precisa de carinho. Mas certamente receberá menos afeto, a não ser que o peça a seus amigos. É necessário que as pessoas solteiras sintam que precisam de afeto físico e o procurem em seus grupos de apoio. Alguns amigos gostam de abraçar, outros sentem-se mais à vontade segurando a mão do paciente. E outros preferem lhe fazer massagens nas costas.

Outra fonte de contato físico que recomendo é a de um fisioterapeuta ou massagista. Esses profissionais oferecem seus serviços através de organizações como a Associação Cristã de Moços, academias de ginástica ou salões de beleza. Alguns atendem a domicílio. Esse tipo de terapia pode ser de grande ajuda no combate à depressão, à ansiedade e à dor. Os médicos reconhecem a importância do contato físico, e há anos as enfermeiras hospitalares fazem, todas as noites, massagens nas costas dos pacientes. O contato físico faz o paciente relaxar e dormir mais confortavelmente. Tem feito milagres no processo de cura, e é uma pena que atualmente as enfermeiras estejam tão ocupadas e raramente tenham tempo de administrar esse tipo de "remédio". Trata-se de um bom remédio, e quem vive sozinho descobre que a massagem é uma ótima alavanca em seus esforços para recuperar a saúde.

As crianças são outra fonte de afeto para as pessoas solteiras. Crianças dão ao adulto uma aceitação e um afeto incondicionais, muito reconfortantes. Elas também precisam de contato físico e sentem-se muito mais à vontade com ele do que os adultos. Quando um adulto abraça uma criança, ambos terão uma sensação gostosa — é uma troca mútua. Muitas pessoas solteiras têm parentes ou amigos casados e com filhos que gostariam de ter um relacionamento assim. E aqueles que não têm podem procurar organizações do tipo Big Brothers of America e Big Sisters of America, que se baseiam na idéia que existem crianças e adultos que precisam de amor. Pacientes mais velhos podem participar de grupos de avós postiços, que cuidam de crianças quando os pais estão ausentes de casa.

INTIMIDADE SEXUAL

Em nossa cultura, uma das maneiras mais usuais de preencher nossas necessidades de contato físico e carinho é através da relação sexual. Provavelmente não existe relação mais íntima do que a de duas pessoas que se amam. Entretanto, muitos casais interrompem ou mudam sua atividade sexual quando um dos cônjuges fica doente de câncer. Em geral, não é a doença que faz com que diminua o contato íntimo, e sim o estresse, a ansiedade e a depressão de um ou ambos os parceiros.

Quando isto acontece, é útil lembrar que a necessidade de contato físico não é igual à necessidade de satisfação sexual. Esta distinção é importante, já que um dos parceiros pode ficar tão perturbado que não consegue funcionar sexualmente. Se for este o caso, é importante que o casal continue se abraçando, sentindo-se fisicamente íntimo, sem a pressão do ato sexual. O casal pode ter intimidade física embora esteja consciente de suas limitações sexuais, sejam elas causadas por razões físicas ou emocionais. Este pode ser um problema delicado, pois um dos parceiros talvez esteja se sentindo insatisfeito e frustrado sexualmente. Tanto para o paciente quanto para seu parceiro, isso acontece por causa do estresse e da incerteza causados pela doença.

É importante que os casais tenham por hábito conversar francamente sobre suas necessidades sexuais, mas isto se torna primordial quando o casal está lidando com uma doença grave. Ambos precisam mais da segurança do contato e da intimidade física, e não se deve permitir que uma mudança no grau de desejo sexual venha a frustrar essa necessidade. O paciente pode expressar sua vontade de ser acariciado e ser claro a respeito das limitações sexuais, da seguinte maneira: ''Estou me sentindo muito mal e não posso ter uma relação sexual, mas gostaria que você me abraçasse''. Isto indica ao parceiro o que o paciente pode ou não pode fazer.

Pode acontecer que o contato físico e o carinho excitem um dos parceiros, enquanto o outro não consegue ter relações. Neste caso, é interessante conversar sobre como o parceiro que se sente excitado sexualmente pode se satisfazer. Se o parceiro que não está excitado se sentir à vontade, talvez o outro possa se satisfazer através do contato físico, mesmo que a relação sexual não se complete. O casal também pode aceitar que o parceiro que está sexualmente excitado se masturbe para se satisfazer. Mas os casais queixam-se freqüentemente de que a masturbação é insatisfatória, já que não proporciona contato físico com o parceiro. Neste caso, os parceiros podem se abraçar e se acariciar. Existem muitas maneiras criativas de satisfazer as várias necessidades de um casal, desde que eles consigam comunicar seus desejos e limitações. É muito importante que um dos parceiros consiga dizer: "Quero um contacto sexual mais profundo" e o outro sinta-se à vontade para responder: "Não estou me sentindo bem e não posso ter relações agora, mas o que posso fazer para satisfazê-lo?". Se a imaginação do casal não lhes proporcionar muitas opções, as bibliotecas e as livrarias estão repletas de livros sobre a sexualidade que poderão abrir novas possibilidades. Em vez de um ou ambos os parceiros ficarem frustrados, o casal ainda tem a opção de consultar um sexólogo.

Se a vida sexual do paciente estiver muito reduzida, é uma boa idéia conversar com o médico. Às vezes, essa incapacidade é causada pelos medicamentos, e então o médico poderá fazer as modificações necessárias. Mas o médico só poderá ajudar se o paciente lhe disser o que está acontecendo.

Concluirei dizendo que dediquei um capítulo inteiro à intimidade e ao afeto sexual porque acredito piamente que o contato físico carinhoso é um dos melhores remédios para quem está se sentindo deprimido e sem vitalidade. Mesmo quando o paciente se sente fraco, o parceiro ou um amigo pode confortá-lo, abraçando-o e acariciando-o, sem que ele tenha de participar ativamente. De certa forma, o contato físico pode até melhorar o estado depressivo. Não há nada melhor do que o carinho para aumentar a auto-estima.

17

Ganhos Secundários

No início, as pessoas se surpreendem com a idéia de que o câncer possa oferecer qualquer tipo de ganho secundário. As dificuldades causadas pela doença são sem dúvida muito mais visíveis, e a maior parte deste livro examina maneiras de lidar de forma eficiente com os problemas associados ao câncer. Mas uma doença grave pode trazer mudanças positivas à família, ir ao encontro de alguns desejos não realizados do paciente e dar uma nova perspectiva de vida a todos os interessados. Essas mudanças são os ganhos secundários da enfermidade.

Os benefícios podem ser muito significativos. Inúmeras vezes ouvi pacientes dizerem: "Sei que isso pode parecer muito estranho, mas gostei de ter tido essa experiência com o câncer". E passam a falar como a qualidade de suas vidas melhorou, pois agora, através da doença, passaram a ter vidas melhores e mais plenas.

Qualquer pessoa que fique doente em nossa cultura recebe alguns benefícios "automáticos". Infelizmente, as pessoas doentes são mais bem tratadas do que as que gozam de boa saúde. Não há dúvida de que quando alguém está doente precisa de mais atenção, e acho maravilhoso que a receba. Mas ninguém deveria ter de ficar doente para receber amor e atenção. O que acontece é que a doença é recompensada e a saúde é punida. Grandes expectativas e responsabilidades sobrecarregam a pessoa saudável e forte. Ela aprende a trabalhar em excesso e a nunca falhar. Ensinam-lhe a não ser egoísta e a colocar as necessidades das outras antes das suas. Ninguém pensa que a pessoa forte e saudável precisa de atenção.

Aprendemos desde a mais tenra idade que alguns benefícios estão disponíveis apenas àqueles que estão doentes. Um deles é poder faltar à escola. A criança em idade escolar aprende logo que a única desculpa para ficar em casa é ter uma doença com sintomas evidentes, como febre ou uma terrível tosse. A criança sabe que não poderá deixar de ir à escola se estiver aterrorizada com o professor, preocupada com a briga que seus pais tiveram na noite anterior ou triste porque seu cachorro foi atropelado por um carro e morreu. Quaisquer que sejam seus problemas, a maioria das pessoas acredita na mesma coisa — apenas a doença é uma desculpa válida para não acatar os rígidos valores da nossa cultura.

Quando a pessoa está doente, é recompensada, cuidada, e recebe o tipo de tratamento com o qual todos sairíamos ganhando se ele fosse diário. Grandes doses de amor, consideração e atenção melhoram a qualidade de vida de qualquer pessoa, doente ou saudável. Mas em geral reservamos esse tipo de tratamento às pessoas doentes, principalmente quando se trata de uma doença grave como o câncer.

GANHOS SECUNDÁRIOS COMUNS

Mesmo que tenhamos muitas razões para não ficarmos doentes, a doença traz muitos benefícios. É importante reconhecer esses benefícios colaterais, para que o paciente, e até mesmo sua família, possa continuar a tê-los, incorporando-os à sua vida após ter recuperado a saúde.

As doenças graves permitem ao paciente exprimir seus sentimentos e pedir que suas necessidades sejam satisfeitas. Isto proporciona uma melhor comunicação na família e cria uma atmosfera favorável à cura. No caso de alguns pacientes, essa permissão para se expressar é muito importante. Muitos homens nunca sentiram que podiam expressar algumas de suas emoções ou pedir que suas necessidades fossem satisfeitas. O marido pode acreditar que seja um sinal de fraqueza dizer que está sobrecarregado de trabalho, cansado demais ou inseguro a respeito do emprego. Porém, durante a doença, ele pode se permitir sentir essas emoções e discuti-las com seus familiares e amigos. Da mesma maneira, quando está doente, a mulher pode pedir de maneira direta a atenção e a afeição do marido, o que jamais tinha ousado até então.

Outro ganho secundário muito importante de uma doença grave é perceber que nem nós mesmos, nem nossa família, somos imortais. O diagnóstico de câncer nos faz enxergar nossa vulnerabilidade e finitude. O paciente e os que com ele convivem deixam de adiar o reconhecimento mútuo e passam a expressar o carinho que sentem uns pelos outros. A esposa que ama seu marido se dá conta de que há muito tempo não diz isso a ele e o quanto é importante expressar-se. Dessa forma, a incerteza da doença nos leva a ver quão profundo e valioso é nosso amor pelo outros.

Reconhecer a própria mortalidade traz ainda outras implicações. Muitas pessoas conduzem suas vidas como se fossem viver para sempre e são incentivadas por crenças culturais, de que devem trabalhar muito para serem recompensados. Infelizmente, nem sempre existe um ponto final para o trabalho árduo, e muitas pessoas nunca recebem sua recompensa. Quando a pessoa se dá conta de que vai morrer um dia, começa a pensar sobre o assunto e pode chegar a decidir: "Quero viver o tempo que me resta da maneira mais plena possível". Isto não significa que ela vá deixar de trabalhar, mas que pode parar de adiar sua satisfação e começar a valorizar dia a dia a vida que tem. Passa a pensar: "Não vou viver para sempre! Quais são as coisas que desejo muito, mas que venho adiando? Se continuar adiando-as, nunca as terei". A partir dessa percepção, o paciente começa a vivenciar de maneira incondicional as alegrias do aqui e agora — o cheiro das flores, a vibração das cores, as coisas que aconteciam ao seu redor e às quais ele jamais prestara atenção. Então, os pacientes e suas famílias decidem começar a apreciar o dia-a-dia, o que os leva a reavaliar suas prioridades e descobrir o prazer de viver que vinham adiando.

Earl Deacon é um dos vários pacientes que descobriram esse tipo de benefício em sua luta contra o câncer. Earl me disse: "O câncer fez com que eu me perguntasse: O que quero realmente fazer no tempo que me resta? O fato de me dar conta de que minha vida podia ser encurtada me fez mudar várias coisas importantes. Eu era tão ligado ao trabalho que minha cabeça vivia ocupada apenas com os negócios que tinha a resolver, com os problemas e as frustrações disso decorrentes. Agora, tento evitar datas limites. A qualidade da minha vida melhorou pelo fato de ter tido câncer. Quando estou fazendo algo — dirigindo o carro, viajando —, sinto mais profundamente a natureza ao meu redor. Tenho um grande respeito por todas as formas de vida. Ainda pesco, mas não caço mais. Gosto de estar junto à natureza. Como se diz, agora consigo sentir o perfume das flores."

Muitos outros pacientes expressam-se dessa maneira. Uma dona-de-casa antes fanática por limpeza me contou que sua vida não mais dependia do fato de sua casa estar ou não na mais perfeita ordem, com o assoalho brilhando. Disse ainda: "Depois que eu me for, o que terei deixado de importante na memória das pessoas? Não quero que meus filhos se lembrem do quanto o chão da cozinha era limpo. Será muito mais importante para eles lembrar que eu me sentava e conversava com eles. Eles vão se lembrar de como nos relacionávamos".

Ao saberem que estão com câncer, os pacientes e suas famílias sentem pela primeira vez na vida a coragem de dizer "não". O marido de uma de minhas pacientes trabalhava uma média de 64 horas semanais até o aparecimento da doença da esposa. Então procurou o patrão e lhe disse: "Minha mulher está doente e quero passar mais tempo com ela e com meus filhos". Ele jamais tivera a coragem de se queixar das horas extras que era obrigado a fazer. E o chefe entendeu e aceitou o fato de que não poderia mais contar tanto com ele, como antigamente.

A capacidade de dizer "não" é um ganho positivo importante para muitos pacientes. Um deles me disse: "Nunca havia conseguido recusar participar de nada do que me era oferecido. Então, aprendi a responder: Sinto muito, mas esse trabalho não me interessa". Outros descobriram que essas mudanças podiam ser estendidas à sua vida social.

Um paciente me contou que jamais havia recusado um convite para jantar, até que suas prioridades mudaram após o diagnóstico. "Nessa época fui convidado para um jantar", contou-me, "onde haveria pessoas que não eram importantes para mim. Decidi que não queria ir. Antigamente, acho que jamais recusaria um convite desses. Mas agora que estou doente, sinto que tenho o direito de fazê-lo."

Até o diagnóstico, muitos pacientes definiam-se em termos de sucessos materiais. Quando começaram a examinar seus valores, viram que muito do que faziam baseava-se na opinião dos outros. Passaram a observar que o desejo de satisfazer as expectativas de outras pessoas levava-os a ignorar suas limitações físicas e emocionais. Muitas dessas pessoas decidiram que havia coisas mais importantes na vida do que a carreira ou o valor de sua conta bancária. A partir de então, começaram a dedicar mais tempo a seus companheiros, filhos e netos. Passaram a acreditar que era mais importante criar laços de ternura e afeto do que acumular um grande capital.

Dentre as mais importantes descobertas que faz a pessoa com câncer estão seus sentimentos em relação à família — e os sentimentos dela em relação a ele. Há pessoas que ficam surpresas ao descobrir que são amadas pelo que são, e não pelo que fazem ou pelo que produzem. O paciente doente e com dor acha que não tem nada a oferecer. Sua aparência está péssima e ele se sente mal e não consegue fazer nada pelos outros. O paciente nessas condições fica surpreso ao descobrir que as outras pessoas ainda se importam com ele. Ser amado, apesar de tudo, pode ser uma grande fonte de conforto — colocando o paciente em contato com o que é realmente importante em sua vida.

Bob Gilley, que sempre batalhou para construir sua carreira no setor de seguros, descobriu que o diagnóstico de câncer mudou radicalmente suas prioridades. Ele e sua esposa, BJ, passaram a ter um outro ideal: "Estar aqui, agora". Quando Bob começava a reclamar de algo que havia acontecido no escritório no dia anterior, ou de um encontro que teria no dia seguinte, BJ delicadamente lembrava: "Aqui e agora".

Segundo Bob, "comecei a prestar mais atenção às pequenas coisas, aos pequenos momentos. Chegava em casa à noite e meu filho Sean, de treze anos, vinha correndo me contar como tinha se saído bem na aula de luta livre. Fui capaz de ver como ele estava mudando, como estava se tornando mais extrovertido do que antes — e é uma satisfação observar seus progressos. Há ainda outros pequenos momentos com as crianças, momentos especiais. Lembro-me de uma noite que estava lendo uma história infantil para Erin, minha filha de dez anos. Esses momentos são preciosos. Não se pode comprá-los, ninguém nos pode dálos. Eles estão simplesmente ali, para nós".

Em 1982, fui convidada a dar uma palestra na convenção anual do Million Dollar Roundtable, em Atlanta, junto com Bob. Ele falou sobre a qualidade de vida. Disse ao auditório que a maioria das pessoas não se dá tempo para cheirar as flores porque passa a maior parte do tempo pensando no que deveria ter feito ontem, ou preocupada com o que fará amanhã. "Não estamos no aqui e agora. Eu sou um bom exemplo disso. Hoje de manhã, BJ e eu estávamos caminhando e ouvi um pássaro cantar. Fiquei pensando: Onde estava com a cabeça antes? Estava sempre tão preocupado com os negócios em curso que deixava de prestar atenção ao que a vida tinha a oferecer."

Bob também discorreu para o grande auditório de agentes de seguros sobre a mudança de perspectiva em relação aos pequenos problemas. "Não deixo mais que as coisas insignificantes me abalem. Quando alguém me chateia, um cliente me comunica que vai mudar de companhia de seguros, ou uma pessoa me diz que não se importa comigo, sinto-me à vontade para dizer: Essa é sua opinião. Não encaro mais esses comentários como críticas pessoais. Hoje em dia, esse tipo de observação não me fere mais, como antigamente."

Como Bob, muitos outros pacientes comentam que coisas insignificantes já não os chateiam mais. Trata-se de uma mudança importante de atitude. Um dos meus pacientes disse: "Antes costumava ficar tenso com as mínimas coisas — ter de esperar pelo sinal verde de trânsito, por exemplo. Ia ficando mais e mais impaciente. E, se outro motorista me ultrapassasse sem acender o pisca-pisca, ficava chateado pelo resto do dia. Agora, já não permito que esse tipo de coisa me incomode — de vez em quando ainda acontece, afinal sou humano, mas não com tanta freqüência como antigamente. Sou uma pessoa bem diferente do que era antes".

Outro ganho importante para muitos pacientes é o fortalecimento de seus casamentos. Isto acontece porque, quando percebemos que não somos imortais, passamos a apreciar mais nossos companheiros. Também, como já foi visto no capítulo 7, "Como expressar sentimentos", uma crise provocada por uma doença grave pode levar a família a se comunicar de forma mais honesta. Ao receberem a notícia do câncer, alguns casais procuram terapeutas familiares e começam a resolver problemas que existiam há muitos anos. Isto é importante para que o paciente possa continuar a mudar e a melhorar. Como diz Tom McNamara: "Fizemos várias terapias desde o diagnóstico de Pat, e as despesas que tivemos fizeram o valor do nosso casamento aumentar!". Apesar da brincadeira, Tom e Pat concordam que o compromisso que assumiram de lutar juntos contra a doença de Pat tornou seu casamento mais sólido e mais satisfatório para ambos.

Pat McNamara comenta que à medida que ela e Tom começaram a se comunicar de maneira mais honesta, o resto da família também saiu ganhando. "Sei que nossos dois filhos casados conseguem comunicar-se mais em seus casamentos porque nós servimos de exemplo." Marge e Earl Deacon também acham que seus filhos maiores aprenderam com o progresso do relacionamento dos dois. Segundo Marge: "Nossa terapia ajudou-nos a tomar novos rumos, e nossos filhos também decidiram seguir novos caminhos em seus casamentos''.

Como podemos ver, o paciente e sua família conseguem muitos benefícios, tangíveis ou não. Até agora falamos sobre os ganhos intangíveis relacionados à filosofia de vida, aos sentimentos e aos relacionamentos. Alguns dos benefícios tangíveis decorrem de melhores hábitos alimentares, da qualidade do sono e de exercícios físicos. Outros ganhos estão ligados a adaptações pessoais. Um dos meus pacientes solteiros aprendeu a se aproximar mais dos amigos para construir sua rede de apoio e a conviver com sua solidão. Muitos casais comentam que aprenderam a dividir as tarefas domésticas. Homens e mulheres de negócios passam a administrar melhor seu tempo quando modificam suas prioridades, adaptando-se a um nível de energia reduzido. Casais passaram a utilizar o que aprenderam com a visualização para reduzir outros problemas de saúde. Os médicos de Marge Deacon disseram-lhe que, por causa de sua pressão alta, ela teria de tomar remédios pelo resto da vida. Usando a visualização, ela foi capaz de reduzir sua pressão sanguínea e não toma remédios há três anos.

Algumas famílias passam a fazer o que vinham adiando há anos. Um casal finalmente comprou a casa dos seus sonhos e outro decidiu satisfazer um antigo desejo e dar a volta ao mundo. E, embora o paciente seja o maior interessado em exercícios físicos e hábitos alimentares, toda a família torna-se consciente de suas próprias necessidades de saúde e passa a adotar novos hábitos. É como se todos, não apenas o paciente, recebessem o diagnóstico como um sinal de alerta, passando a mudar e a progredir. Outro ganho importante para toda a família é uma maior conscientização dos efeitos do estresse. Todos passam a fazer mudanças em suas vidas, reduzindo o estresse e criando, como conseqüência, um ambiente mais saudável para toda a família.

COMO MANTER OS BENEFÍCIOS PARA SEMPRE

A família poderá utilizar o diagnóstico de câncer para aumentar de forma significativa a qualidade de vida tanto do paciente como dos demais membros. Isto não significa que a dor, o medo e o desespero que acompanham uma doença grave serão descartados, mas sugere que há dois lados em todas as questões, que nada na vida pode ser considerado totalmente negativo. Até a doença traz algo positivo, que pode ser mantido. Talvez seja o momento de fazer um inventário e examinar alguns dos benefícios trazidos à família. As seguintes perguntas podem ajudar: Agora nos comunicamos melhor do que antes de sabermos do câncer? Aprendemos a nos unir e a agir como uma equipe? Permitimos mais autonomia a cada pessoa? Expressamos mais livremente nossos sentimentos? Somos mais afetuosos e expressamos mais abertamente nosso carinho uns pelos outros? Fazemos com que nossas necessidades sejam mais respeitadas? Damos menos ênfase ao sucesso puro e simples? Prestamos mais atenção às pequenas coisas que nos passavam despercebidas antes?

Essas perguntas podem ajudar a família a examinar as mudanças e os benefícios secundários obtidos desde o diagnóstico de câncer. Muitos dos meus pacientes concluem que, desde que a doença assumiu uma importância maior, passaram a pensar e a agir de maneira diferente — e nesse processo tiveram ganhos positivos.

Quando as pessoas perceberam o que ganharam de bom, a pergunta importante passa a ser: O que a família pode fazer para manter os benefícios adquiridos? Será que a família vai mantê-los quando o paciente começar a melhorar, ou será que vão voltar a se comportar como antigamente? Isto é muito importante, pois, como mencionei antes, nossa sociedade tende a recompensar o doente e a punir a pessoa saudável. O paciente que começa a melhorar pode ser "punido" se ele e sua família voltarem a adotar seus antigos hábitos. Se o paciente tinha fortes necessidades emocionais que haviam sido negligenciadas antes da doença, a recuperação da saúde poderá implicar a perda desses benefícios emocionais recentemente adquiridos. Portanto, é muito importante que o paciente se pergunte: "Poderei substituir adequadamente os benefícios que consegui com a doença?".

Um benefício típico que pode ser eliminado é a permissão para sentir e expressar sentimentos, que nossa sociedade só dá aos que estão doentes. A pessoa está em geral tão presa à corrida em busca de sucesso que não se permite perceber o que está sentindo — e muito menos se expressar. Por exemplo, ela pode estar tão envolvida no trabalho que não percebe que seus músculos do pescoço estão ficando tensos. Se diminuir o ritmo de trabalho, sentirá o desconforto — só que não diminui. Quando fica doente, a doença a força a diminuir o ritmo, de forma que ela consegue perceber o que está sentindo. Ela também recebe a permissão de expressar seus sentimentos e pedir coisas, como uma massagem. Há uma permissão de todos para que a pessoa possa se expressar de maneira mais direta. Se alguém da família fizer algo que realmente a irrite, a pessoa sente-se no direito de dizer: "Não gostei do que você fez. Sinto-me mal com isso", e a família respeita seus desejos. Enquanto o paciente está doente, ele pode parar de reprimir seus sentimentos e, conseqüentemente, sentir menos ansiedade e depressão. Acredito que essa liberdade traga benefícios psicológicos e fisiológicos.

Às vezes, é impressionante como o paciente descarta os benefícios que obteve à medida que vai ficando bom — e o resto da família também. Quando volta a ficar bom, é difícil para o paciente continuar a cuidar-se como antes. E os outros tampouco continuam tratando-o tão bem. Uma das minhas pacientes tinha um casamento muito difícil até cair doente. Então, de repente, ela e o marido passaram a se comunicar muito bem, pela primeira vez em muitos anos. Um dia, ela finalmente recebeu uma boa notícia do médico — estava começando a se recuperar. Naquela mesma noite, ela e seu marido tiveram uma imensa briga, como antes da doença. Foi como se eles tivessem armazenado todas as discórdias durante o ano que durou a doença e, agora que ela estava melhor, a felicidade conjugal tivesse desaparecido. Embora esse seja um exemplo extremo, é verdade que o paciente e sua família muitas vezes retomam seus antigos hábitos quando o paciente fica bom, e nesse processo perdem o que haviam ganhado.

Pode acontecer que, consciente da possibilidade de perder os benefícios, o paciente passe a se sentir ansioso, deprimido e até mesmo tenha sintomas físicos a partir do momento em que recebe a notícia de que está melhorando. Apesar de estar contente com a recuperação, no íntimo fica com medo de perder o que ganhou. O súbito desconforto emocional que os pacientes às vezes sentem quando recebem as boas novas sobre sua saúde pode ser uma pista útil que será benéfica a longo prazo. Isto pode significar que precisam examinar quais os ganhos secundários que deixarão de existir quando recuperarem totalmente a saúde. Sugiro que se façam as seguintes perguntas: "Quando penso em ficar bom de novo, o que acho que vai mudar? Será que vou recomeçar a trabalhar como um alucinado? Será que vou me submeter às mesmas pressões de antes no trabalho? Será que ainda serei capaz de dizer "não" quando quiser?".

Depois que recebem um atestado de boa saúde, algumas pessoas chegam a sentir dor física, que os alerta de que estão se descuidando. Um de meus pacientes, um médico, tinha recebido um diagnóstico de câncer no cólon. Depois que ficou curado, voltou a trabalhar no seu consultório e rapidamente retomou sua antiga sobrecarga de trabalho. Logo voltou a sentir dores. Felizmente, ele se perguntou: "O que estou fazendo comigo? O que está causando esta dor?". Como ele sabia que não se tratava de um problema médico, observou que a dor estava ligada à sobrecarga de trabalho. Então, deu-se a permissão de trabalhar menos — e a dor desapareceu. A dor era um sinal de alerta que o fez encontrar um ritmo mais equilibrado. Muitas vezes nosso corpo nos faz ver nossas limitações.

Se os familiares passam a negligenciar o paciente depois que ele se recupera, isto pode ser um sinal de que estão se negligenciando também. Como venho insistindo, se os integrantes da família negam suas próprias necessidades para cuidar do paciente, podem ficar ressentidos e cansados. E, então, quando o paciente finalmente se cura, param de lhe dar o carinho que lhe demonstravam antes. É por isso que é tão importante que os familiares não exijam demais de si mesmos durante a enfermidade. Porque, se o fizerem, muito provavelmente não estarão disponíveis para o paciente depois da cura. Durante a doença, a família também terá benefícios, com a ajuda dos amigos, por exemplo. E, da mesma maneira, toda a família precisará examinar o que ganhou e decidir como manter esses benefícios.

É bom que os pacientes e suas famílias identifiquem os benefícios secundários que receberam durante a doença. A partir do momento em que o paciente começa a melhorar, todos podem começar a pensar em como manter os aspectos positivos. Podemos aprender muito com a experiência do câncer se a usarmos criativamente. O paciente e sua família podem receber muitos benefícios durante a doença e também aprender a mantê-los quando a doença não mais existir. Os pacientes que conseguiram isso me disseram: ''Se eu tivesse que ter câncer de novo, com certeza o teria''.

18

Quando o Paciente é uma Criança

Os pais de crianças com câncer sentem um profundo abalo emocional. Trata-se sem dúvida de uma terrível experiência para o ser humano. A função dos pais é dar carinho e cuidados a um ser desamparado e vulnerável. Quando a criança fica doente, a lembrança da dependência da infância faz com que se queira protegê-la ainda mais. Esse sentimento de proteção também surge a partir do nosso condicionamento cultural, que nos manda cuidar dos jovens, dos doentes e daqueles a quem amamos. A criança com câncer integra as três categorias: ela é jovem, está doente e é alguém de quem gostamos muito. Cuidar de uma criança doente é muito delicado — os pais querem desesperadamente fazer o máximo pela criança, mas não têm muita certeza do que é melhor para ela.

Mesmo sabendo que os pais de crianças com câncer desejam receber informações sólidas, é impossível estabelecer regras bem definidas. Cada criança tem necessidades diferentes. Uma criança de cinco anos de idade deve ser tratada de uma maneira, enquanto a de dez anos exige um outro tratamento. As necessidades de uma criança de doze anos são diferentes das de uma de quinze. Porém, mesmo no caso de crianças da mesma idade, o nível de maturidade muda, e no final são os pais que devem julgar as necessidades de seus filhos enquanto pessoas. Isto já é difícil em circunstâncias normais, e, quando a criança está gravemente enferma, os pais precisam de ainda mais atenção e energia.

A AUTONOMIA DA CRIANÇA

Neste livro venho enfatizando a necessidade de autonomia do paciente de câncer; entretanto, creio que alguns adultos ficarão surpresos em saber que isto é um dos pontos mais importantes quando se trata de uma criança. Isto não significa que uma criança de quatro anos deva tomar decisões relativas ao seu tratamento, mas muitas pessoas pecam pela atitude inversa, deixando de dar à criança a oportunidade de participar de decisões. Todas as crianças, de qualquer idade, podem participar de algumas decisões. A mãe pode deixar a criança escolher, dizendo: "Meu bem, estamos indo ao hospital para o seu tratamento. O que gostaria de levar com você?". Isto deixa a criança à vontade para decidir como se sentir confortável no hospital. Talvez ela decida levar sua boneca predileta, um pijama ou um lençol especial. Os pais podem deixar que a criança decida a respeito das visitas. "Diga ao papai se quer que a gente venha visitar você. Quer que eu e sua mãe venhamos juntos ou prefere que venha um de cada vez?". A partir do nível de maturidade da criança e de sua capacidade de tomar decisões, os pais podem alimentar sua autonomia em certas áreas.

Acho que isto é muito importante. Quando as pessoas em geral — e as crianças também — podem participar da doença que os aflige, ficam menos passivas, menos deprimidas e menos assustadas. E menos rebeldes, no caso das crianças. Em outras palavras, a criança pode canalizar melhor suas energias para a cura. Quando infantilizamos uma criança, o que é natural, ela pode ter os mesmos sentimentos que o adulto que é infantilizado: desamparo e depressão.

Mais do que os adultos, as crianças sentem-se particularmente vulneráveis. Elas dependem dos adultos para a sua sobrevivência e têm pouco controle sobre várias áreas da sua vida. Quando um adulto toma decisões arbitrárias em seu nome, o que pode fazer uma criança? Fugir de casa? Mesmo que certas crianças o façam, a maioria sente-se dependente demais de seus pais, o que só faz aumentar a sua sensação de vulnerabilidade. Mesmo quando o que os pais dizem vai de encontro àquilo que ela acha certo, a criança sabe que não conseguiria sobreviver sem eles. No caso da criança com câncer, a impressão de vulnerabilidade fica ainda maior.

Em geral, a determinação sobre o tratamento da criança está nas mãos das autoridades, que são os médicos e os pais, já que a criança ainda não sabe como decidir. O jovem paciente sente-se mais seguro quando essas autoridades o estimulam a comunicar seus sentimentos e desejos. Quando a criança se sente ouvida, compreendida e levada em consideração pode confiar nos adultos dos quais depende. O fato de eles lhe permitirem comunicar seus desejos e sentimentos, escutando e levando em consideração o que tem a dizer, faz com que ela sinta que os outros se preocupam realmente com o seu bem-estar. É fácil imaginar o quanto isto é reconfortante. Como as crianças sempre escutam que "são jovens demais para fazer isto ou aquilo", a oportunidade de participar de algumas decisões a respeito da doença pode ser uma experiência empolgante. No mínimo porque sente que está sendo tratada como um adulto, a criança não deixará passar essa oportunidade.

Os pais podem dar esse "tratamento de adulto" de uma maneira valiosa e especial sendo francos a respeito dos seus sentimentos. Até que ponto isto deve ser feito dependerá do grau de maturidade da criança, mas as crianças percebem muito bem quando os pais tentam esconder suas emoções. A criança doente vai interpretar da pior maneira possível esse tipo de atitude. Pude observar que as crianças lidam melhor com a tristeza do que os adultos imaginam e sentem-se menos tensas quando sabem o que está acontecendo. A criança fica assustada quando vê o pai, aquela figura de autoridade que nunca chora, aos prantos. Mas sente-se melhor quando ele lhe explica: "Estou chorando porque o amo e você está doente e não sei como protegê-lo. Quero que saiba o quanto isto é frustrante para mim". A criança consegue aceitar bem essa situação. Não só porque passa a saber o que está acontecendo, mas porque isso a incentiva a também expressar seus sentimentos.

Isto não quer dizer que os pais devam dividir com a criança todos os sentimentos dolorosos a respeito da doença. Não é necessário entrar em detalhes sobre como se sentem a respeito do tratamento. Os pais talvez tenham sentimentos desnecessários de culpa ou fiquem em pânico diante da possibilidade da morte. É preciso entender melhor esses sentimentos antes para conversar com a criança. Porém é bom lembrar que a apreensão da criança aumenta se essa conversa for adiada por muito tempo. No entanto, os pais que têm pela frente a difícil tarefa de contar ao filho que é necessário fazer uma amputação ou que é quase certo que ela vá morrer precisam trabalhar seus sentimentos para que possam ajudar a criança.

Acho extremamente importante ser honesto com as crianças. Se as coisas vão mal, os pais devem dizer. Mesmo que a morte seja uma possibilidade, a criança precisa e tem o direito de conversar abertamente sobre o assunto. No entanto, gostaria de alertar que nada é absolutamente definitivo, e fico preocupada ao ver os pais dizendo à criança que ela vai morrer. O que eles podem dizer é: "As perspectivas não são boas e talvez você venha a morrer — mas não há uma certeza absoluta". É muito importante para a criança poder conversar sobre a morte com os pais e saber que eles vão escutá-la. Como se sente a criança a respeito da morte? Ela está preparada? Se ela estiver esperando morrer, é necessário ajudá-la a compreender certas questões importantes.

A criança que sempre pode se comunicar com os adultos durante a doença estará mais capacitada a conversar sobre as crises que venham a ocorrer. Uma forma de fazer com que a criança desenvolva esse tipo de comunicação é deixá-la fazer perguntas ao médico. Pamela e Bob Mang achavam que Jessica teria mais controle sobre a doença se ela mesma fizesse as perguntas ao médico. Sempre que Jessica fazia uma pergunta aos pais, eles respondiam da melhor maneira possível, e diziam: "Mas, você deve perguntar também ao seu médico". Jessica adquiriu o hábito de fazer uma lista das perguntas que faria na próxima visita ao médico. A partir de então, sentiu-se mais à vontade para perguntar o que queria.

Pamela conta como isto ajudou Jessica a se comunicar com os médicos. "Nunca esquecerei quando estava no hospital para ser operada, a maneira como cercou o médico quando ele foi à sala de jogos. Jessica estava em uma cadeira de rodas e dirigiu-se a ele, dizendo: Doutor, queria fazer umas perguntas ao senhor. Ele olhou-a com desenvoltura e sorriu para ela, que imediatamente lhe perguntou: Está tudo sob controle? O tumor se apresenta do jeito como o senhor estava esperando? Vai ser doloroso? O fato de ter tido câncer em criança significa que estarei mais predisposta a outros tipos de câncer quando for adulta?".

"A sala estava cheia de crianças acompanhadas dos pais", diz Pamela, "e todo mundo parou para ouvir Jessica disparar suas perguntas. A situação surpreendeu o médico. Ele empurrou a cadeira de rodas até o corredor e abaixou-se a seu lado para conversar com ela. Durante quase uma hora, Jessica teve a atenção total do médico. Ele respondeu às suas perguntas, uma por uma, até que ela estivesse satisfeita. Não acredito que ele estivesse acostumado a esse tipo de atitude por parte de crianças, porque a um certo momento ele me olhou e disse: 'Nossa mãe!' Mas continuou a responder a todas as perguntas. Tudo se passou muito bem."

Pamela e Bob deram todo apoio à participação da menina, porque, como diz Pamela: "Acredito que ninguém melhora se não puder controlar o processo de tomada de decisão de sua vida. Estamos nos enganando se achamos que podemos tomar decisões por outras pessoas e que elas vão aceitar isto com tranqüilidade. Se queremos que nossos filhos sejam responsáveis, como podemos retirar-lhes o direito de fazer suas próprias escolhas? Tratava-se do corpo de Jessica, não do meu ou de Bob — de forma que ela devia ter voz ativa no processo de decisão".

Os pais que adotam esse tipo de atitude encontram várias outras maneiras de permitir a seus filhos que sejam responsáveis e mantenham sua autonomia. Às vezes, a questão é sem importância, mas dar à criança o poder de escolha nas pequenas coisas faz com que ela sinta que tem autonomia, no sentido amplo da palavra. Isso me lembra a história que me foi contada por uma colega sobre uma amiga em comum e sua filha de cinco anos de idade.

Essa colega estava tomando café com nossa amiga quando chegou a menina de cinco anos. Ela estava com um vestido muito bonito e esperava a hora de ir a uma festa de aniversário. Tinha tirado um pote de sorvete de dentro do congelador e perguntou à mãe: "Posso comer um pouco?".

"Olhe, Susan, pode comer, se quiser." A mãe começou dando-lhe uma opção, e continuou a falar, mostrando a Susan o que poderia acontecer: "Quero que saiba que você não tem outros vestidos de festa. Se cair sorvete no seu vestido, terá de ir com ele assim mesmo à festa, porque não terei tempo de lavá-lo". Fez uma pausa para ver se Susan tinha compreendido bem e terminou dizendo: "Você decide. Pode tomar o sorvete, mas veja quais serão as possíveis conseqüências".

Susan parou alguns segundos para refletir profundamente e depois disse, de maneira firme: "Quero tomar o sorvete".

A mãe disse que estava tudo bem. Susan pegou o sorvete e foi brincar fora da sala, enquanto a mãe e a amiga terminavam de tomar café. Poucos minutos depois Susan voltou e mostrou uma pequena mancha no vestido, dizendo: "Viu só? Sujei apenas um pouquinho". Ela estava orgulhosa. Tinha tomado uma decisão e não teve problemas em aceitar as conseqüências. E foi para a festa toda contente.

Essa história é um bom exemplo de como os pais podem deixar que as crianças escolham o que fazer, explicando as possíveis conseqüências de seus atos e permitindo que elas próprias arquem com essas conseqüências. Sem dúvida, não podemos permitir às crianças que tomem decisões que possam ser perigosas, como por exemplo ir andar de triciclo numa rua movimentada, onde correm o risco de ser atropeladas. Mas o pequeno risco que Susan corria — ir a uma festa com o vestido sujo — é algo que uma criança pode enfrentar. Quando permitimos às crianças lidarem com seus sentimentos, elas ficam mais fortes para tomarem decisões emocionais.

AS QUALIDADES ESPECIAIS DO PACIENTE JOVEM

Mesmo que as crianças doentes pareçam muito frágeis, elas têm uma maneira de encarar a vida que pode ser muito útil no processo de cura. Primeiro, porque elas raramente acreditam, como os adultos, que o câncer é sinônimo de morte. Para a maioria das crianças, o câncer é uma doença, e uma pessoa doente logo fica boa de novo. Como a maioria das crianças quase não teve contato direto com uma doença grave, a enfermidade é vista como temporária. Quando Jessica Mang soube do seu diagnóstico, sarcoma osteogênico, ou câncer dos ossos, sua reação foi muito diferente da que teria um adulto. Ela conta: "Eu sabia que havia algo errado, mas achei que era como se fosse ter quebrado uma perna e que logo ficaria boa. Sabia o que era câncer, mas sempre pensei que só os adultos o tivessem". Mesmo tendo chorado quando soube que os médicos haviam recomendado a amputação, ela não ficou em pânico. Como tantas outras crianças, ela simplesmente não tinha a carga de crenças pessimistas tão comuns dentre os adultos da nossa cultura.

Enquanto muitos adultos têm a expectativa de um dia morrerem, a criança normal a credita que vai crescer e ser um adulto. Crianças raramente tiveram contato com outras que morreram e associam a morte à velhice. Elas esperam crescer antes de morrer e encaram a doença como um obstáculo a ser vencido. Mesmo que tenham ficado doentes antes, a recuperação foi fácil, o que confirma sua atitude de que a doença é apenas um problema temporário. O adulto espera o pior no caso do câncer, mas a criança normalmente espera ficar boa de novo.

O otimismo da criança pode, entretanto, ser modificado pelos adultos que lhe passam seu próprio medo do câncer. As crianças são muito intuitivas e suscetíveis às crenças dos outros. Elas se voltam para as pessoas mais experientes, sobretudo seus pais, para saber que tipo de experiência terão. Portanto, é importante que os pais estejam conscientes de seus próprios sentimentos. Se estiverem amedrontados ou tristes, precisam conversar um com o outro. Acho que é primordial que os pais conversem sobre seus medos com o médico, para separar os medos irracionais dos medos reais. A partir do momento que a pessoa entra em contacto com esse tipo de sentimento, pode, com mais facilidade, evitar um pessimismo desnecessário. Ao mesmo tempo, é importante não negar os medos, pois a criança poderá achar que algo está errado. Há crianças que, ao verem os pais desesperados, acreditam que vão morrer — quando na realidade a expectativa é favorável. É uma pena ver o otimismo natural da criança destruído dessa maneira, pois ele é um verdadeiro trunfo para que a criança consiga se recuperar.

As crianças ainda têm outro trunfo na luta contra a doença: o talento para a visualização. Quando lhes ensinamos como visualizar o sistema imunológico lutando contra o câncer, elas conseguem aprender sem problemas. Provavelmente por não terem idéias preconcebidas. Quando alguém lhes diz que a mente pode influenciar o corpo, as crianças acreditam. E assim conseguem aceitar o valor da visualização mais rapidamente do que muitos adultos.

REAÇÃO EXAGERADA À DOENÇA DE UM FILHO

Mesmo desejando o melhor para seus filhos, é possível que os pais reajam ao diagnóstico do câncer de maneira a prejudicar a criança. Alguns pais ficam aterrorizados com o futuro da criança e continuam amedrontados. Quando a criança está com um resfriado forte, esses pais fazem-na faltar à escola e a levam correndo para o hospital. Conheci pais que, quando o filho caía de cama com uma gripe, chamavam um padre. É fácil imaginar que tipo de mensagem esse comportamento passa para a criança. Em casos mais graves, já vi famílias comemorarem o Natal em pleno mês de julho. É impossível imaginar uma maneira mais clara de dizer à criança o quanto se está pessimista em relação ao seu futuro.

O melhor a fazer quando a criança está com câncer é tratá-la da maneira mais normal possível. Quando os pais têm uma reação exagerada e decidem que o filho vai morrer, a criança sem dúvida vai perceber o que eles estão pensando. Se todos ao seu redor agirem como se ela fosse morrer, a criança vai começar a acreditar nisso. Nesse caso, é importante que os pais aceitem a incerteza do futuro. Sempre digo às famílias que se lembrem de que ninguém sabe com certeza o que pode acontecer. Quando os pais concluem que a criança está para morrer, começam a se comportar de maneira muito diferente e pouco saudável. Conheci pais que tiraram o filho da escola, mesmo quando a criança tinha condições de continuar freqüentando as aulas e sentia-se feliz com isso. Era como se dissessem: "Bom, de qualquer jeito ela vai morrer, e não há por que mantê-la na escola e prepará-la para o futuro".

Outra forma de expressar o pessimismo sobre o futuro da criança é deixar de impor regras de disciplina. Os pais deixam de punir a criança e não exigem que seja tão responsável como antes. Em outras palavras, passam a mimar a criança, que passa a pensar: "Devo estar muito fraco para eles me tratarem assim. Deve estar havendo algo de muito errado comigo". Crianças mimadas, que não têm limites para seu comportamento e a quem não é exigida responsabilidade pelos seus atos, estão destinadas a terem profundos problemas emocionais. Passados um ou dois anos, quando a criança já ficou boa, é fácil imaginar o tipo de problemas de disciplina que vão surgir. Nesse meio tempo, a criança formou a seguinte crença: "Quando estou doente, ninguém exige que eu seja responsável". Isso é perigoso porque ela passa a ver inconscientemente a doença como uma foma de evitar ser responsável por seu comportamento.

Por isso, digo às famílias que continuem a disciplinar a criança e fazer com que ela entenda que continua tendo algumas responsabilidades, como arrumar o seu quarto e lavar os pratos, por exemplo. Em outras palavras, a criança deve sentir que é um membro ativo da família — igual às outras crianças. Pamela e Bob Mang faziam isso de maneira bastante sensata. Quando Jessica ainda usava muletas, logo após a amputação, era responsável por tirar seu prato da mesa, como o resto da família. "Quando ela estava muito deprimida", explica Pam, "nós dizíamos: Não precisa fazer agora, mas terá que fazê-lo assim que se sentir melhor. Bob e eu sabíamos que liberá-la daquela obrigação não seria bom para ela nem para nós." Tratar uma criança doente dessa forma é tão difícil quanto criar um filho. O melhor para a criança nem sempre é fácil para os pais, mas a experiência da família Mang indica que manter a disciplina mostra à criança que ainda se acredita no seu futuro, aumentando imensamente sua própria crença na convalescença e na segurança e qualidade de vida.

OS OUTROS FILHOS

Quando os pais recebem a notícia de que um de seus filhos está com câncer, é natural que voltem suas atenções para ele, mas alguns pais passam a negligenciar seus outros filhos. É natural agir assim, pois a doença exige muito tempo e dedicação. Mas é muito importante não negligenciar os outros filhos, o que traria sérias conseqüências. Quando os outros filhos de repente deixam de receber a parte de atenção e dedicação que lhes cabe, podem ficar ressentidos com o irmão doente. E podem começar a chamar a atenção com um comportamento destrutivo. Talvez passem a ter problemas de rendimento escolar ou de brigas com outros colegas. Quando esse tipo de problema começa, deve ser encarado como um mecanismo para chamar a atenção dos pais para suas necessidades. Esses sinais merecem consideração, pois esses problemas comportamentais são estressantes para toda a família, incluindo a criança que está com câncer. E, finalmente, a criança que está sendo negligenciada por causa da que está com câncer pode começar a pensar que recebe amor e atenção apenas quando está doente.

As famílias que conseguem evitar esse tipo de problema são as que decidem, passado o choque inicial, dar prioridade total à saúde geral da família. Isto significa que os pais reconhecem as necessidades dos outros filhos nesse período difícil e concentram-se em dar a cada um deles a atenção de que necessitam. Encontrar tempo suficiente para dedicar à família implica esforço e bom planejamento. Alguns pais com os quais trabalhei dizem: "Não há tempo suficiente!". Sem dúvida, o pai que trabalha o dia todo e todas as noites vai visitar filho no hospital pode ficar exausto. Mas os pais que decidem planejar seu tempo de maneira eficiente encontram maneiras de estar presentes para os outros filhos também.

Uma técnica útil é que o pai e a mãe se revezem nas visitas ao hospital, para que um deles esteja sempre em casa com os outros filhos. É importante também que cada um dos pais reserve alguns momentos individuais a cada um dos filhos. O tempo dedicado a atividades como jantar fora, jogar uma partida de tênis ou fazer uma caminhada é muito importante para o pai e o filho. Fazer coisas em conjunto também contribui para a união da família. Essas atividades não precisam ser muito complexas. Alguns rituais simples são também muito eficientes. Conheço uma família que reserva todas as noites de quarta-feira para um jantar especial em família, no qual o cardápio é planejado pelos filhos. Outra família reserva as manhãs de sábado para um esporte em conjunto. Porém, esse tipo de atividade não é tão importante quanto conservar a unidade familiar — mantendo por outro lado seus relacionamentos individuais. Os irmãos e irmãs da criança doente ficam muito fragilizados nesse período e precisam demais da atenção dos pais. Ao enfatizarmos a saúde da família como um todo, estaremos criando o tipo de atmosfera saudável que beneficia não apenas o paciente, mas todos os outros.

O PACIENTE JOVEM E SEUS AMIGOS

Todas as crianças, doentes ou não, são profundamente influenciadas pelo seu grupo de amiguinhos. As crianças são obrigadas constantemente a enfrentar a pressão do grupo e a ameaça de rejeição. É só observar a maneira como a criança aceita sem pestanejar os códigos de vestuário e outros padrões impostos pelo grupo. Eles assistem aos mesmos filmes, ouvem os mesmos discos, têm os mesmos heróis de cinema e do esporte e usam as mesmas palavras e expressões. O comportamento da criança é, em grande parte, ditado pelo seu desejo de ser aceito por seus colegas. Se há uma coisa difícil para uma criança, sobretudo os pré-adolescentes e adolescentes, é o fato de ser diferente. Sendo assim, é fácil imaginar como se sente a criança com câncer quando seu cabelo começa a cair. Só o fato de enfrentar outras crianças que sabem que ela está com câncer já é muito difícil. As crianças às vezes são muito cruéis e podem fazer a criança doente passar por momentos difíceis. Outras, seguindo a crença dos pais de que o câncer significa morte, podem se afastar completamente.

As pressões exercidas pelos colegas podem ser tão duras que é importante que a família entenda a fase que a criança está passando e converse com ela. A família deve estar preparada para ouvi-la chorar e reclamar. Mesmo que seja muito doloroso, os pais podem ouvir o que ela tem a dizer e incentivá-la a expressar seus sentimentos. As crianças têm tanta necessidade de trabalhar suas emoções a respeito da rejeição imposta pelo grupo de colegas que alguns hospitais criaram grupos onde crianças com câncer podem conversar e contar suas experiências. Em alguns deles, um terapeuta reúne regularmente várias crianças para fazer uma terapia de grupo. Esses grupos ajudam imensamente as crianças, porque ali elas podem aprender que outras passam pelas mesmas dificuldades que elas. Esses grupos podem fazer milagres.

Para a criança que consegue lidar com as pressões do grupo, a experiência de ter câncer pode ser positiva para o seu amadurecimento. A tarefa mais importante que a criança tem de enfrentar para crescer é conseguir ficar à vontade consigo mesma. Isto significa um período de rebelião contra os pais e que ela consiga superar o grupo. A criança cujo cabelo caiu por causa da quimioterapia pode aprender que pode ser diferente e ainda assim ser aceita pelo grupo. É difícil para o jovem enfrentar o fato de ser tão diferente, mas com o apoio da família ele pode aprender com essa experiência e amadurecer.

Quer a criança esteja doente ou não, a função dos pais é basicamente a mesma. Todos os pais querem o melhor para seus filhos, mas devem se perguntar o que é realmente melhor. Ser um bom pai ou uma boa mãe significa cuidar, tomar decisões e tentar controlar os filhos? Não seria melhor tentar incentivar a autonomia? Acredito que a criança se sente melhor quando seus pais permitem que ela aprenda a se conhecer e a saber como se sente, ajudando-a a entender quais são suas opções e a compreender as possíveis conseqüências de suas escolhas. A criança também precisa de amor e aceitação incondicionais por parte dos pais. Na doença ou na saúde, a criança precisa saber que seus pais sempre se preocupam com seu bem-estar e que seu amor e cuidados estão sempre à sua disposição.

No caso da criança com câncer, ser um bom pai significa dar o melhor tratamento médico possível e ajudar a criança a se comunicar com os médicos, como já comentamos anteriormente. Além disso, os pais responsáveis são uma fonte importante de informação para os médicos. Às vezes, o médico não tem como observar mudanças sutis que podem ter sido causadas pelo processo da doença ou pelos medicamentos. Ninguém conhece tão bem a criança quanto os pais. Eles podem notar pequenas mudanças no padrão do sono da criança, nos seus hábitos alimentares ou na sua atividade escolar ou de lazer. Esse tipo de informação pode ser levada ao médico, resultando às vezes numa mudança significativa no tratamento.

O câncer é uma experiência extremamente delicada e emocional. Quando o paciente é uma criança, as dificuldades ficam ainda maiores. A criança doente e as outras crianças da família precisam ainda mais da presença positiva dos pais nesse momento. Os pais precisarão usar todos os recursos disponíveis para ajudar seus filhos a atravessarem essa fase difícil.

19

Como Lidar com a Dor

Muita gente acha que câncer é sinônimo de dor. Embora a questão da dor seja uma preocupação básica para o paciente e sua família, muitas vezes o medo não corresponde à realidade. Existem muitas formas de câncer, e o desconforto relacionado a cada uma delas vai de médio a profundo, porém a dor raramente é tão grande quanto muitas pessoas crêem que será.

Não se conhece direito a causa da dor e por que as pessoas reagem dessa forma a ela. A dor varia muito de pessoa para pessoa. Duas pessoas podem ter o mesmo tipo de tumor, exatamente no mesmo lugar; uma delas sentirá imensas dores e outra praticamente nenhuma. Sabemos que a dor é fisiológica e psicológica, o que complica ainda mais a questão. A condição física, mental e emocional afeta diretamente a dor. Muitas pessoas acham que a dor é puramente física, mas a dor que está relacionada à mente e às emoções também pode ser muito profunda. Independentemente de sua origem, todas as dores são reais.

COMO VARIA A DOR

A dor constante não existe; o nível de dor varia sempre. Quando trabalho com pacientes que sentem dores, uma de minhas primeiras propostas é que as avaliem quando sentem e quando não sentem dor. Sugiro-lhes que durante uma semana registrem um gráfico simples quando a dor atinge seu ponto máximo e seu ponto mínimo, em que tipo de atividade estão envolvidos em cada um desses picos, o que estão pensando e sentindo e com quem estão. Torna-se logo evidente que há uma variação da dor que pensavam ser constante. Para dar um exemplo simplista, a maioria dos pacientes sentem mais dor quando estão lavando o chão da cozinha do que quando assistem a um filme.

Há algum tempo, pude ter uma prova de como uma atividade agradável pode fazer a dor diminuir. Estava trabalhando com um grupo de pacientes internos em um programa de tratamento. Um deles, um médico que tinha um linfoma em estado avançado, sentia tantas dores que às vezes mal podia andar. Durante o tempo que passou conosco, outro paciente lhe perguntou se gostaria de ir pescar. Como amante da pescaria, o paciente ficou tentado a aceitar, mesmo sabendo que teria de andar 500 metros até o riacho. Apesar de praticamente não poder andar de um quarto para outro, decidiu ver até onde conseguiria ir. Avisou seu companheiro: "Não vou conseguir ir até lá, mas vou fazer um pedaço do caminho com você".

Partiram, e a perspectiva da pescaria era tão atraente que o paciente continuou a caminhar sempre um pouquinho mais, até que chegou ao riacho. O mais interessante é que ficou pescando durante quase duas horas. Perguntei-lhe como se sentira durante a expedição, e disse: "É incrível, mas não senti dor alguma!". Mesmo sendo médico e estando consciente dos vários níveis de dor, ficou surpreso com o que lhe acontecera.

No dia seguinte, aconselhei a ele um pouco mais daquela "terapia". Como sabíamos que ele havia sido um ótimo jogador de tênis, nós o convidamos para jogar conosco em duplas mistas. Ele não jogava desde o diagnóstico da doença, dois anos antes, mas finalmente concordou em tentar. Durante quase toda a partida, simplesmente jogávamos a bola para ele, de forma que ele não tivesse que correr e se estirar muito para devolvê-la, mas cerca de 30 minutos depois ele decidiu que já havia jogado o suficiente. "Como você está se sentindo?", perguntei-lhe. Ele respondeu que durante toda a partida não sentira dor. E continuou sem dor durante os dois dias seguintes.

Esse paciente sempre gostara de exercícios físicos, mas desde o diagnóstico se negara a fazê-los por causa das dores. Como tantas outras pessoas, descobriu que as dores diminuíam quando estava fazendo algo de que gostava. Norman Cousins, em seu livro *The anatomy of an illness — as perceived by the patient*, conta como reduziu as profundas dores que sentia fazendo as coisas de que gostava. Descobriu que as comédias tinham um efeito maravilhoso sobre ele: quanto mais ria, mais tempo passava sem sentir dor. Muitos pacientes descobrem que se sentem bem melhor quando estão concentrados em algo de que gostam muito. O motivo disto continua sendo um mistério.

ESCUTAR A DOR

Acho que nosso corpo é um instrumento excepcional de *biofeedback* que indica à nossa mente o que é ou não saudável para nós. De certa maneira, a dor é uma mensagem. A doença também pode ser vista como o sintoma de que algo não estava funcionando direito na vida da pessoa. Quando ela começa a viver mais plenamente sua vida, em geral a saúde melhora e a doença começa a desaparecer. Isto pode significar que os elementos da doença, como o sintoma da dor, também diminuem quando fazemos algo que nos é agradável.

É importante compreender isto para poder usar a dor como uma espécie de guia. O paciente que vinha se sentindo bem e de repente acorda com muitas dores pode estar recebendo uma mensagem para verificar o que está pensando e sentindo naquele momento. O que mudou em sua vida? Por que seu corpo está lhe enviando essas mensagens? Há alguma coisa errada naquele dia específico? Muitos atletas se acostumaram a "escutar o corpo". Segundo eles, o corpo informa-lhes se estão treinando a mais ou a menos, ou fazendo algo pouco salutar. Da mesma maneira, a dor é um instrumento de informação ao qual devemos "escutar" para descobrir do que necessitamos. Quando tivermos registrado a mensagem, é preciso respeitar o que ele tem a nos dizer.

Uma das minhas pacientes aprendeu a escutar seu corpo durante o tratamento de quimioterapia, em que sofria violentos efeitos colaterais. De seis em seis semanas, fazia o tratamento em uma clínica perto de sua casa, voltava ao escritório e tentava trabalhar — até que se sentia muito mal. Voltava então para casa e ficava invariavelmente de cama durante três dias. Isto durou todo o período de dezoito meses de tratamento.

Durante uma longa conversa que tivemos, falamos sobre o que estava acontecendo no interior de seu corpo após cada sessão de tratamento. "Talvez haja uma batalha entre o câncer e a adriomiacina. Quando você dá o máximo de si, tentando viver sua vida, normalmente agitada, talvez esteja drenando a energia necessária ao processo de cura. Se você tiver uma febre muito alta, com certeza irá se deitar para permitir que seu corpo se recupere, não é? Pois bem, seus sintomas após o tratamento talvez estejam lhe dando o mesmo recado: vá para casa e fique de cama por três dias. Talvez esses efeitos colaterais sejam na realidade algo positivo. Pense na sabedoria do seu corpo."

Ela achou que o que eu dizia fazia sentido. Então, na sessão seguinte, aceitou todos os benefícios dos efeitos colaterais e se preparou para passar três dias de cama. E avisou a família: "Olhem, está chegando a época da quimioterapia e vou ficar três dias na cama; portanto, vamos nos preparar". Cada pessoa na família recebeu uma tarefa diferente e os amigos aceitaram preparar as refeições para três dias — suas comidas favoritas. Telefonou para outros amigos e pediu-lhes seu apoio. "Será que vocês poderiam vir até aqui para ler para mim em voz alta?" Ou ainda: "Você não quer vir me fazer uma das suas magníficas massagens nas costas?". Reuniu todos os seus livros preferidos ao lado da cama e se preparou para se mimar durante os três dias que viriam. No dia do tratamento, em vez de ir dirigindo, pediu ao marido que a levasse até o consultório médico. Em seguida, voltaram direto para casa e ela foi para a cama. E sentiu apenas uma ínfima parte dos terríveis efeitos colaterais que a afligiam anteriormente!

O que essa paciente fez foi dar a seu corpo tudo o que ele normalmente lhe pedia após a quimioterapia, sem esperar que os sintomas implorassem sua atenção. Funcionou tão bem que após algumas séries de tratamento ela resolveu tirar apenas um dia e meio, em vez de três. Porém, os efeitos colaterais reapareceram quando ela retornou ao trabalho. "Bom", ela me disse, "acho que meu corpo quer ficar três dias na cama!" E concordei com ela. Como sua experiência mostrou, quando nosso corpo nos manda uma mensagem, é melhor respeitar o que ele tem a dizer. Senão, como no caso dessa senhora, os sintomas persistirão para nos chamar a atenção.

A REAÇÃO DE CONVERSÃO

Às vezes, quando a pessoa nega seus sentimentos porque acredita que eles são dolorosos demais, essa dor que foi negada se converte em dor física. Quando o problema emocional se agrava, a dor real do corpo aumenta, mas quando nos permitimos sentir a emoção, a dor diminui ou desaparece completamente. As dores e males físicos, nesse caso, são um sinal do corpo de que há sentimentos reprimidos que precisam chegar à consciência. Algumas vezes, isso acontece de maneira impressionante. Conheci pacientes que tentaram negar sua dor em relação a uma perda grave que haviam sofrido, a morte de um filho ou do esposo, por exemplo, e estavam sentindo terríveis dores físicas. Logo que esses pacientes se permitiram chorar, expressando sua dor emocional, a dor física começou a diminuir.

Os sentimentos negados também podem se converter em outros sintomas. Uma de minhas pacientes, uma profissional muita ativa, começou a sentir uma profunda náusea e uma queda profunda de energia como efeitos colaterais da quimioterapia. Mas os remédios que ela estava tomando geralmente não causavam tal reação. Pensando no que esses sintomas estavam tentando lhe dizer, perguntei: "Você está fazendo alguma coisa diferente do que fazia antes de começar a quimioterapia?".

Ela me contou que logo que começou a quimioterapia restringiu quase todas as atividades de lazer. Embora fosse médica, passou a dizer: "Como estou fazendo quimioterapia, não posso nadar ou fazer caminhadas". Apesar de saber que sua atitude não era nada racional, passou a se negar todo o lazer físico que era tão importante para o seu bem-estar. Conversamos sobre o significado subjacente de sua atitude e logo ela se deu conta: "Estou fazendo o que minha mãe fazia quando eu era criança. Se eu estava doente, ela cortava todas as minhas atividades". Isto a levou a examinar muitos sentimentos referentes à sua relação com a mãe.

Quando nos vimos na semana seguinte, ela me disse: "Em geral, não sou de chorar, mas semana passada chorei quase todos os dias. Dei-me conta de que estava chorando pelos meus sentimentos em relação a mamãe". Até então, ela não tinha conseguido enfrentar seus dolorosos sentimentos. Agora que o fizera, a náusea desaparecera e ela recuperara a energia. Apesar de parecer estranho, este é apenas um dos muitos casos que acompanhei em que o corpo parou de doer quando o paciente decidiu não reprimir mais seus sentimentos.

Em alguns casos, a dor pode ser uma aliada, porque é um instrumento de informação que nos diz que necessitamos de algo. Sugiro aos meus pacientes que perguntem à sua dor: "Por que você está aqui? O que estou negligenciando?". Isto faz com que entrem em contato com os sentimentos reprimidos e/ou as coisas em sua vida que não estão indo muito bem. A mensagem será diferente para cada paciente. Algumas pessoas, como a mulher que acabei de citar, tiveram de aprender a parar de exigir tanto de si mesmas e diminuir o seu ritmo de vida. Outras precisaram lidar com seus sentimentos reprimidos, permitindo-se usufruir as coisas de que gostavam.

O TRATAMENTO MÉDICO: UM ALIADO

Em muitos casos, os pacientes não sentem dor alguma até começarem o tratamento. E quando sentem efeitos colaterais fortes reclamam, dizendo: "Estava me sentindo ótimo até que o médico me indicou a quimioterapia. Eles estão tentando me matar para eu ficar bom!". Infelizmente, quando o paciente acha que o tratamento é um inimigo, com certeza sentirá mais efeitos colaterais.

Às vezes os efeitos colaterais do paciente são muito fortes, porque ele não teve informações suficientes ou não participou das decisões em relação ao tratamento a ser seguido. O paciente que foi tratado de maneira autoritária talvez resista ao médico inconscientemente, apenas por se sentir deixado de lado. Se ele se sentir assim, talvez seja interessante fazer-se acompanhar de uma pessoa da família durante a consulta médica. Com a permissão do paciente, o parente poderá fazer as perguntas e lembrar ao paciente as perguntas que ele também gostaria de fazer. Ao saírem da consulta, os dois poderão então conversar sobre o tratamento a ser realizado. Se o paciente tiver informações suficientes, poderá entender o motivo de estar seguindo aquele tratamento em particular e se sentirá mais receptivo, o que pode resultar em efeitos colaterais mais brandos. É mais fácil aceitar o desconforto quando acreditamos que os resultados valerão a pena. Uma boa analogia pode ser feita com o tratamento dentário. Sabemos que o tratamento é mais tolerável do que a dor de dentes que podemos vir a ter se não fizermos um tratamento preventivo. Graças a essa compreensão, podemos aceitá-lo.

Os efeitos colaterais podem também ser minimizados se o paciente participar do tratamento usando a visualização. É um ótimo momento para se usar essa técnica, já que a quimioterapia é administrada no momento em que novas células cancerosas estão crescendo e se tornando mais suscetíveis à medicação. Enquanto recebe o tratamento, o paciente pode criar imagens mentais, visualizando as células cancerosas sendo destruídas pela quimioterapia.

O tratamento médico para a dor é também um aliado que deve ser certamente usado quando as estratégias psicológicas deixam de dar ao paciente o alívio necessário. Se a dor for um sintoma, é bom que as possíveis questões subjacentes sejam examinadas, antes de mascará-la com medicamentos — alguns dos quais podem deixar o paciente sedado e grogue. É por isso que sugiro que os pacientes examinem seus sentimentos e acrescentem atividades de lazer a suas vidas antes de apelarem à medicação.

A medicação contra a dor, porém, continua sendo uma opção, e dores profundas devem ser aliviadas. A dor aguda deprime o paciente e diminui sua vontade de viver. Quando as pessoas estão atormentadas pela dor, a coisa mais importante a fazer é eliminá-la. Sugiro aos pacientes e a suas famílias que mantenham um bom canal de comunicação com o médico, para que ele sempre esteja a par do grau de dor que o paciente está sentindo. Mais uma vez, a capacidade de comunicação com o médico — principalmente quando ele se preocupa com o paciente — é importante.

TRÊS TÉCNICAS PARA LIDAR COM A DOR

Embora não possamos determinar ao certo o papel que as emoções do paciente desempenham na dor que ele sente, é fato conhecido que a mente e as emoções são fatores significativos. Por exemplo, alguns pacientes sentem náusea no caminho para o local da quimioterapia. A expectativa em relação ao tratamento faz com que desenvolvam sintomas que só deveriam começar no momento em que a medicação estivesse dentro do corpo. Da mesma forma, o medo que o paciente tem da dor que pode acompanhar o câncer muitas vezes estimula a dor real. Sabemos que a dor tem um aspecto psicológico importante, e por isso sugiro que sejam tentadas três técnicas mentais que às vezes ajudam a controlar a dor e, no caso de alguns pacientes, a eliminá-la completamente.

Conversar com a dor. O dr. David Bresler, da Clínica da Dor da Escola de Medicina de Los Angeles, na Universidade da Califórnia, tem obtido bastante sucesso ensinando seus pacientes a visualizar a dor como se fora uma personagem imaginária. Os pacientes fazem um profundo relaxamento e conversam com ela, fazendo-lhe as seguintes perguntas: Por que você está aqui? Qual é a mensagem que você quer me dar? Existe algo a que não estou prestando atenção? Será que não estou cuidando de mim, do ponto de vista emocional ou físico? Essa técnica, que algumas pessoas acham um pouco ridícula no início, permite que o paciente crie uma simbologia para o seu ser interior e converse com ele em um nível mais profundo de consciência, o que em geral não é fácil. Técnicas semelhantes também são usadas. O Dr. Art Ulene, em seu livro *Feeling fine*, recomenda uma "personagem-conselheira" que permite à pessoa usar o lado simbólico, intuitivo, do hemisfério direito do cérebro. (A maioria das pessoas usa mais o lado esquerdo do cérebro, ou seja, o pensamento racional.) Através dessas conversas com a personagem-conselheira, às vezes o paciente consegue entrar em contato com suas próprias soluções criativas, da mesma forma que os pacientes com câncer que conversam com sua dor entram em contato com suas necessidades mais profundas.

Visualizar a dor. Algumas técnicas para aliviar a dor levam a pessoa a se distrair do mal-estar que está sentindo. A visualização da dor faz justamente o contrário: dirige a atenção da pessoa para o centro da dor. Num estado de semitranse, o paciente cria uma imagem da dor, visualizando sua cor, forma, tamanho, textura, odor, e até mesmo o seu gosto. Ele repete o processo, imaginando mais uma vez o tamanho, a forma etc. Aos poucos, começa a ver a dor diminuir, e ela, que era do tamanho de uma bola de basquete, passa a ter a dimensão de uma de beisebol, de uma bola de golfe, de uma bola de gude, até que finalmente desaparece. À medida que a bola imaginária diminui de tamanho, a dor real geralmente também diminui.

O paciente também pode descrever a dor para outra pessoa, que lhe faz as perguntas: "Diga-me de que cor ela é. De que tamanho? Qual a sua textura?". Enquanto o paciente fala, muitas vezes a dor começa a desaparecer. Às vezes, o paciente fica muito surpreso com a eficiência desse processo e exclama: "Sabe da maior? A dor sumiu!".

Visualizar o prazer para substituir a dor. Da mesma maneira que as atividades prazerosas conseguem reduzir a dor, imaginar cenas agradáveis pode ter o mesmo efeito. Esse exercício, como os anteriores, deve ser feito com o paciente totalmente relaxado. Como já faz em suas visualizações diárias, o paciente visualiza algo que lhe dê realmente muito prazer e passa a concentrar-se na imagem, Earl Deacon usa essa técnica com resultados excepcionais. Cinco anos após o diagnóstico de câncer, Earl sofreu um acidente de jipe muito grave, que praticamente lhe destruiu quatro vértebras. Como chegou a perder 10 centímetros de altura, seus órgãos internos tiveram de se ajustar, o que lhe causava dores tremendas ao menor movimento.

Uma das maneiras que Earl utiliza para lidar com a dor é visualizando-a. Ele coloca uma música clássica suave e relaxa, imaginando que está "perto de um córrego transparente que passa pelo meu rancho no Colorado. No interior do Estado há uma flor, o miosótis alpino, que cresce em vários lugares. Essa flor é tão linda que quando a vemos pela primeira vez não conseguimos mais nos esquecer dela. Cheguei a tal ponto que o simples fato de falar nela já me faz relaxar. Visualizo essa cena e, depois de estar relaxado, descobri que é mais fácil me deixar levar pela dor. Antigamente, eu ficava zangado com ela, e isso só a fazia piorar, mas agora digo ao meu corpo: Faça alguma coisa para mim, o que quer que seja. E funciona — a dor realmente diminui quando faço isso''.

Earl tem ainda outra maneira de visualizar o estado de prazer, o que faz, como ele diz, ''quase que num estado hipnótico, em parte meditação e em parte visualização. Quando estou nesse estado, vejo as endorfinas beta ajudando a diminuir a dor. As endorfinas-beta fabricadas pelo cérebro são um analgésico natural. Parece que têm a mesma química que a morfina. Eu as visualizo vindo do meu cérebro e aliviando a dor das minhas costas, onde as vértebras foram empurradas contra as terminações nervosas por causa do acidente''.

No caso de Earl, esse tipo de visualização é excelente, em parte porque sua formação científica faz com que ele pense nesses termos com naturalidade. Há infinitas maneiras de visualizar o prazer. Jessica Mang aprendeu a visualizar com a ajuda de um terapeuta, que lhe ensinou em cinco sessões como diminuir a dor durante o tratamento. A menina de doze anos explica: ''Meus pais me levaram até ele. Primeiro ele falava comigo sobre o câncer. Depois contava até 20 e eu escutava cada número com atenção e respirava bem devagar. Em seguida, ele passou a me ajudar a criar imagens mentais. Na terceira visita, ele me disse: Hoje vou lhe dar um tapete mágico. Para onde você quer voar?''.

''Eu disse: Gostaria de visitar minha bisavó''.

''E ele: Então, está bem. Você vai subir no tapete mágico e voar até onde está sua bisavó, para abraçá-la''. Então visualizei a cena. No final da minha visita, ele disse: ''Jessica, vou lhe dar um presente. Você pode ficar com o tapete mágico e usá-lo sempre que desejar''.

''Dessa forma, quando passei a fazer o tratamento de quimioterapia, mamãe me contava histórias, e usamos o tapete mágico da maneira como ele me ensinara. Sempre que eu visualizava, nem chegava a sentir as injeções.''

Assim como fizeram os pais de Jessica, o resto da família — crianças ou adultos — pode participar da visualização de prazer do paciente. Na verdade, quando o paciente está sentindo muitas dores, é melhor que alguém o ''guie'' durante o exercício. Muitas vezes, a voz da pessoa e o apoio que dá ao paciente são ingredientes importantes para diminuir a dor. É também muito bom que o paciente consiga verbalizar a dor e expressar o que sente a outra pessoa. Por outro lado, de nada serve querer negar a dor do paciente, dizendo algo do estilo: ''Ah, nem pense na dor''. Essa técnica de visualização do prazer desvia a atenção do paciente da dor, mas não deve ser entendida como uma sugestão para negá-la. Ao contrário, dessa forma ele estará reconhecendo a dor e fazendo o necessário para diminuí-la.

UM ATAQUE MORTAL À DOR

Recentemente, dei uma consultoria para um projeto de pesquisa em um grande centro de tratamento da dor, que trabalha com pacientes cujas dores crônicas não se conseguia eliminar com tratamento médico. Alguns desses pacientes tinham, como Earl Deacon, sofrido lesões graves nas costas e precisavam encontrar maneiras de lidar com uma dor que jamais seria eliminada permanentemente.

A estada de um paciente nesse centro de tratamento da dor ia de duas a quatro semanas, e durante esse tempo ele recebia uma abordagem multidirecional. Podia escolher entre mais de vinte formas diferentes de tratamento: terapia psicológica diária, terapia física, *biofeedback*, terapia em grupo, hipnose, massagem e outros. Os estudos realizados no centro confirmaram minha observação de que, quanto maior o número de tratamentos de que o paciente participa, mais a dor diminui. O mais curioso, porém, é que o centro utiliza dois tipos principais de tratamento: "com as mãos" e "sem as mãos". Os tratamentos "com as mãos" eram aqueles em que o funcionário da clínica cuidava fisicamente do paciente e o tocava com suas mãos: a massagem é um exemplo desse tipo de tratamento. O tratamento "sem as mãos" era aquele que o paciente fazia sozinho. Quanto mais tratamentos "com as mãos" o paciente fazia, mais a dor diminuía — e sua depressão também. Essa é uma informação que pode ser útil às famílias que desejam ajudar o paciente. Qualquer tipo de cuidados e toques físicos, a massagem e o abraço, por exemplo, pode ajudar a reduzir a dor.

O que espero ter demonstrado neste capítulo é que a dor pode ser reduzida, e, em alguns casos, enormemente. Além das opções oferecidas pela medicina, existem inúmeros outros métodos de reduzir a dor. A família do paciente pode participar de vários deles. Não há dúvida de que o paciente que está sendo perturbado pela dor deve fazer o que for possível para usar os métodos que funcionem melhor para ele. A dor muitas vezes é vista como uma companheira inevitável do câncer, quando na realidade pode ser muito reduzida. Ao contrário da crença popular, o câncer não deve ser sinônimo de dor.

20

Reincidência e Morte

Até agora, neste livro, sugeri que o paciente e sua família abordem a incerteza causada pelo câncer com otimismo e esperança. No entanto, como essa doença é por natureza incerta, é melhor estar preparado para qualquer eventualidade. O que acontece se houver uma reincidência ou uma série de altos e baixos? E se o paciente morrer?

Uma crença difundida na nossa cultura é a de que o câncer tem um padrão de altos e baixos, e o paciente pode até lutar com sucesso contra a doença, mas no final o processo biológico sai ganhando e a morte surge. Não se trata de uma imagem correta da doença, e não existe uma curva ascendente ou descendente, como algumas pessoas acreditam. Mesmo os pacientes que ficam bons passam por um caminho ardiloso. Não é raro que o paciente fique bem, em seguida sofra uma reincidência da doença e volte a ficar bem de novo. Assim, ao contrário do que muita gente pensa, a reincidência da doença não significa que a morte seja inevitável.

Estou levantando o assunto da reincidência para que o paciente e sua família não ignorem essa possibilidade, sendo apanhados de surpresa caso isso venha a acontecer. Normalmente, os pacientes que decidiram fazer tudo para ficarem bons acham que o caminho da cura é reto e ascendente. Logo que comecei a trabalhar com os pacientes no Centro de Pesquisa e Aconselhamento do Câncer, costumava perguntar, no final de cada sessão com os novos pacientes: "Quantos acham que vão voltar para casa e ficar bons, que o progresso será constante?". Sem hesitação, a maioria dos pacientes levantava as mãos. Eu sabia que alguns deles se sentiriam um fracasso se a expectativa não se realizasse, então os alertava para o fato de que poucas realizações na vida são atingidas de maneira direta. Quando trabalhamos para atingir um objetivo significativo, é muito possível que o caminho seja tortuoso, e os pacientes e suas famílias devem estar preparados para lidar com os recuos que possam ocorrer.

Levando isso em consideração, gosto de pedir aos meus pacientes que imaginem qual seria sua reação a um revés. "Vamos imaginar que vocês voltem para casa, estejam se sentindo bem melhor, mas a doença volte a aparecer. Dessa vez, a dor é mais forte, o crescimento do tumor é maior, de forma que fica claro que houve uma reincidência ou que a remissão não está acontecendo da maneira esperada. Como cada um de vocês reagiria a essa situação?"

Alguns pacientes respondem: "Nada do que fiz deu resultado". Outros elaboram um pouco mais: "O processo não funciona e eu fracassei. Foi um fracasso geral. Desisto". E há pacientes que realmente desistem quando ocorre uma reincidência. Perdem a fé nos médicos, nos terapeutas, no tratamento, na visualização — em tudo.

COMO REAGIR À REINCIDÊNCIA

Em geral, os pacientes ficam mais assustados com a reincidência do que com o primeiro diagnóstico. Normalmente, essa reação baseia-se em falsas crenças sobre o câncer: "Se ele chegou a esse ponto, vai se espalhar pelo corpo todo". Um amargo desapontamento surge, aumentando a reação do paciente. Depois do diagnóstico, o paciente e sua família passaram a se sentir mais responsáveis por sua saúde, deram o melhor de si — *mas a doença voltou*. Em nossa cultura, queremos controlar tudo, e, quando não conseguimos, sentimo-nos desesperançados e desistimos. Quando um paciente tem uma reincidência, é capaz de pensar: "Eu tentei. Mas não vale a pena. Não consigo controlar o que está acontecendo comigo". A pessoa fica arrasada, porque, apesar de ter se esforçado, de ter conseguido cercar a doença do ponto de vista psicológico e de outras maneiras, não é capaz de controlá-la totalmente. O que ela não consegue enxergar é que, apesar de não ter um controle total sobre a doença, é capaz de ter algum tipo de influência. Temos um certo controle sobre nosso destino, mas nosso futuro não depende inteiramente de nós.

O período de choque que se segue ao diagnóstico de reincidência é típico e normal em qualquer paciente. Durante esse período, que dura em média de duas a oito semanas, o paciente nem sempre consegue dormir bem, fica ansioso, deprimido e muito abalado emocionalmente. Seu humor varia e seu interesse pelo trabalho diminui. Em geral, é um período confuso, de desordem e desespero. O paciente que tem feito exercícios, visualizações, cuidado da alimentação, pode parar tudo de repente. Sua auto-estima despenca e ele fica muito frustrado consigo mesmo por não conseguir fazer o que fazia antes da reincidência.

Durante esse período de choque inicial, é importante que o paciente entenda que sua reação é natural, que o momento é de confusão e que suas expectativas pessoais não devem ser muito grandes. À medida que o tempo passa, fica mais fácil voltar às atividades normais, as variações de humor começam a se estabilizar e ele passa a sentir de novo os pés no chão. Esse período de ajustamento será mais tranqüilo se o paciente e sua família continuarem a ter contato com os amigos, ao invés de se afastarem totalmente. Muitos testes serão realizados nesse período, e o tratamento será reavaliado à luz dos novos dados médicos. O paciente enfrenta agora a seguinte pergunta: "Para onde vou agora? Quero continuar a fazer tudo para ficar bom ou será melhor me preparar para morrer?".

Quando a reincidência é diagnosticada, a tendência natural é começar imediatamente a se perguntar: "O que significa isto em relação à vida e à morte?, Será que vou morrer?". Mas aconselho muita cautela quanto a uma decisão prematura sobre a morte nos primeiros dias de choque e confusão. Em geral, as novas informações médicas só estarão disponíveis algumas semanas após o novo diagnóstico, de forma que sugiro ao paciente que não tente tomar nenhuma decisão a respeito do seu futuro. O período de crise gera muita dor emocional para que decisões importantes sejam tomadas, e o paciente sente-se desanimado e abatido. "Esforcei-me tanto, passei por tantas coisas, e agora isto me acontece! Não vou conseguir passar por tudo de novo!" Algumas semanas depois, o paciente sente-se melhor e mais forte, e sua decisão não será tão cercada de aflição. A reação de desespero inicial é semelhante à que sentimos quando alguém de quem gostamos morre. Achamos que nunca mais vamos gostar de alguém, e correr o risco de sentir tanta dor se o perdermos, mas aos poucos vamos vencendo nossa tristeza e recomeçamos a viver. Dessa forma, mesmo que os pacientes se sintam tentados a resolver a ambigüidade do seu futuro decidindo-se a aceitar a morte, as primeiras semanas depois de um diagnóstico de reincidência não são o melhor momento que os capacite a usar de bom senso.

COMO AJUDAR O PACIENTE APÓS A REINCIDÊNCIA

A família pode ser muito útil ao paciente durante esse período se entender que seus sentimentos de desespero, culpa, raiva e medo são normais. Então, poderá ajudá-lo a expressar esses sentimentos, e não tentar distraí-lo. Como já vimos no capítulo 7, seus sentimentos desaparecerão mais rapidamente se ele puder colocá-los para fora e chorar. Numa hora dessas, é mais terapêutico abraçá-lo do que tentar dizer qualquer coisa. Esses sentimentos são transitórios, e começarão a mudar — se dermos tempo e apoio carinhoso ao paciente.

Às vezes, tentamos ajudar o paciente dizendo-lhe: "Já vencemos uma batalha e venceremos essa também!". Mas essa atitude poderá causar o efeito contrário àquele que queremos. Quando a pessoa quer ajudar e usa uma estratégia de "efeito rápido", está levando o paciente a negar seus sentimentos. Ele talvez o faça de coração, para esconder da família seu desespero. Nesse processo, talvez fique ainda mais deprimido e desesperado e decida morrer. O melhor que a família pode fazer nesses casos é permitir que o paciente expresse tudo o que está sentindo.

Pode levar algum tempo, mas no final ele começará a se sentir melhor, e o otimismo natural e espontâneo voltará. A negação, ao contrário, produz uma atitude forçada, de falso otimismo. Assim, sempre que o paciente estiver deprimido, é mais útil simplesmente demonstrar solidariedade, abrançando-o e dizendo-lhe: "Compreendo que esteja se sentindo desesperançado. Deve ser horrível dedicar tanta energia para depois ver isto acontecer".

Nessa ocasião, a família também sente uma ansiedade natural. Às vezes, as pessoas tentam eliminar essa sensação pedindo que o médico lhes dê uma opinião formal sobre o futuro do paciente. "Diga-nos o que vai acontecer. Quanto tempo mais ele tem de vida?" No melhor dos casos, o médico só pode fazer uma suposição. Ninguém pode responder a esse tipo de pergunta. Mas talvez o médico diga que, em sua opinião, o paciente vai morrer. Algumas famílias, ao ouvirem esse tipo de prognóstico, não conseguem apoiar o paciente em sua luta para ficar bom. Já ouvi familiares dizerem: "Ele acabou de ter uma reincidência, os médicos dizem que provavelmente morrerá, e ele não quer aceitar os fatos! Por favor, tente convencê-lo". Não concordo de jeito nenhum com essa atitude. O que os familiares muitas vezes esquecem é que é mais fácil para eles aceitar o fato de que o paciente vai morrer do que para o próprio paciente. A pessoa que está mais próxima da possibilidade da morte sente a maior ansiedade de toda a sua vida, e seus mecanismos de defesa estão acionados ao máximo. Nem todo mundo consegue aceitar o fato de que está morrendo. Alguns pacientes reagem a essa situação regredindo emocionalmente e usando ao máximo os seus mecanismos de defesa para lutar contra essa informação. Quando a ansiedade leva o paciente a reagir dessa forma, não acho que suas defesas devam ser destruídas — mesmo que isto seja melhor para as pessoas que o rodeiam. É melhor respeitar as necessidades emocionais do paciente enquanto ele está enfrentando essa terrível situação.

Sugiro, tanto aos pacientes como a suas famílias, que deixem para tomar as decisões mais importantes quando todas as informações médicas pertinentes tenham sido reunidas e o paciente tenha passado pelo período inicial de choque. Com freqüência, quando entram em pânico, os familiares tentam diminuir sua ansiedade tomando muitas decisões prematuras. É muito melhor *aceitar a ansiedade*. Durante esse período, todos os familiares estão se sentindo fragilizados e desamparados, já que a reincidência sem dúvida os abalou seriamente. Em vez de tentar acabar com a ansiedade impondo uma impressão de certeza quanto ao futuro do paciente, a família deve procurar ajuda fora do círculo familiar — pessoas que estão mais distantes da crise. Além do apoio emocional, os amigos mais íntimos podem ser muito úteis durante as primeiras semanas, fazendo compras e preparando as refeições. Isto dá à família tempo para se recuperar do choque inicial e a ajuda a manter a energia para lidar com suas próprias emoções e estar perto do paciente.

A MENSAGEM DA REINCIDÊNCIA

Passado o choque inicial, o paciente pode começar a examinar suas decisões a respeito do futuro. "Quero realmente voltar a lutar pela minha saúde ou quero aceitar a morte e começar a me preparar para ela?" Aqueles que decidirem lutar descobrirão um significado especial na reincidência da doença se se perguntarem o que o corpo está querendo lhes dizer. Da mesma maneira que a dor, a doença, inclusive a reincidência, pode ser uma mensagem. Sugiro a esses pacientes que se perguntem: "Qual o significado dessa reincidência? Essa situação pode me ensinar alguma coisa a respeito das emoções que eu esteja reprimindo? Perdi algum ganho secundário importante ao ficar bom? Será que meu corpo está me dando um recado positivo a ser usado no trabalho em prol do meu bem-estar?".

Muitos pacientes aprenderam com a reincidência que não estavam se cuidando tanto como deveriam. A partir dessa percepção, dedicaram maior atenção a suas necessidades e ficaram bons novamente. Descobriram que pouco antes da reincidência haviam perdido os ganhos secundários adquiridos e que de certa forma haviam retomado o mesmo estilo de vida que teria contribuído para o aparecimento da doença. A reincidência foi uma espécie de lembrete do corpo de que eles haviam deixado de se cuidar e retomado a vida estressante de antigamente. Esses pacientes usaram a mensagem veiculada pela reincidência para salvar suas vidas — reequilibrando-se e trabalhando para recuperar e manter a saúde.

VIVER OU MORRER

Para muitos pacientes, a decisão de voltar a lutar para recuperar a saúde ou aceitar a morte leva tempo. Esse tipo de decisão naturalmente cria uma ambivalência, que pode durar dias, semanas ou muitos meses. Mas a ambivalência é natural, pois significa que o paciente percebe que tem várias opções. Se não as tivesse, sentir-se-ia mais desamparado e desesperançado. Pode ser muito difícil para a família agüentar esse período de incerteza, mas é importante que o consiga, para permitir ao paciente manter sua autonomia, em vez de tentar controlar seu pensamento. As famílias fazem isso sem perceber, com comentários do tipo: "Acho que você deve encarar o fato de que vai morrer", ou ao contrário: "Não quero que você pense na morte. Tudo vai ficar bem". Para ter controle da situação, o paciente precisa ter permissão para examinar ambas as opções — inclusive a possibilidade da morte. Querendo ajudar o paciente, é possível dizer-lhe: "Estou do seu lado de qualquer jeito, quer você deseje lutar pela sua saúde ou decida morrer".

Os familiares podem ficar com medo de que o paciente tenha decidido morrer, quando na verdade ele está apenas examinando a possibilidade da morte e enfrentando seus medos. Talvez ele esteja se perguntando: "O que acontece durante o processo da morte? Como é que isto acontece?". Ele pode estar com medo da dor física e da deterioração e queira conversar sobre isso. Se for o caso, os familiares podem conversar com ele, tentando evitar concluir que ele já tomou sua decisão. Talvez o paciente esteja querendo simplesmente avaliar se pode ou não agüentar o processo da morte. Isto talvez o leve a perguntar: "E se eu sentir muita dor enquanto estiver morrendo?". Nesse caso, a família talvez reaja dizendo: "Então você já se decidiu a morrer", mas esse tipo de reação só o tornará mais relutante em compartilhar seus pensamentos sobre uma das possibilidades, impedindo-o de exercer sua capacidade de analisar seus sentimentos. Será mais útil se a família puder enfrentar de maneira direta a ambivalência do paciente: "Estamos diante da incerteza de novo".

A informação direta pode ser tranqüilizadora e útil para o paciente que precisa tomar uma decisão quanto à morte, após a reincidência. Ele pode estar muito preocupado com a dor. Se for o caso, é bom que pergunte ao médico: "O que é feito para controlar a dor de uma pessoa que está morrendo?". O médico, por sua vez, poderá tranqüilizar o paciente discorrendo sobre os remédios que poderão aumentar o seu conforto físico. Alguns pacientes sentem-se melhor quando conversam com o médico sobre seus desejos, na eventualidade da morte. O paciente pode colocar: "Preferiria sentir um pouco de dor e ficar consciente. Gostaria que o senhor me mantivesse consciente o máximo possível, para que eu saiba o que está acontecendo ao meu redor". Outro paciente pode preferir tomar um remédio para diminuir a dor: "Não me importo de estar ou não consciente. Só não quero sentir dor demais. Prefiro ficar sedado". Esse tipo de coleta de informações e planejamento dá ao paciente um sentimento de ter em mãos as rédeas da situação. Esse sentimento dá-lhe liberdade de escolha. É importante que a família se lembre de que, embora converse sobre essas situações, o paciente ainda não se decidiu forçosamente a morrer. Na realidade, talvez essa sensação de controle que adquire durante essa fase de sondagem seja o que estava faltando para que ele se decida a lutar pela saúde.

A idéia de que pensar na morte pode ajudar o paciente a decidir viver talvez pareça estranha, mas é real. Normalmente, ao examinar a questão da dor, do medo e da incapacidade, o paciente vê sua ansiedade diminuir bastante. Quando sente que está começando a entender o processo, ele começa a relaxar e passa a pensar: "Estou preparado para lidar com a morte, se for necessário". Esta confiança faz com que ele readquira forças para voltar a lutar pela vida. Percebendo que pode lidar com a pior das hipóteses, sente-se livre para escolher uma das opções. Nesse processo, os integrantes da família poderão ser de grande ajuda se respeitarem a autonomia do paciente, fazendo-o sentir que não tomarão nenhuma decisão antes dele. Em outras palavras, ficarão um passo atrás dele, para que sua decisão seja autônoma.

Quero também enfatizar que ninguém tem tanta consciência de seu corpo, ou tanto controle sobre ele, que possa determinar inteiramente o resultado de uma doença grave. Podemos, contudo, assumir a responsabilidade e participar do processo da morte. Quanto mais permissão tem o paciente para falar abertamente sobre o processo da morte, mais confortável ele será para todos.

A QUALIDADE DA MORTE

Marge e Earl Deacon dizem sempre que a doença os tornou mais conscientes da morte, fazendo-os aceitá-la melhor. Marge lembra como, no último inverno, ela e Earl observaram a morte de um velho cervo. "Tínhamos espalhado feno ao redor da nossa casa no Colorado, e um rebanho de cervos veio procurar refúgio de uma violenta tempestade de neve. Quando o tempo melhorou, o rebanho voltou para a montanha, menos um deles, que estava muito velho. Ele foi em direção ao vale, deitou-se embaixo de uma árvore e morreu. Morreu com dignidade. Achamos aquilo muito bonito."

Todos nós desejamos uma morte serena. O câncer, ao contrário de muitas outras causas de morte, nos dá muito tempo para nos prepararmos, e essa preparação pode ser muito confortadora. As pessoas preparam-se de inúmeras maneiras. Algumas planejam a organização do funeral e do enterro. Outras preparam seus testamentos e colocam seus negócios em dia. Outras ainda assinam um documento que autoriza o médico a desligar os aparelhos que as mantenham artificialmente vivas se não houver mais esperança de reversão do quadro. O paciente pode fazer algumas ou todas essas coisas sem que tenha necessariamente decidido morrer.

Às vezes, o paciente pode querer examinar os serviços de que a comunidade dispõe que possam ajudá-lo a morrer confortavelmente. O médico, o terapeuta ou o assistente social podem indicar-lhe várias possibilidades. Muitas comunidades dispõem de pelo menos uma clínica para ajudar o paciente a morrer da forma mais suave possível. Essa pode ser uma boa escolha quando a família não tem condições de dar ao paciente os cuidados necessários. Muitos pacientes também pensam em morrer em casa. Sem dúvida, os sentimentos da família deverão ser levados em consideração. Algumas pessoas acham a idéia assustadora ou penosa. Nesse caso, vale a pena examinar se essa escolha não poderia provocar uma doença nas pessoas da família, já sobrecarregadas.

A capacidade de morrer com dignidade é muito importante para o paciente. E a dignidade nasce da participação e da autonomia do paciente, de sua capacidade de escolher a própria morte. A família pode ajudá-lo evitando tudo aquilo que seja incompatível com seus desejos ou que lhe cause desconforto. Mesmo as pequenas coisas podem assumir uma grande importância nesse momento. Uma senhora idosa, minha paciente, contratou uma enfermeira sensível e dedicada para tomar conta dela, já que não conseguia fazer mais nada sozinha. Essa paciente era muito reservada e recatada. Quando já estava totalmente imobilizada na cama, foi necessário fazer-lhe a higiene. Mesmo sem que a paciente lhe dissesse nada, a enfermeira compreendeu o quanto aquilo lhe era constrangedor. Então, perguntou-lhe: "A senhora não se sente bem, não é verdade?". Dessa forma, deu à paciente permissão para conversar sobre o assunto. Ao saber que a senhora sentia-se envergonhada com os banhos, a enfermeira passou a lavar apenas certas partes do seu corpo, saindo do quarto para que a paciente pudesse terminar sua higiene sozinha. Mesmo que pareça um pequeno detalhe, essa foi uma das formas que a enfermeira encontrou para ajudar a paciente a manter sua dignidade intacta.

Muitos pacientes ficam mais tranqüilos ao pensar na morte quando sabem que a família estará protegida quando eles tiverem partido. A questão pode ser apenas financeira, como quem pagará a faculdade dos filhos, ou englobar a parte mais pessoal e emotiva. O paciente pode sentir-se dividido e ansioso, achando que está abandonando a família. E, às vezes, sem querer, o marido ou a mulher pode aumentar essa sensação. Talvez a mulher diga ao marido: "Amo-o tanto. Nem sei como poderei viver sem você". Muita gente tem a impressão de que o amor se resume a isso. Em nossa cultura, pensamos no amor de forma simbiótica — quando se ama alguém estamos ligados a ele. Desistimos de nossa autonomia e assim não podemos sobreviver sem o ente querido. Mas para o paciente que vai morrer é um alívio saber que o companheiro poderá sobreviver e continuar sua vida, apesar de sentir sua falta. Pode ser útil que o casal converse a respeito de como um dos parceiros sobreviverá sem o outro. Uma comunicação franca a respeito da questão de como a vida da família será quando o paciente tiver morrido pode lhe trazer um grande alívio.

A família que conseguir ajudar o paciente canceroso a encarar a morte da maneira examinada neste capítulo estará ajudando o processo da morte. O que mais pode fazer a família? Em primeiro lugar, e sem dúvida o mais importante, a presença da família é um dos maiores confortos que se pode dar ao paciente. O fato de saber que não está sozinho é de grande ajuda. Em segundo lugar, é importante que o paciente saiba que a família o ama — e que sentirá sua falta. Isto ajuda a reduzir a maior ansiedade que a pessoa próxima da morte sente: o medo de que deixe completamente de existir. Mesmo para as pessoas extremamente religiosas, não existe uma certeza absoluta de experiência consciente após a morte. Se o paciente souber que será lembrado, sentirá que sua existência não acabou pura e simplesmente. "Uma parte de mim continuará na lembrança das pessoas que amaram. E outra continuará nas contribuições que fiz à sociedade enquanto estava vivo." Conheci pessoas que, estando próximas da morte, sentiram uma imensa paz ao perceber que haviam amado e sido amadas.

Chega o momento em que cada um de nós tem de enfrentar o último dia de vida. A consciência da mortalidade é ainda maior para os pacientes e famílias que estão enfrentando a reincidência ou a possibilidade da morte. Isto nos leva a perguntar: "Se este fosse o último dia da minha vida, como gostaria de vivê-lo?". E, para cada um de nós, essa pergunta pode trazer uma nova perspectiva de vida. A conscientização de que todos morreremos um dia torna o tempo mais precioso. Se cada um de nós viver cada dia, cada semana, cada mês, como se fosse o último, qualquer que fosse o estado da nossa saúde, a qualidade de nossas vidas seria infinitamente mais rica.

21

A Família Engajada no Processo de Cura

No decorrer do meu trabalho com pacientes cancerosos e suas famílias, muitos familiares demonstraram um sentimento de frustração: "Se eu pudesse ajudar em alguma coisa — qualquer coisa. Até mesmo trocaria de lugar com ele, se pudesse". É claro que nenhum de nós pode dar sua saúde para outra pessoa, mas cada um de nós pode fazer muito para ajudar um ente querido que esteja sofrendo de câncer. Meu objetivo ao escrever este livro foi indicar como é possível ajudar os pacientes com câncer e de que forma essa ajuda pode ser determinante para o resultado final da doença.

Para muitos leitores, as abordagens e conceitos deste livro podem representar uma maneira completamente nova de compreender o papel da família e do paciente durante essa crise. Precisamos ter flexibilidade e muita força de vontade para examinar nossas crenças, e quero parabenizar o leitor por ter lido este livro — examinar alternativas é, por si só, uma atitude bastante corajosa. É difícil reavaliar nossas idéias de como ajudar uma pessoa querida que está seriamente doente — sobretudo quando acreditamos que a abordagem tradicional é o que há de melhor.

Tanto com relação ao relacionamento familiar quanto à forma de reagir do paciente, este livro apresenta sugestões que contrariam as práticas mais comuns adotadas em nossa sociedade. Alguns desses valores — tais como a expressão livre e aberta das emoções — não recebem apoio em nossa sociedade, o que torna difícil sua aceitação. Por exemplo, enfatizei que a capacidade do paciente de expressar suas emoções influencia de maneira significativa o processo de cura, porém a tradição da nossa sociedade ensina aos homens a não expressar medo e ansiedade e, acima de tudo, a não chorar. Este tipo de atitude condicionou-nos a acreditar que expressar certas emoções é uma fraqueza. Mas a supressão dos sentimentos pode ser prejudicial à saúde. E é preciso muito esforço para deixar de lado atitudes culturais tão arraigadas.

Outro exemplo diz respeito à ética do trabalho. Acho que nossa cultura enfatiza ao extremo a realização no trabalho em detrimento da satisfação pessoal, o que faz com que sempre se queira ter mais e mais sucesso. Os homens, sobretudo, são levados a se suplantarem, negligenciando suas famílias, por acreditarem que isto é o melhor para todos. Homens e mulheres geralmente são pressionados a realizar algo e definir seu valor a partir dos resultados obtidos com o trabalho. Já enfatizei que tanto o paciente como os membros de sua família precisam pedir ajuda e carinho durante o período de crise, porém a ética imposta pela nossa sociedade faz com que muitas pessoas sintam que devem ser sempre "fortes", estando sempre dispostas a dar, nunca a receber. Para muitas famílias e pacientes, é um grande desafio aprender a não exigir tanto de si mesmos e a aceitar ajuda.

Ninguém precisa sentir-se culpado por ter reagido à crise do câncer de forma nem sempre útil ao paciente. Até os familiares mais bem-intencionados podem causar dor sem querer, por estarem lidando com a doença da única maneira que conhecem. Por exemplo, falei sobre a importância de incentivar a autonomia do paciente, sem tentar salvá-lo. A maioria das pessoas tentam salvar o paciente na esperança de trazer-lhe alívio. Não têm a mínima idéia do quanto isto aumenta a sensação de impotência e vulnerabilidade do paciente, eliminando sua vontade de viver.

Da mesma forma, os familiares supreendem-se quando se dão conta de que o otimismo bem-intencionado não é útil para o paciente. Muitos dizem que regra geral consideravam "conversa fiada" os problemas de outras pessoas. Muitas pessoas agem assim. Quando um amigo perde um emprego de vinte anos, as pessoas dizem: "Anime-se! As coisas não são tão ruins assim — existem muitos outros empregos por aí". Quando alguém perde sua casa num incêndio e o seguro estava abaixo do valor real, as pessoas tentam ajudar dizendo: "Pelo menos ninguém perdeu a vida! Agradeça aos céus por isso. Sempre se pode comprar outra casa". Muita gente faz o mesmo com os doentes de câncer. Se houve metástase, familiares preocupados dizem: "Não se preocupe, está tudo bem. Tudo vai dar certo". Neste livro demonstrei que pode ser mais útil demonstrar empatia pelos sentimentos do paciente.

É importante lembrar que as formas com que reagimos no passado podem não ser as mais úteis e construtivas. Que talvez estivéssemos apenas obedecendo a uma imposição cultural. Comportamentos desse tipo baseiam-se em crenças que foram passadas de geração a geração. Até recentemente nossas escolas e universidades não nos ensinavam maneiras novas e mais úteis de abordar a doença. E, desse ponto de vista, as instituições de ensino raramente examinam de maneira profunda a questão das relações humanas. Ao contrário, herdamos nossas atitudes de nossos pais, que por sua vez as herdaram dos pais deles, e assim por diante. A noção cultural do que é uma doença grave foi sendo formada de geração a geração. Ninguém é culpado por ter assimilado esta atitude.

O conceito de uma família engajada no processo de cura baseia-se em novas descobertas no campo da terapia familiar e em meu trabalho no centro. A terapia familiar é uma área de estudo relativamente nova, que só começou realmente a progredir há cerca de quinze anos. À medida que adquirimos mais conhecimentos nesta área, surge uma nova percepção: a necessidade de mais modelos familiares saudáveis, do tipo apresentado neste livro. Porém, este modelo é apenas isto — um ideal. Nenhuma família é perfeita, e o leitor não deve comparar sua família com o modelo que foi aqui apresentado e querer que ela interaja de forma perfeitamente saudável em todos os níveis. Cada família, assim como cada pessoa, tem deficiências e possibilidades de progresso. Quero ainda chamar a atenção dos leitores para que não fiquem abatidos com seus problemas familiares ou com os erros involuntários cometidos no passado. Ao contrário, congratulem-se por já terem começado a mudar, ao decidir ler este livro e refletir sobre as idéias aqui apresentadas. Em seguida, olhem para o futuro. De posse deste novo conhecimento, podem começar a evitar os antigos erros. E, à medida que forem fazendo isso, seus filhos poderão aprender novas maneiras de agir, quebrando assim o velho padrão que tem sido transmitido há tantas gerações. Cada uma das famílias que começar a adotar maneiras mais saudáveis de interação cria esperanças para o futuro. Essas novas e melhores maneiras são uma herança que pode ser passada e multiplicada a cada geração. Leva tempo mudar, porém o leitor pode ter certeza de que seus esforços não serão em vão.

Com a crise do câncer na família, a mudança pode já estar acontecendo, mesmo que talvez não esteja sendo observada. A crise pode desencadear um processo de mudança que provavelmente não teria ocorrido de outra forma. Mas a mudança leva tempo, e o câncer é um terrível adversário. Talvez sujam momentos de desesperança, quando será muito difícil aplicar e confiar nos conceitos exposto neste livro. E durante esses períodos será mais do que nunca necessário considerar outras maneiras de relacionamento.

Tornar-se uma família engajada no processo de cura não é tarefa fácil. Não importa o quanto nos esforcemos para mudar, a mudança não surge da noite para o dia. Porém, trata-se de um objetivo realista e factível, e a recompensa final pode ser a de uma saúde melhor e de uma qualidade de vida mais rica para o paciente e toda a sua família.

Estendo meus melhores votos de sucesso a todos os leitores e seus familiares, em seu compromisso para se tornarem uma família engajada no processo de cura.

Bibliografia

Achterberg, J., Simonton, O.C., e Matthews-Simonton, S. *Stress, Psychological Factors, and Cancer,* Fort Worth, TX: New Medicine Press, 1976.

Ackerman, N.W. *The Psychodynamics of Family Life.* Nova York: Basic Books, 1958.

Ackerman, N.W. *Treating the Troubled Family.* Nova York: Basic Books, 1966.

Amkraut, A.A., Solomon, G.F., Kasper, P., e Purdue, A. Stress and hormonal intervention in the graft-versus-host response. In B.P. Jankovic e K. Isakovic (Eds.), *Microenvironmental aspects of immunity.* Nova York: Plenum Publishing Corporation, 1973, 667—74.

Benson, H. *The Relaxation Response.* Nova York: Willian Morrow and Company, 1975.

Berenson, D. Alcohol and the family system. In: P.J. Guerin (Ed.), *Family Therapy: Theory and Practice,* Nova York: Gardner Press, 1976b.

Blumberg, E.M.; West, P.M.; e Ellis, F.W. MMPI findings in human cancer. *Basic Reading on the MMPI in Psychology and Medicine.* Minneapolis: Minnesota University Press, 1956, 452—60.

Boszormenyi-Nagy, I., e Spark, G. *Invisible Loyalties.* Nova York: Harper and Row, 1973.

Bowen, M. *Family Therapy in Clinical Practice.* Nova York: Jason Aronson, 1978.

Bowen, M. Intrafamily dynamics in emotional illness. In: A. D'Agostino (Ed.), *Family, Church, and Community.* Nova York: P.J. Kennedy and Sons, 1965(b).

Brown, B. *New Mind, New Body.* Nova York: Harper and Row, 1975.

Capra, Fritjof. *The Tao of Physics.* Boulder: Shambhala, 1975.

Carlson, Rick J. *The End of Medicine.* Nova York: John Wiley and Sons, 1975.

Castaneda, C. *Tales of Power.* Nova York: Simon and Schuster, 1975.

Cousins, Norman. *Anatomy of an Illness as Perceived by the Patient: Reflections on Healing and Regeneration.* Nova York: W.W. Norton and Company, Inc., 1979.

Grile, G., Jr. *What Every Woman Should Know about the Breast Cancer Controversy.* Nova York: Macmillan, 1973.

Cullen, J.W., Fox, B.H., e Isom, R.N. (Eds.). *Cancer: The behavioral dimensions.* Nova York: Raven Press, 1976.

Cutler, E. *Diet on cancer.* Albany Medical Annals, 1887.

De Chardin, Teilhard. *The Phenomenon of Man.* Nova York: Harper and Row, 1959.

Dossey, Larry. *Space, Time and Medicine.* Boulder: Shambhala, 1982.

Evans, E. *A Psychological Study of Cancer.* Nova York: Dodd, Mead and Company, 1926.

Everson, T.C., e Cole, W.H. *Spontaneous Regression of Cancer.* Philadelphia, 1966.

Faraday, Ann. *The Dream Game.* Nova York: Harper and Row, 1974.

Faraday, Ann. *Dream Power.* Nova York: Coward, Mclann, 1972.

Farquhar, J.W. *The American Way of Life Need Not Be Hazardous to Your Health.* Nova York: Norton, 1978.

Ferguson, Marilyn. *The Brain Revolution: The Frontiers of Mind Research.* Nova York: Taplinger, 1973.

Fox, B.H. Psychosocial epidemiology of cancer. In: J.W. Cullen, B.L. Fox, e R.N. Isom (Eds.), *Cancer: The behavior of dimensions.* Nova York: Raven Press, 1976.
Friedman, M., e Rosenman, R. *Type A Behavior and Your Heart.* Nova York: Alfred A. Knopf, 1974.
Garfield, Charles. *The Psychosocial Care of the Dying Patient.* Nova York: McGraw-Hill, 1978.
Garfield, Patricia. *Creative Dreaming.* Nova York: Simon and Schuster, 1975.
Gengerelli, J.A., e Kirkner, F.J. (Eds.). *Psychological Variables in Human Cancer.* Berkeley and Los Angeles: University of California Press, 1954.
Glasser, R. *The Body Is the Hero.* Nova York: Random House, 1976.
Green, E., e Green, A. *Beyond Biofeedback.* Nova York: Delacorte, 1977.
Grof, Stanislav, Halifax Joan. *The Human Encounter with Death.* Nova York: E.P. Dutton, 1977.
Gurman, Alan S. e David P. Kniskern, (Eds.). *Handbook of Family Therapy.* Nova York: Brunner/Mazel, 1981.
Haley, Jay. *Strategies of Psychotherapy.* Nova York: Grune and Statton, 1963.
Haley, Jay. *Uncommon Therapy.* Nova York: Norton, 1973.
Holland, J.C. *Psychological aspects of cancer.* In: J.F. Holland, e E. Frei III (Eds.), Cancer medicine. Philadelphia: La and Febiger, 1973.
Horney, K. *Neurosis and Human Growth.* Nova York: Norton, 1950.
Jung, C.G. *Memories, Dreams, Reflections.* A. Jaffe (Ed.). Nova York: Pantheon, 1961.
Keleman, Stanley. *Living Your Dying.* Nova York: Random House/Bookworks, 1974.
Keleman, Stanley. *Your Body Speaks its Mind.* Nova York: Simon and Schuster, 1975.
Kübler-Ross, Elizabeth. *Death the Final Stage of Growth.* Nova York: Prentice-Hall, 1975.
Kübler-Ross, Elizabeth. *On Death and Dying.* Nova York: Macmillan, 1968.
Kushner, Harold S. *When Bad Things Happen to Good People.* Nova York: Schocken Books, 1981.
LeShan, Lawrence. *How to Meditate.* Nova York: Bantam Books, 1975.
LeShan, Lawrence. *You Can Fight for Your Life.* Nova York: M. Evans and Co. 1977.
LeShan, L. *The Medium, the Mystic, and the Physicist.* Nova York: Viking, 1974.
Levinson, D. *The Seasons of a Man's Life.* Nova York: Alfred A. Knopf, 1978.
Lewis, J.M., Beavers, W.R., Gossett, J.T., e Phillips, V.A. "The family system and physical ilness." In: *No Single thread, psychological health in family systems.* Nova York: Brunner/Mazel, 1976.
MacGregor, R., Ritchie, A.M., Serrano, A.C., Schuster, F.P., McDonald, E.D., e Goolishian, H.A. *Multiple Impact Therapy with Families.* Nova York: McGraw-Hill, 1964.
Maslow, Abraham. *Toward a Psychology of Being.* Nova York: Van Nostrand Reinhold, 1968.
Mason, J.W. Psychological stress and endocrine function. In E.J. Sacher (Ed.), *Topics in psychoendocrinology.* Nova York: Grune and Stratton, 1975.
May, Rollo. *Love and Will.* Nova York: Dell, 1974.
Minuchin, S. *Families and Family Therapy.* Cambridge: Harvard University Press, 1974.
Minuchin, S., Rosman, B., e Baker, L. *Psychosomatic Families.* Cambridge: Harvard University Press, 1978.
Minuchin, S., Rosman, B.L., e Baker, L. *Psychosomatic Families: Anorexia Nervosa in Context.* Cambridge: Harvard University Press, 1978.
Montagu, Ashley. *Touching: The Human Significance of the Skin.* Nova York: Columbia University Press, 1971.
Morris, Sarah. *Grief and How to Live with It.* Nova York: Grosset and Dunlap, 1972.
Napier, A.Y. e Whitaker, C.A. *The Family Crucible.* Nova York: Harper and Row, 1978.
Pelletier, Kenneth R. *Mind as Healer, Mind as Slayer.* Nova York: Delacorte 1977.
Pelletier, K.R. *Toward a Science of Consciousness.* Nova York: Delacorte Press, 1978.
Pincus, Lily. *Death and the Family.* Nova York: Pantheon, 1974.
Rollin, Betty. *First You Cry.* Nova York: New American Library, 1977.

Samuels, Mike, Hal Bennett. *The Well Body Book*. Nova York: Random House/Bookworks, 1973.
Samuels, M., e Samuels, N. *Seeing With the Mind's Eye*. Nova York: Random House, 1975.
Schleflen, A.E. *Communicational Structure: Analysis of a Psychotherapy Transaction*. Bloomington: Indiana University Press, 1973.
Sehnert, Keith, H., e Eisenberg, Howard. *How to be Your Own Best Doctor — Sometimes*. Grosset and Dunlap, 1976.
Seligman, A.M. *Helplessness*. San Francisco: W.H. Freeman and Company, 1975.
Seligman, M.E.P. *Helplessness: On depression, development, and death*. San Francisco: W.H. Freeman and Company, 1975.
Selye, H. *The Stress of Life*. Nova York: McGraw-Hill, 1956.
Selye, H. *Stress without Distress*. Nova York: Dutton, 1974.
Shook, Robert. L. *Survivors: Living with Cancer*. Nova York: Harper & Row, 1983.
Simonton, O.C., Matthews-Simonton, S., e Creighton, James.*Getting Well Again*. Los Angeles: J.P. Tarcher, Inc., 1978.
Steiner, C. *Scripts People Live*. Nova York: Bantam, 1974.
Stern, K. The reticuloendothelial system and neoplasia. In J.H. Heller (Ed.), *Reticuloendothelial structure and function*. Nova York: The Ronald Press Company, 1960, 233-58.
Ulene, A. *Feeling Fine*. Los Angeles: J.P. Tarcher, Inc., 1977.
Weisman, Avery D. *On Dying and Denying*. Nova York: Human Sciences Press, 1972.
West, P.M. Origin and development of the psychological approach to the cancer problem. In J.A. Gengerelli, e F.J. Kirkner (Eds.), *The psychological variables in human cancer*. Bekeley and Los Angeles: University of California Press, 1954, 17-26.
Weyer, E.M., e Hutchins, H., (Eds.), *Psychophysiological aspects of cancer*. Nova York: Nova York Academy of Sciences, 1966.

GRUPOS DE APOIO A PACIENTES DE CÂNCER QUE ATUAM NO BRASIL

Programa Avançado de Auto-Ajuda - CORA

O CORA é uma sociedade civil de caráter privado, de âmbito nacional e sem fins lucrativos, destinada à união dos esforços de auto-ajuda das pessoas atingidas pelo câncer. O PAAA é um trabalho especialmente dirigido a grupos de pacientes de câncer, introduzido e adaptado no Brasil pelo CORA, mediante um convênio com o Cancer Support and Education Center, Menlo Park, California, EUA, onde é aplicado há mais de 15 anos.

São cerca de 60 horas de trabalho em conjunto, com técnicas dirigidas, que dão ao participante a oportunidade de entrar em contato com suas emoções mais profundas a respeito da doença. Os grupos são formados por oito a doze pacientes e respectivos acompanhantes — pessoas próximas, se possível da família —, um coordenador com formação em psicologia ou psiquiatria e monitores, na proporção de um para quatro participantes.

O Programa está estruturado em nove sessões semanais, cada qual com seis horas consecutivas de trabalho, observado um intervalo para refeição. Essas sessões desenvolvem-se em torno de temas abordados de forma direta e criativa, oferecendo ao paciente oportunidades de partilhar seus sentimentos e preocupações com o grupo e fazendo com que ele passe a acreditar que pode colaborar na luta contra o seu câncer, sentindo-se fortalecido, mais participante e mais responsável pela sua própria vida.

Endereço: Rua Madalena, 99 - CEP 05434 - São Paulo, SP -
Fone: (011) 883.3340

Grupo de Apoio Psicoterápico a Pacientes de Câncer — INICIATIVA GAIA

O trabalho desta equipe surgiu em função da formação profissional de seus integrantes, de suas experiências em grupos congêneres e de suas vivências pessoais com a doença. Esse esforço resultou num método psicointegrador e de apoio a pacientes de câncer. O programa estende-se ao longo de um semestre e segue uma dinâmica com diferentes propostas a cada encontro. O objetivo é proporcionar ao paciente a possibilidade de se confrontar com seus verdadeiros sentimentos em relação à doença e à vida, para que possa se rever e se propor metas para sua existência. Com o apoio do grupo, ele descobre novos estímulos no sentido de se tornar mais ativo e responsável pelo seu tratamento e possível cura, tendo como enfoque a busca de uma melhor qualidade de vida.

Endereço: Rua Maysa Figueira Monjardim, 67 - CEP 04042 -
Vila Clementino - São Paulo, SP - Fone: (011) 275.4577

www.gruposummus.com.br
Acesse, conheça o nosso catálogo e cadastre-se para receber informações sobre os lançamentos.

www.gruposummus.com.br